福祉与福祉学

如何构建有中国特色的福祉社会？

孙久富 著

Happiness and Benefit

Welfare Science

中国社会科学出版社

图书在版编目（CIP）数据

福祉与福祉学：如何构建有中国特色的福祉社会？／孙久富著.
—北京：中国社会科学出版社，2019.11
ISBN 978-7-5203-5714-2

Ⅰ.①福…　Ⅱ.①孙…　Ⅲ.①社会福利—研究—中国
Ⅳ.①D632.1

中国版本图书馆 CIP 数据核字（2019）第 250056 号

出 版 人	赵剑英
责任编辑	王　茵　马　明
责任校对	胡新芳
责任印制	王　超
出　　版	中国社会科学出版社
社　　址	北京鼓楼西大街甲 158 号
邮　　编	100720
网　　址	http://www.csspw.cn
发 行 部	010-84083685
门 市 部	010-84029450
经　　销	新华书店及其他书店
印　　刷	北京君升印刷有限公司
装　　订	廊坊市广阳区广增装订厂
版　　次	2019 年 11 月第 1 版
印　　次	2019 年 11 月第 1 次印刷
开　　本	710×1000　1/16
印　　张	19.75
插　　页	2
字　　数	304 千字
定　　价	89.00 元

凡购买中国社会科学出版社图书，如有质量问题请与本社营销中心联系调换
电话：010-84083683
版权所有　侵权必究

序 一

"跨界学者"的"开山之作"
寄语孙久富《福祉与福祉学》出版之际

刘敬文[*]

一 久富其人

久富何许人也？在我的类别意识中，孙久富教授是久负盛名的中日比较文化研究家，也是才华横溢的文人学者。早在20世纪90年代初，他便荣获日本上代文学会研究奖的殊荣，随之取得文学博士学位，并由此开启了在日本大学执教的学术生涯。如果从1980年考入北京外国语大学读研起算，他在该领域已经耕耘了40余载。一路走来，春有"鲜花"陪伴，秋有"硕果"相随，恰似一副写实性的春华秋实的立体画卷。

作为新一代旅居日本的华人学者，孙久富教授以其独具见地的著述和精湛的和歌汉译而享誉海内外学界，其学术业绩令人高山仰止，为后续攀登者树立了一个醒目的立地标杆。读其文而未面其人者，曾认定他的学术专著乃耄耋之年的"老学究"之作。殊不知，他时年三十又几，风华正茂，"摩登"且兴趣盎然。时至今日，他所撰写的几部学术专著已成为中日两国的大学与研究生院及上代文学研究领域的主要参考文献。文笔老道，哲理深邃奥折，是他学术著述的"同类相"和鲜明特点；笔耕不辍，使他在日本古典比较文学研究界构筑了坚实的学术地位。

---

[*] 刘敬文，日本著名经济学者，北京大学日本经济硕士，完成日本早稻田大学经济学博士课程。现任日本樱美林大学工商管理学院教授、博导。

如果说学术业绩是久富先生金秋时节的果实，那么小说和绘画就是他抒发其文人情怀的春潮澎湃中盛开的鲜花。当你读过他以笔名"唐莲"出版的自传体小说《残阳如血》（东京图书出版社，原文书名为「残陽血の如し」），就会不由自主地融入其经历的蹉跎岁月，感受其内心的纠葛，倾听其灵魂的呐喊和奋进的足音。若你领略中日双语出版的《行云流水·孙久富教授扶桑游艺集》（东北师范大学出版社），则会徜徉在中日两国的高山大川之间，观看日出日落；穿越时空，寻觅中日文化交流的底蕴。绘画不是久富先生的专业，可这又何以阻止他对中日绘画精髓的理解及其别开洞天的融汇贯通呢？

自古文人多才艺。但能在专业领域不断创新的同时，又能将其作为业余爱好的小说和绘画臻至出版水平者，实不多见。本以为源于久富先生的几度"惊喜"，已使我心静如止水，遇波澜而不惊了。没想到《福祉与福祉学》带给我的却是一种莫名的迷离或者说是错愕。因为比较文化、文学与福祉学是一条平行线上两个截然不同的学术领域。久富先生明显地"越界"了。

二 福祉学研究的破题之作

细细读来，久富先生的"越界"并非横跨两个学术领域抑或以所谓"择新弃旧"可以诠释的。主观上说，《福祉与福祉学》是一部有感且有备而发的劳心之作；客观而言，它是中国福祉学研究领域的首部专著。久富先生从中日比较文化跨越到福祉学，堪比由"水草茂盛的牧场"转至"尚待开发的处女地"，个中辛劳，自不待言；其学术意义和对实践的影响，无疑将随着时间的推移而日渐凸显。

《福祉与福祉学》除了导言、附录、参考文献和后记之外，仅正文部分就有浩浩13章46节之巨。它带给读者的启示和惊喜，自然是仁者见仁。但于我而言，其最大价值，莫过于将福祉学的概念和相关体系导入国内，开辟了我国福祉学研究这一新的领域。在论述过程中，作者首先纠正了混淆于"福利"与"福祉"之间的误解和谬见，阐述了福祉、社会福祉、福祉学的基本概念以及福祉与福祉学之间的关系，并在此基础上，提出我国继"小康社会"之后的下一个目标应当是"实现福祉社会"。尔后，作者不失时宜地着重说明了福祉学的体系结构以及福祉教育立法、资格获取等人才培养的主要问题。再后，为了学以致用，作者还将为现任大学所撰写的《福祉技师学院教学纲要》，以及为海南设立国际福祉教育学院所撰写的筹备方案和教学大纲附录于后，供读者参考。可见该书作者的良苦匠心。

该书以立法与政策实施为轴心，纵横古今中外，从而形成了其鲜明的结构性特征，亦为所谓"福利社会""福祉社会"等纷纭杂沓的诸说的统一，以及福祉学在我国的建立，提供了不可多得的史证和现实论据。该书从近代福祉的发源地英国开始，先后涉及美国、瑞典、德国、法国等5国的福祉社会模式和事例；启用了3章的篇幅，重笔浓墨地介绍了可资借鉴的日本福祉社会的演进、教育以及老人介护与立法。而后返归原点，在其后4章中阐述了中国古代哲学思想和佛教教义中所蕴含的福祉思想；着重地探讨了构建具有中国特色的福祉社会的主要问题和人才培养的关键之所在。

作为我国福祉学领域的"开山之作"，该书横贯中西，纵穿古今；言之凿凿，令人信服。依我之经验，这样一部专著往往是需要一个团队的分工合作来完成的。那么，久富先生这位"跨界学者"独自成就该书的灵感和能量又是缘何而来的呢？

三 有感而发，有备而至

欧洲18世纪中叶至19世纪初叶的人口变迁史证明，随着经济的发展和医疗水平的提高，人类社会大致要经历"多生多死""多生少死""少生少死"3个阶段。东方的日本和韩国已如期进入第三个阶段；而在我国，40余年国民经济的高速发展及价值观与思想意识的转变，加之独生子女政策的长期实施，而不得不面对"未富先老"的严酷现实。破解老龄化社会的"魔咒"，是时代赋予久富先生和我们这一代中国学者的义不容辞的"使命"。

既然这种使命感是对时代呼唤的回应，它不可阻挡地成为久富先生撰写该书的原动力。但由于学术领域的局限，最终促使他下决心"越界"的直接因素却是，2017年久富先生舍弃日本城西国际大学教授之职，应邀赴东北师范大学人文学院，受命担任福祉教学领导工作。客观上讲，学校领导渴望久富先生通过其在日本学术界耕耘近30年的经验和人脉，将日本福祉学的教育体系导入该校。应当说该校领导独具慧眼，对久富先生寄予厚望。但重望之下，久富先生不得不承受所谓"外行"的非议。小而言之，这是其作为知名学者的"自尊"所无法承受的。大而言之，他深知必须脱胎换骨，尽快成为福祉研究领域的专家，以回应时代的呼唤与校领导的期待。久富先生力排各种干扰，朝乾夕惕撰写此书的心理路径与情感纠葛，借助微信电话深夜长谈，使我了如指掌。

久富先生从来不打无准备之仗。有灵感、有动力，不等于有能力，更不等于写出"名堂"。又何况，福祉学研究在日本方兴未艾，而我国尚无"福祉学"的正式提法及其学术领域。久富先生的《福祉与福祉学》写了2年，加之其前的准备与酝酿，他为撰写该书花费了巨大的心血。据我所知，在回国任职之前，他已经收集了在日本可以买到的有关福祉研究的主要专著，收集了日本主要教育机构的相关材料。即便是在笔耕过程中，他也在孜孜不倦地补充新的素材。我就曾多次受托代为收集日本某大学教学课程的资料。区区小事，无足为述，但我要强调的是：久富先生的专著是有感而发，更是有备而至，厚积薄发，才是该书的底蕴所在。

四　与读者分享

福祉与福祉学是国际通用的综合学术研究领域，该领域涉及社会学、教育学、经济学、经营管理学、人口学、文化人类学、统计学等社会科学，以及与医学、介护学等自然科学相关的专业知识。在欧美及日本，福祉学研究的早期著作大多出自于这些相关专业的研究家之手。如果没有这些先前的"越界学者"，便无后来的福祉学专家，且难以想象福祉学能作为独立的学术领域在欧美及日本等国安营扎寨，并随着历史的进程而日趋体系化、实用化。从这个视角而言，我国福祉学的第一部专著由久富先生匠心造就，并非偶然，它在很大程度上反映了福祉学的生成与演进的历史法则。

久富先生所著的《福祉与福祉学》是一部概论性的学术专著。在福祉学的研究体系中，老龄化问题是其重要的组成部分，并非全部。这个问题，只能通过全面构筑社会福祉服务体系，才能均衡且长远地得以解决。此外，除了本文第二部分谈及的内容之外，久富先生在福祉教育和人才培养方面着墨颇多，这固然与他在学术领域耕耘数十载及与其现实的工作有着密不可分的关系，但它赋予我们的启示是发人深省的。如果该书的问世能将我国的相关研究衔接于国际通用的福祉学轨道，实乃我国学术界之大幸，亦是我国全面构筑社会福祉体系过程中的一件不容忽视的大事。

久富先生与我，沈阳同乡，大学同窗，毕业后曾在同一所大学的不同学科里从事教学与研究工作。在人生的旅途中，我们有过太多的共同经历。我们先后赴京读研，又受邀东渡扶桑深造，其后又同在日本的高等学府里执教及从事学术研究工作。在这个意义上，我也应当说是学术领域里的"一杆老枪"了。但我没有精力，更无勇气挑战福祉学领域的研究。即便是久富先生命我为该书作序时，我亦徘徊推诿，其理由是"非我专业，不能以其昏昏，使人昭昭"云云。但读过原稿后，甚觉汗颜，斗胆写了这篇类似读后感的小文，略陈管见，愿呈献予读者及同道者分享。

在本文结束之际，我要感谢我国的顶级出版机构中国社会科学出版社慧眼识金，赋予《福祉与福祉学》在大中华圈问世的机会；更希望有更多的年轻人加入福祉学研究的队伍中，以《福祉与福祉学》的出版为契机，不断完善我国福祉学研究的体系。隐隐之中，我似乎已经感觉到我国福祉学研究"元年"的到来。

2019 年 9 月 22 日
于日本东京

序 二

具有划时代意义的著作[*]

井上敏昭[**]

一 "福祉"领域

这部著作，依照日本的福祉概念来说，是从世界比较研究的角度出发，针对中国"福祉"这一与国外相同的领域所进行考察的、具有划时代意义的著作。正如孙久富教授在该书的第一章里所指出的：在中国一般使用"福利"这一概念，不过，"福祉"与"福利"在概念上有所不同，本书所采用的"福祉"，其包含的意思与内容更加广泛。

"福祉"的原义是"幸福"。人类在地球上如果不能互相扶助，那么无论置身于何等环境，其生存都将是困难的。正是由于构建互助社会，才使得人类适应了陆地上的所有生存环境。从这个意义上讲，人类是社会性的动物。无论何人都需要与他人共同结成社会，依靠相互扶助来营造生活。其中，"福祉"就是对"幸福之追求"，亦可以解释为"为了更好地生存"，人类须互相扶持。进一步说，人比之其他社会性动物更需要"积极的扶助"，即便是不受对方委求也要相互关照，设身处地为对方着想来实施援助。

这种相互扶助，就是福祉实践的体系架构，而将这一体系架构编织

---

[*] 此为中文译作，后为日文原文序言。

[**] 井上敏昭，日本城西国际大学福祉综合学部部长、教授；兼任日本千叶县八街市地域自立支援协议会顾问。研究领域为文化人类学、传统社会相互扶助等。

于各种不同的文化之中，不仅在生命面临危险等紧急事态发生之时，即便在平时，也作为社会习惯来加以实践，这便是人类社会的一大特征。

"福祉"之概念，以及依此所从事的社会实践，既是人类有别于其他动物的显著特征，又是极其具有人性的社会活动。这种福祉实践的历史变迁，以及作为其结果而确立起来的社会制度，在人类社会所蓄积的创造历史的过程中，属于最本源的部分，也是人类智慧的结晶之一。这部著作，既从全世界的角度来俯瞰这种人类营造社会的活动，同时又尝试将其进行比较，可谓是一部劳心之作。

二　福祉课题与课题研究之先进国家

近年来，随着全球化、高度信息化、价值观及生活形态多样化的进展，在世界各地都发生了急剧且大规模的社会变化。与此相伴，社会差距进一步扩大，在社会福祉日趋复杂化与多样化的背景下，福祉课题在社会所有的领域里，以各种形式凸显出来。它已经远远超出了残疾人、贫困家庭、纷争地区等以往所设定的援助对象与援助范围；新领域与新形式的援助需求不断高涨。为了应对这种多样化与复杂化的援助需求，重新构建福祉实践制度体系，使之能够卓有成效，以及整合与完善这一制度体系的社会设计，已成为当务之急。

例如，目前在经济上迎来了成熟期的许多国家，少子老龄化问题日趋严重。特别是日本，老龄化的进展速度远远超过了欧洲各国，成为当今世界老龄化进展最快的国家。老龄化带来的影响是多方面的，而且年年加剧。福祉课题不局限于福祉领域，在经济与政治领域里也早就成为应对的中心课题。从这一点来说，日本在老龄化问题上，可谓是"课题先进之国"，也可以说，日本是先于其他各国面对这一社会课题而采取措施的国家。

少子老龄化问题，在中国也日趋严重。中国几十年来，在实行独生子女政策的影响下，劳动人口下降；因此，中国的少子老龄化社会的进展势头将超过日本。此外，随着经济的快速发展，加之生活习惯的变化，与少子老龄化相关的各种问题，特别是为了应对当今中国老年人及其家属的各种新的需求，以完善与调整社会福祉，已成为迫切需要研究的课题。

三 "比较"视点的重要性

在应对上述问题之际,我认为其采取的措施是:学习研究其他国家,尤其是应该研究"课题先进之国"的先例。从他国所经历的、前所未有的"国家难题"入手,参照其事例,不限于本国,广泛地从他国的实践之中汲取经验。但这并不意味着他国的方法论是金科玉律,因其难得而全盘模仿。最好的做法是:不仅要学习"课题先进之国"的成功范例,亦要从失败事例中汲取经验教训;在诸如文化、价值观、生活样式、可利用的社会资源等方面,将本国的状况与成为先例之国的状况进行详细比较,通过选择取舍,从他国的方法之中选择适合本国的部分,进而根据本国的需求进行改造。

在这一过程中,较为行之有效的办法就是"比较"。迄今为止,日本曾简单地照搬北欧等先进地区的方式方法,不做任何调整而应用于日本,结果以失败而告终。在此,我们须考虑的是:首先,亦即最重要的一点,那就是他国与本国的历史形成经纬大相径庭。这种"历史形成经纬",包括其研究领域在所在国家中的定位,以及哲学思想,进一步说,它囊括了在其国家里经营生活的人们的文化与价值观的推移。在现实当中,虽然状况一见而貌似相同,但是,这种"历史形成经纬"之相异,有可能会导致其潜在的社会需求之各不相同。

这部著作的作者孙久富教授,是长期从事比较文化研究的大家。因福祉问题与日常生活关联性甚高,所以一般的分析视点往往侧重于家庭。然而,在社会寻求以国家规模来解决福祉问题的现状之下,从大局出发,将福祉问题置于历史、文化的文脉之中进行比较探讨,这是最为迫切需要的。我作为文化人类学者,也对多种社会与生活形态进行比较研究,在考察人类生活方式时,应将一些微不足道的个别因素从比较的文脉中剥离出去,因为探讨表面的异动变化几乎没有什么意义,这在福祉研究领域亦是如此。在这一点上,这部著作既从宏观上概述了各国福祉演进的历史,又充分运用比较文化的视点与方法,注重与制度设立密不可分的理念、价值观以及文化背景的比较研究,这一点尤为值得高度赞誉。

而且,孙教授同时兼备福祉学的研究视点。孙教授于两年前回国担任要职。在此之前，作为我的同僚，他曾在日本城西国际大学执教。城西国际大学拥有 8 个学部、10 个学科、6 个研究生院，在日本属于规模较大的综合性大学。孙教授在比较文化领域里倾力研究与从事教学工作之时，其研究室与我及福祉综合学部教员们的研究室同在一个楼层，我们经常互相学习并探讨彼此的研究领域。因此，我深知，这部著作的最为合适的撰写者，非孙教授而莫属。归国之后，孙教授担任东北师范大学人文学院福祉领域研究的重要职务，如书中所述，目前，他正在积极推进与城西国际大学及其他日本大学、大学院（研究生院）的合作，在中国发展专门职业人才培养教育。

我相信，孙教授的这部力作必将为中国福祉领域的发展做出巨大贡献。衷心祝贺这部著作的出版发行，并衷心祝愿孙教授与我们的交流取得丰硕的成果，祝愿日中两国的福祉事业不断发展，日臻完善。

2019 年 9 月 30 日
于日本千叶

画期的な著作

一 「福祉」という領域

本書は、日本の概念で言うところの「福祉」について、世界的な比較的研究の見地から、中国における同領域を考察した画期的な著作である。第 1 章で孫久富先生が指摘されているように、中国では一般的に「福利」という概念が用いられているが、「福祉」と「福利」には概念的に違いがあり、より広い意味と内容を包含する「福祉」という概念を採用している。

さて、「福祉」の原義は「幸福」である。人間は、相互に助け合わなければ地球上のどのような環境においても生存することが困難である一方、相互に助け合って社会を構成することによって、陸上のほぼあらゆる環境に適応したいわば社会的動物であるといえる。つまり、人間は誰しも、他者と社会を形成し、相互に扶助して生活を築き上げているのである。そのなかで「福祉」は、「幸福の追求」すなわち「よりよく生きる」ために互いに支えあうことであると解釈することができる。さらに言えば、人間は、他の社会的動物にも増して「積極的援助」、つまり相手に乞われなくても相互に慮り、相手の立場に立って援助を始めることができる動物である。このような相互の助け合い＝福祉実践の仕組みを、それぞれの文化に織り込み、生命に危険が及ぶような緊急事態時だけではなく、平時から社会習慣として実践しているのは、人間の大きな特徴である。

　つまり「福祉」の概念やそれに基づく実践は、他の動物から我々を際立たせる、きわめて人間的な営みである。そのような福祉実践の歴史的変遷やその結果として確立された社会制度は、人間が蓄積した歴史的営為のうちでも最も根源的で素晴らしいもののひとつである。本書は、そのような人類の営みを全世界的に俯瞰しつつ、比較を試みた労作であるといえる。

二　福祉課題と課題先進国

　近年、世界的にグローバル化、高度の情報化、価値観や生活形態の多様化が進行し、いたるところで急激かつ大規模な社会変化が生じている。それにともなって、社会格差は拡大し、福祉課題は複雑化、多様化しつつ社会のあらゆる諸相で生じている。障がい者や貧困家庭、紛争地域といった従来から援助の対象として想定されてきた範囲を大きく超えて、新たな領域で新たな形の支援ニーズが高まっている。このように多様化し複雑化した支援ニーズに応えることができるような福祉実践の仕組みや、さらにはそれを成立可能とする社会設計の整備が急務となっている。

　例えば、現在、経済的に成熟期を迎えた多くの国では、少子高齢化が進行している。とくに日本は、欧州の国々を大幅に上回る速度で高齢化が進行し、現在世界中で最も高齢化が進行している国家となっている。高齢化が与える影響は多方面で年々深刻化しており、福祉の領域だけでなく経済や政治の領域においても対処すべき中心課題の一つとなって久しい。このことから日本は、高齢化問題における「課題先進国」、つまり他国に先駆けてその社会課題に直面し、取り組みを始めた国であるといえる。

少子高齢問題は、中華人民共和国でも進行し、深刻の度合いを増している。中国では、数十年続いた「一人っ子政策」の影響で、現在の生産人口が抑制されてきたので、日本をさらに上回る勢いで少子高齢化が進行している。さらに、急激な経済発展に伴う生活習慣の変化がそれに相乗し、少子高齢化に関する諸問題、とくに現代中国の高齢者やその家族が有する新しいニーズに対応しうる社会福祉の整備が喫緊の課題となっている。

三　「比較」という視点の重要性

このような問題に対処する際にとるべきなのは、他国、とくに「課題先進国」の先例に学ぶことである。その国が経験したことがない国難に対処するのであるから、参照すべき事例は、自国内だけでなく、広く他国に求めていくことが求められる。これは何も、他国の方法論を金科玉条として、ただありがたがって真似することではない。課題先進国の成功例だけでなく失敗事例からも学び、あるいは文化や価値観、ライフスタイル、活用可能な社会資源といった点で、自国の状況と先例となる他国の状況をよく見比べて、他国の方法から自国に応用できるものを取捨選択すること、さらにはそれを自国のニーズに合わせて改変していくことが望まれるのである。

その際に有効な手段は、「比較」である。これまで日本でもかつて、北欧などの先進地域の方法を単純にコピーし、何の調整もせずに日本に応用しようとして失敗したことがあった。ここで考慮しなければならないのは、まず何よりも、その国と自国との歴史的経緯の違いである。この「歴史的経緯」には、国家の中におけるその分野の立ち位置や哲学、さらにはその国で生活を営んできた人々の文化や価値観の推移が含まれる。現時点で、一見同じように見える状況でも、この「歴史的文脈」が異なれば、潜在的なニーズは異なる可能性があるのである。本書の著者である孫久富先生は、長年比較文化研究を進めてきた大家である。福祉の問題は、日常生活との関連性が高いので、その分析視点もとかくドメスティックな視点に偏りがちであるが、国家規模の課題解決が求められている現状では、大局から歴史的？文化的文脈を捉え、比較検討することが何よりも求められている。私も文化人類学者として複数の社会や生活のあり方を比較するが、人間の営みを考察する際には、比較において些末な要素を文脈から切り離し、表面的な異動を論じることにはほとんど意味は無い。それは「福祉」の分野でも同様である。その点で、本書は大きく各国間の歴史的推移を概観しつつ、制度の成立やその内容に不可分な形で結びついている理念や価値観、文化的背景についても、比較文化の視点を駆使して目を配っていることは特筆に値する。

　　しかも孫先生は、福祉的な視点も兼ね備えている。孫先生は、二年前に中国に帰国され、現在の要職に就かれる前は、私の同僚として、日本の城西国際大学で教鞭をとられていた。城西国際大学は、8学部10学科、6大学院研究科を擁する、日本の中では比較的大きな総合大学であるが、孫先生は比較文化の分野で研究。教育に尽力されるなか、私をはじめ福祉総合学部の教員と同じフロアに研究室を構え、互いの専門領域について教えあう間柄であったのである。本書の著者としてこれほどふさわしい人物はいない。帰国後、東北師範大学で福祉分野を統括する要職に就かれた孫先生は、城西国際大学をはじめとした日本の大学、大学院と連携し、本書で指摘された中国での専門職養成教育を推進されているのである。

　　孫先生のこの労作は、中国の福祉分野の発展に大きく寄与することはまちがいない。本書の発刊を心よりお喜びを申し上げるとともに、今後も孫先生と我々との交流が実り多きものとなり、日中両国の福祉がより良きものとなることを願ってやまない。

2019年9月30日
日本千葉にて

序 三

中国福祉学的开创性研究[*]

汤玲玲[**]

毋庸置疑,这部著作对于我们理解福祉为人类社会所有的人带来幸福,在其努力实现福祉社会的过程中所起的作用这一迫切需要我们来研究与探索的课题至关重要。这部著作在探讨福祉与福祉学方面不可或缺,并做出了杰出的贡献。

《福祉与福祉学》是由著名学者孙久富教授用中文撰写的中国第一部有关社会福祉的综合性研究著作。我们从该书内容丰富的13章46节中,可以看出它的意义所在。以下请允许我分享印象最深刻的几个方面。

首先,这部著作从最基本,也是最重要的福祉与福祉学的定义出发,阐明了福祉与福祉学的确切含义。我真的很钦佩孙教授能够溯本清源,从中国历史渊源上解释"福祉"这一术语,为我们提供一个完整而全面的定义。不仅如此,作者还生动地解释了日本如何采用这一术语以及这一术语在日本语境中的含义。从作者对于"福祉"和"福利"之间的区别,以及相似性的详细分析,到福祉学及所要努力实现的福祉社会的概念澄清与内容梳理,为我们重新思考福祉和福祉学的价值和潜力提供了迫切需要的空间,其意义在于促进社会的改善与发展,有助于造福人类。

---

[*] 此为中文译作,后为英文原文序言。
[**] 汤玲玲,新加坡国立大学日本研究系主任,美国伊利诺州立大学人类学博士,(美国)《代际关系学》期刊同席总编。研究领域为社会人类文化学、社会老年学、代际学等。

其次，针对日本，作者专门辟出3章，深入地分析了其福祉思想、福祉事业与福祉教育，以及老年福祉中的介护课题；阐述了介护的法律基础和介护工作的发展。这些内容展示出了这部著作的独特魅力。在中国，能如此全面细致地介绍与论述日本福祉的人，我相信非孙教授莫属。这主要缘于他对日本有着透彻的、跨文化的理解。孙教授在日本执教多年，对日本的情况非常了解。记得很久以前，我作为一名学生在日本大学里学习社会福祉课程，而《福祉六法》是我为该课程所购买的第一本厚书；当时单单通过既定法律试图理解日本的福祉着实困难。几十年后，我们终于有了孙教授的这部著作，它为我们提供了一个在研究上非常需要的福祉比较与福祉形成的历史背景，不仅使我们可以饶有兴趣且深入地了解日本和中国的福祉思想是如何同样受到佛教和儒家思想的影响，同时又有助于我们了解在某些方面，其价值取向之不同。

再次，在国际福祉比较方面，这部著作以英国、美国、瑞典、德国和法国为重点，分若干章节，简明地介绍了欧美各国所实施的福利政策和措施的历史背景与特点，考察了每个国家的福祉政策与措施，最后是作者所提出的有益评价与观点，并强调了中国可以借鉴的领域。我读着这部著作的校样时，正在柏林参加一个会议。当时我遇到几个看起来很年轻的男女在一个著名旅游景点的路边乞讨，德国警察停下来阻止并审问了他们。不知何故，这让我不由地想起了关于"德国福祉"那一章所论述的减贫重点，以及第二次世界大战后德国所实施的就业援助政策。从罕见的街头乞讨者的景象中，我们或许能窥见德国所实施的努力援助就业政策的必要性与可行性。同时，这对于其他面临类似失业问题的社会，可能也是一种有益的参考。

最后，亦即其最重要的一点，那就是孙教授在这部著作里，就新中国成立以来福祉事业所取得的进步的背景、发展和未来的可能性等作了全面的论述与探讨。在他的分析中，我们看到了中国近几十年来经济社会的巨大发展，同时也看到了需要继续努力减少及解决收入不平等众多问题。然而，这部著作的优势不仅在于能够查明问题，更重要的是：它以推进社会福祉教育的形式，提供了一个可行的解决方案。当然，社会福祉研究与应用社会科学领域的进步，对于具体地促进社会对人民的关怀至关重要，该书的最后一章和附录文件，进一步提供了实现福祉教育和人才培养的具体步骤。

这部著作，无疑将有助于定位社会关怀与人类社会的幸福未来。当今，经济、科技、机器人的开发与大数据等高新科技已压倒性地成为社会关注与发展的重点。不过，回归社会的基本问题，强调形成并实现人人平等的福祉社会，可以说是一种新的尝试。我祝贺孙教授在撰写这部力作时所付出的巨大决心和取得的成功。这部著作将以富有洞察力的论述与论评、跨文化的比较研究，而赢得全球的关注。更重要的是，伴随着中国人民为实现中华民族伟大复兴中国梦而努力奋斗的新征程，书中的章节凝聚在一起，使我们更加充分地理解强调福祉的必要性。若干年之后，当中国达到目标时，让我们来回顾并再欣赏品读这部著作，因为它将为实现这一目标发挥重要的作用。

2019 年 9 月 16 日
于新加坡

A Seminal Work on Chinese Welfare Research

  This book is without doubt an excellent contribution essential for our much needed quest in understanding the significant role of welfare（福祉）in a society's effort to bring happiness to all.

  As the first ever comprehensive volume on social welfare in the Chinese language authored by distinguished Professor Sun Jiufu, there are numerous areas that one can ascertain its significance from the 13 rich chapters in this book. Below please allow me to highlight the few areas that I am most impressed with：

  First, this book begins with the most basic and important task of defining what exactly do welfare（福祉）and the study of welfare（福祉学）mean? I really appreciate Prof Sun's effort to provide a comprehensive definition beginning with an explanation of the term from its Chinese historical root, and also a vivid explanation of how the term has been adopted by the Japanese and what the term encompasses in the Japanese context. The differentiation and similarity between 福祉 and 福利 that is gathered from his detailed analysis and the clarification of what 福祉学 endeavor to fulfil provides the much needed space for us to rethink the value and potential of 福祉 and 福祉学 for the betterment of society and its people.

Second, the three chapters devoted to Japan providing an in depth analysis of the foundation and development of the philosophy of welfare, welfare work and education, and long term care issues in elderly welfare display a particular unique strength of the book which I believe can only be so comprehensively done none other by Prof Sun who has a thorough cross – cultural understanding of Japan, having lived and taught in the country for many years and is extremely well informed of Japan's situation. I remember taking a course on social welfare at a Japanese university long time ago as a student, and The Six Laws of Welfare (福祉六法) was the first thick book I had to purchase for the course. It was difficult trying to understand the established laws as they are. Decades later, we finally have a book like this one by Prof Sun that provides a much needed comparative and historical background for an interesting and in depth understanding of how Japanese and Chinese welfare ideas are similarly impacted by Buddhism and Confucianism, yet somewhat differed in some aspects of their value emphasis.

Third, the other international comparative chapters focusing on the United Kingdom, U. S. A., Sweden, Germany and France each provides a concise historical background and features defining each country's welfare policies and measures, ending with the author's useful evaluative view highlighting areas that China could learn from. I read the book proof in Berlin where I was attending a conference. When I came across a couple of young – looking men and women begging at the road side of a popular tourist spot, and saw German police stopping to question them, it somehow reminds me of what the chapter on Germany have informed about the emphasis of poverty reduction and employment support in post – war Germany. The rare sights of people begging on the streets perhaps provides a glimpse of the necessity and workability of such efforts in Germany that may be useful references for other societies facing similar unemployment issues.

Finally, and most importantly, is the comprehensive discussion Prof Sun provides about the background, development and future possibilities of China's welfare progress. From his analysis, we see China's tremendous economic and social development during the recent decades, but also continuing needs to work towards the reduction of income inequality and other issues. However, the book's strength lies not only in its ability to pinpoint issues, but more importantly, providing a viable solution in the form of advancing social welfare education. Certainly, the advancement of an applied social science field of social welfare studies is fundamental to concretely contribute to fulfil society's care for its people. The last chapter and the enclosed appendices further provide concrete steps towards realizing welfare education and talent development.

This is certainly the book that will contribute to define the future of a caring and happy human society. In today's overwhelming focus on economics, technology, robotics and big data, to step back to the basics and emphasize equality and welfare for people as forming the foundation of society is a novel act. I congratulate Prof Sun for his great determination and success in writing this magnificent piece of work that would garner global interest for its insightful evaluation, cross-cultural comparison and learning points. More so, the chapters are congregating towards our fuller understanding of the necessity to emphasize on welfare as China strives to fulfill the China Dream. Years later, as China reaches its goal, let's look back and appreciate this book for playing an important role in making it possible.

16 Sept, 2019, Singapore

前　言

本书所使用的"福祉"一词，是源于中国古代典籍的汉语词汇；而作为学术名词所使用的"福祉"与"社会福祉"，来源于英语的"welfare"与"social welfare"，由近代日本人袭用中国古典词汇翻译而成；我国通常将这两个词汇译为"福利"与"社会福利"。对于从事该领域工作的专业人员，英语称作"social worker"，我国译为"社会工作者"，日本则译为"社会福祉士"。

本书之所以刻意使用"福祉"与"社会福祉"之称谓，主要是因为我国所翻译的"福利"与"社会福利"，不能囊括现代福祉的所有内容，福利与社会福利只是福祉与社会福祉的组成部分而已。而"社会工作者"之称谓则相反，它比之"社会福祉士"或"社会福祉工作者"在职业范围上更加广泛，社会福祉只是社会工作的一个组成部分，社会福祉工作具有职业与专业上的限定性。关于"福利"与"福祉"的区别，书中有所详解，请参见之。

从人类社会发展史来看，实现理想的福祉社会，即：使所有的社会成员在一生中都能享有充分的社会保障，享有公民的基本权益；社会公平正义，人民自由平等，生活充满幸福之感，这是人类社会所共同追求的目标，亦是现今社会发展的最高境界。为了实现这一目标，达到这一最高境界，人类社会一直在始终不渝地进行着探索与实践。从西方哲学家所设想的"理想国""乌托邦""契约社会[①]"到马克思的"科学社会

[①] 源于西方哲学家所提倡的社会契约论，即通过契约确定人与社会的关系，个人须遵守社会共同的规则，并接受相应的义务，以保护自己和其他人的权益不受到侵害。

主义""共产主义"；再从东方哲人所梦寐以求的"大同世界①""极乐净土""桃源之乡"到我党与政府为之而奋斗的构建"和谐社会"，实现"伟大的中国梦"，都反映了人类在不同时期、不同时代，对理想社会的憧憬并为实现其愿景所付诸的实践。而近现代以来，世界各国为谋求实现理想的社会形态，根据本国实际情况，因地制宜所采取各种方针政策，所践行的各种社会保障制度与社会公益活动，都属于社会福祉事业。社会福祉既是实现福祉社会之方法与手段，又是探索与实践之过程。可以说：福祉社会是集人类理想与智慧之大成，是人类社会通过实践所确立的伟大坐标。

　　随着我国改革大业不断深入发展，如何全面构建具有中国特色的福祉社会，如何使改革开放的成果能够惠泽到全体国民，这是当今摆在政府与全国人民面前的重要课题。而要想在我国不断推进社会福祉事业的发展，创建与完善刚刚起步的福祉教育事业，要想在一个拥有十四亿人口的超大型国家里实现小康社会之全面提升，创立理想的福祉社会，那么首先要从理论上搞清楚什么是福祉？什么是福祉学？社会福祉与社会福利有何区别？西方国家近代以来所推行的社会福祉事业与福祉研究及经验教训，对我国有何借鉴意义？怎样去构筑具有中国特色的福祉社会？怎样去创立中国的社会福祉教育体系？试图回答这些问题，便是这本拙著的主要目的。

　　本书撰写的基本框架：一是搞清福祉与社会福祉的内涵；二是介绍福祉与福祉学的学术定义与基本理念；三是以英国、美国、瑞典、德国、法国为主，梳理西方近代社会福祉的发端与沿袭变革，阐明其特征，以资中国福祉社会之构建；四是通过溯本清源，由"福祉"一词的原意、使用例、管子的惠民思想与历代王朝所推行的荒政、佛教的慈善事业，来考察中国古代济贫扶贫及社会救助制度的形成与缺限；五是考证儒学与佛学对日本古代律令制度之影响，以探明中日两国古代福祉思想的渊

---

① 中国古人所描绘的理想世界。参见《礼记·礼运》"大道之行也，天下为公，选贤与能，讲信修睦。故人不独亲其亲，不独子其子，使老有所终，壮有所用，幼有所长，鳏、寡、孤、独、废疾者皆有所养，男有分，女有归。货恶其弃于地也，不必藏于己；力恶其不出于身也，不必为己。是故谋闭而不兴，盗窃乱贼而不作，故外户而不闭。是谓大同"。

源关系；六是以立法为主线，概述日本战后社会福祉及福祉教育事业的形成与发展，介绍日本高等福祉教育的立法与办学方针及课程设置等，以资我国完善社会福祉事业，创办社会福祉教育专业；七是回顾新中国诞生以来所走过的社会保障之历程，总结经验，找出问题，为完善并创新社会福祉体系与机制而提出建言；八是阐述老年福祉、介护福祉、儿童福祉的内涵，指出目前我国在这三大领域中所存在的问题及解决办法；九是以笔者所制定的《福祉技师学院教育纲要》及为海南绿岛养生科学与旅游医学研究院筹建国际福祉人才培训学院所制定的方案为实例，以供我国其他院校创办福祉专业及福祉人才培训学校作为参考。

全书共十三章四十六节，节中就具体问题另设小标题而述之。此书内容基本以福祉立法为主线，较为全面地介绍与阐述了中外社会福祉的沿袭变革，尤其是对日本战后福祉事业的发展及老年福祉与福祉教育涉及较多。这主要缘于日本先于我国进入到高龄化社会，其社会福祉的发展历程，以及养老福祉、介护福祉、福祉教育等经验值得我国借鉴。加之，我国养老与老人护理问题日益凸显，养老产业发展迅猛，成绩斐然与问题众多相互交织，而发扬我国社会主义制度之优势，确立正确的社会福祉理念，整合资源，政府与民间相结合，全面提升老年福祉水平，培养大批福祉服务人才则是我国实现福祉社会的重中之重，亦是践行：纲举目张，执本末从之原理。

目　录

导　论 …………………………………………………………… (1)

第一章　福祉与福祉学 ……………………………………… (18)
　第一节　福祉与福祉学之定义 ………………………………… (18)
　第二节　福祉国家与福祉社会 ………………………………… (26)
　第三节　福祉学的性质与范畴 ………………………………… (27)
　第四节　福祉与福祉学的基本理念与宗旨 …………………… (30)
　第五节　福祉工作的基本知识 ………………………………… (32)
　第六节　福祉的主体与多元化 ………………………………… (35)
　第七节　福祉工作与福祉服务 ………………………………… (36)

第二章　英国：近代福祉之发端与演进 …………………… (43)
　第一节　济贫法与近代福祉 …………………………………… (44)
　第二节　《贝弗里奇报告》与社会保障 ……………………… (52)
　第三节　1945年以来英国福祉事业的发展 …………………… (57)

第三章　美国：多民族共存国家的社会福祉 ……………… (66)
　第一节　美国社会福祉的形成背景 …………………………… (66)
　第二节　引领福祉发展的杰出女性 …………………………… (68)
　第三节　社会保障法的诞生与完善 …………………………… (71)
　第四节　美国的养老模式 ……………………………………… (74)

第四章　瑞典：高税收与高福利的福祉模式 …………………………… (78)
  第一节　模式的形成与演变 ………………………………………… (78)
  第二节　高税收福祉与经济发展 …………………………………… (84)
  第三节　高额税收与福祉服务 ……………………………………… (88)
  第四节　慷慨的养老保险制度 ……………………………………… (90)

第五章　德国：扶助就业型的社会福祉模式 ………………………… (96)
  第一节　经济富裕与相对贫困 ……………………………………… (97)
  第二节　调整措施与社会保障 ……………………………………… (98)
  第三节　失业保障与就业扶助 ……………………………………… (102)

第六章　法国：全民参入型的福祉模式 ……………………………… (105)
  第一节　福祉传统与改革创新 ……………………………………… (105)
  第二节　家庭福祉与养老福祉 ……………………………………… (116)
  第三节　连带主义与社会融合 ……………………………………… (123)

第七章　日本：福祉思想的起源与发展 ……………………………… (125)
  第一节　律令制度与原始福祉思想 ………………………………… (125)
  第二节　律令的影响渊源关系 ……………………………………… (130)
  第三节　思想基础"和"与"礼" …………………………………… (134)
  第四节　儒学与佛学之影响 ………………………………………… (138)

第八章　1945 年以来日本福祉事业及其教育的形成与发展 ……… (144)
  第一节　福祉的发展轨迹与立法 …………………………………… (144)
  第二节　福祉教育的形成与发展 …………………………………… (157)

第九章　日本的老年人介护与介护立法 ……………………………… (167)
  第一节　"介护"的含义与概念 …………………………………… (167)
  第二节　介护课题与对应 …………………………………………… (170)
  第三节　系统的建立与管理 ………………………………………… (176)

第十章　中国古代的荒政与救助事业 …………………………（180）
　第一节　古代福祉思想之嚆矢 ……………………………（180）
　第二节　西周社会保障与春秋的养民理念 ………………（185）
　第三节　中国古代荒政制度的演变与缺陷 ………………（188）

第十一章　佛教的慈悲与佛教福祉思想 …………………………（191）
　第一节　慈悲与福田 ………………………………………（191）
　第二节　救济与施舍 ………………………………………（192）
　第三节　济贫与赈灾 ………………………………………（194）

第十二章　构建有中国特色的福祉社会 …………………………（198）
　第一节　回顾与展望 ………………………………………（198）
　第二节　完善体制与实现福祉社会 ………………………（222）
　第三节　社会福祉与运营机制 ……………………………（239）
　第四节　儿童健康与儿童福祉 ……………………………（247）

第十三章　福祉教育与人才培养 …………………………………（255）
　第一节　发展机遇与势在必行 ……………………………（255）
　第二节　招生与就业 ………………………………………（256）
　第三节　福祉教育立法与实施规则 ………………………（258）

附　录 ……………………………………………………………（260）
　附录1　福祉技师学院教学纲要 …………………………（260）
　附录2　海南国际福祉教育学院设立方案 ………………（271）
　附录3　海南国际福祉教育学院教学大纲（部分草案）…（276）

参考文献 …………………………………………………………（282）

后　记 ……………………………………………………………（285）

导　　论

　　本书所阐述的社会福祉事业，在历史上主要源于对社会弱势群体的救助活动，而当代社会福祉则主要包括两方面的内容：一是指由政府与民间所推动、实施的造福于人民的公益事业，是伟大的社会实践，是人类对理想社会的诉求；二是指为实现福祉社会所设立的各种与福祉相关的法律法规，以及所采取的方针政策、具体实施的方式方法与援助技术。二者相辅相成，互为表里，而重在实践。换言之，所谓"实现福祉社会"，就是社会福祉事业为之而奋斗的目标与过程；其内涵就是社会要为每位公民提供各种保障，使得每位公民皆能享受公平而无忧的生活，使生活充满了幸福之感。

　　那么何谓社会福祉学呢？简单地说：社会福祉学就是一门研究如何实现福祉社会的学问，是一项跨学科领域的系统工程。从学术角度上来讲，它隶属于社会应用科学，是由众多学科相互交叉而形成的综合研究领域，是在摄取多门学问理论与方法的基础上而构成的。社会福祉学的着眼点是社会实践，即：以探讨解决社会发展中所存在的问题，构建理想社会为其研究的主要目的。传统的社会福祉学主要由两大领域构成：一是研究与福祉相关的法律法规、制度与政策；二是研究具体的援助实践，亦包括方式方法与技能。若将其合二为一，即现代福祉整体运营之研究。这种综合研究的重要性日益凸显，因为制度与政策的落实离不开具体实践，而实践又须制度与政策提供引导与保障，二者相互交织，相辅相成，从而构成了社会福祉研究的内核与外延。

　　在欧美一些福祉先进国家里，大都将社会福祉作为实现福祉社会的方法与手段。社会福祉的对象是全体国民，为全体国民提供全方位的社会性服务，使每位公民的一生"从摇篮到坟墓"，都能享有充分的生活保障，这就是社会福祉所追求的目标。为此，政府所采取的政策与推动的社会实践，其中包括各类社会保障与社会保险及社会福利，诸如助产、育婴、就学、就业、教育、居住环境等，皆属于社会福祉之范畴；而人们利用与其生活密切相关的社会福祉服务，求得援助以解决自己的生活困难与面临着的问题，这就是福祉的社会需求，亦是社会福祉的工作内容。

福祉学按照其实践领域与研究对象，又可以划分为：社会福祉、老年人福祉、介护福祉、残障智障人福祉、妇女儿童福祉、家庭福祉、医疗福祉、健康福祉等。而且每个领域都各有各的研究课题，它们之间既相互关联又相互区别，将这些研究领域以及与这些领域相关的法律、教育、经济、经营、管理、临床心理、健康科学等众多门类总括起来，便构成了福祉学。简言之，福祉学就是研究福祉事业的发展，就是要解决人类社会发展过程中所存在的问题，它的终极目标就是创造幸福美满的理想社会；用东北话说，就是要让全体国民都能生活得"舒服得劲儿，无忧无虑"。而要让每位国民一生享有社会保障与社会福利，则须根据福祉学的宗旨与原理来促进社会变革，不断地开拓进取，创新与完善社会福祉制度。同时，要想在超大型的国家里实现福祉社会，要想让14亿人民都生活得幸福美满、无忧无虑，那么就要根据我国的具体情况，按照党中央与政府的战略部署，努力实现全社会的大健康，大福祉。

何以称作"大健康、大福祉"？那是由中国所具有的国情的特殊性所决定的。这种特殊性概括起来，就是"三大一多"：一是地大，幅员辽阔（相当于26个日本）；二是人口基数大（相当于欧洲人口总数的2倍）；三是地区差别大（号称南船北马[①]）。而"一多"则指民族众多（56个民族），是名副其实的民族大家庭。正因如此，世界将我国称为"大中国"，歌词中唱作"好大的一个家"。而在这个大家庭里，由于各民族之间在历

---

① 原义为：南方驶船，北方骑马。在这里意为：南北在自然条件、生活环境、文化习俗、经济发展等众多方面存在着较大的差异。

史形成与文化传统、生活习俗与生活样式等方面各有差异，所以对福祉的认识与理解又不尽相同。在这个"三大一多"的超大型国度里，要想实现全体国民的健康管理，要想实现理想的福祉社会，必须立足于我国的现实，不能照搬国外的模式，对外国经验只能借鉴，即"他山之石，可以攻玉"；而唯有创新、创建具有中国特色的社会主义福祉体系，方能实现具有中国特色的福祉社会。

同时，要实现14亿人的福祉社会，没有大视野不行，没有大战略也不行。其实，这个大战略早在改革开放的20世纪80年代就初见端倪。1987年10月召开的党的十三大，根据邓小平同志的设想，提出了我国发展分三步走的总体方略，即：第一步，从1981年到1990年国民生产总值翻一番，解决人民的温饱问题；第二步，从1991年到20世纪末国民生产总值再翻一番，人民生活达到小康水平；第三步，到21世纪中叶，人均国民生产总值达到中等发达国家水平，人民生活比较富裕，基本实现现代化。[①] 由温饱到小康再达到富裕，这"三步走"亦可称作"三阶段"或"三步曲"。它既是党中央与政府的总体宏观设想，又体现了一个饱经沧桑的民族对幸福生活的渴望；它的奋斗目标与实践过程，亦可以理解为是社会福祉所追求的目标与社会福祉的实践过程。在党中央的坚强领导与政府的周密安排实施下，经过全国人民的不懈努力，第一步与第二步的总体目标，已在80年代末与90年代提前实现。为了实现第三步目标，1997年10月召开的党的十五大上又具体规定了第一个10年，实现国民生产总值比2000年翻一番，使人民的小康生活更加宽裕，形成比较完善的社会主义市场经济体制；再经过10年的努力，到建党一百周年时，使国民经济更加发展，各项制度更加完善；到21世纪中叶新中国成立一百周年时，基本实现现代化，建成富强民主文明的社会主义国家。[②] 为了实现第三步战略，习近平总书记在党的十九大报告中，明确提出了两个发展阶段的构想，即：第一个阶段，从2020年到2035年，在全面建

---

① 中央财经领导小组办公室：《邓小平经济理论学习纲要》，人民出版社1997年版，第80页。

② 江泽民：《高举邓小平理论伟大旗帜，把建设有中国特色社会主义事业全面推向二十一世纪》，人民出版社1997年版，第4页。

成小康社会的基础上，再奋斗15年，基本实现社会主义现代化；第二个阶段，从2035年到21世纪中叶，在基本实现现代化的基础上，再奋斗15年，把我国建成富强民主文明和谐美丽的社会主义现代化强国。[①] 为了使这一宏伟战略目标得以实现，习近平总书记在2017年12月18日至20日召开的中央经济工作会议上又提出了区域协调发展的三大目标，即：（1）要实现基本公共服务均等化；（2）实现基础设施通达程度比较均衡；（3）实现人民生活水平大体相当。这三大目标皆属于社会福祉事业范畴，尤其是三大目标中的（1）与（3），更是社会福祉工作的主体内容。首先，基本公共服务包括公共义务教育、公共医疗卫生、残疾人服务、养老护理服务、就业创业、社会保险、住房保障、文化体育、各类社会服务等众多方面，而要实现基本公共服务的均等化，则须要通过政府制定法律法规，设置各项公共服务行业标准，出台具体落实政策与措施，通过整合资源，协调发展，调整解决公共服务所存在的不均衡及各种差别问题；培养大批福祉专业服务人才，为实现社会公共服务的公平化与平等化奠定人力资源基础；而要想实现人民生活水平大体相当，则要促进区域协调发展，解决地区发展不平衡、经济落差大的问题，实现精准脱贫，不断减少贫困人口，并通过税收调整等措施来解决贫富差距悬殊、国民收入不平衡的问题，力图使经济发展的成果能够更公平地惠泽到全体国民，使所有社会成员的生活得到丰厚的社会保障。这既是社会福祉所追求的目标，又是社会福祉工作所遵循的理念与宗旨。

从社会福祉研究角度而论，国务院于2017年3月印发了《"十三五"推进基本公共服务均等化规划》，在规划中提出了各项政策与措施，以及制定规划所追求的目标，如："在学有所教、劳有所获、病有所医、老有所养、住有所居等方面持续取得新进展，基本公共服务均等化总体实现"等，都属于社会福祉的范畴，亦是福祉服务工作的内容。正如规划所指出的："基本公共服务是由政府主导、保障全体公民生存和发展基本需要、与经济社会发展水平相适应的公共服务。基本公共服务均等化是指

---

① 齐卫平等：《"四个伟大"与新时代中国共产党的历史使命》，人民出版社2019年版，第165页。

全体公民都能公平可及地获得大致均等的基本公共服务，其核心是促进机会均等，重点是保障人民群众得到基本公共服务的机会，而不是简单地平均化。享有基本公共服务是公民的基本权利，保障人人享有基本公共服务是政府的重要职责。推进基本公共服务均等化，是全面建成小康社会的应有之义，对于促进社会公平正义、增进人民福祉、增强全体人民在共建共享发展中的获得感、实现中华民族伟大复兴的中国梦，都具有十分重要的意义。"①

除了《"十三五"推进基本公共服务均等化规划》之外，国务院还于2016年10月25日发布了《"健康中国2030"规划纲要》②，社会上将此"规划纲要"称为"大健康战略"。纲要内容涉及广泛，规划具体而翔实，涵盖了国民健康的方方面面。而纲要的总体原则、战略主题、实施办法与措施、追求达到的目标等，都与社会福祉密切相关，都属于健康福祉之内容。正如医学博士王之虹先生所指出的"健康福祉是幸福之本，惠民之业"，"健康离不开社会福祉，福祉社会是健康之保障，无健康则谈不上福祉，无福祉则无健康"；健康福祉包括"生、长、壮、老、已、衣、食、住、乐、行，是对人生历程的全面呵护，是全方位的社会服务"。③

习近平总书记在党的十九大报告中指出："坚持在发展中保障和改善民生。增进民生福祉是发展的根本目的。必须多谋民生之利、多解民生之忧，在发展中补齐民生短板、促进社会公平正义"，"保证全体人民在共建共享发展中有更多获得感，不断促进人的全面发展、全体人民共同富裕。建设平安中国，加强和创新社会治理，维护社会和谐稳定，确保国家长治久安、人民安居乐业"。为了实现这一战略目标，习近平总书记在十九大报告中提出了"八条"要求，亦称作"民生八大看点"，为我们指明了社会发展方向与具体任务。其八条如下：

---

① 国家发展和改革委员会：《"十三五"国家级专项规划汇编》上，人民出版社2017年版，第309页。

② 参见《"健康中国2030"规划纲要》，人民出版社2016年版。

③ 王之虹：《论健康与福祉产业》，载穆树源主编《福祉研究》第1卷，东北师范大学出版社2018年版，第61—62页。

（1）坚决打赢脱贫攻坚战。
（2）让每个孩子都能享有公平而有质量的教育。
（3）全面建立中国特色基本医疗卫生保障制度。
（4）建设生态文明是"千年大计"。
（5）人人都有通过辛勤劳动实现自我发展的机会。
（6）构筑多层次社会保障体系。
（7）幼有所育、弱有所扶，在发展中补齐民生短板。
（8）让全体人民住有所居。

从福祉学角度而言，上述八条，条条关乎民生，条条讲的都是"社会福祉"！只不过迄今为止，我们的用词是"社会福利"，而不是"社会福祉"而已。其实"福祉"这一称谓，如前所述，它并不是舶来品，是我们的老祖宗早已使用过的词汇，只不过在近代我们没有延续使用，一部分民众尚不太熟悉这一称谓的内涵罢了。

君不见，"脱贫"就是"摆脱贫困"，而要想"摆脱贫困"，除了"自力更生、因地制宜、发挥潜能"之外，还须政府实施"济贫扶弱"政策与规划，而"济贫扶弱"就是"社会福祉"的起源，就是"福祉工作"的根本。近代福祉事业的开端，也正是源于扶助弱势群体。新中国成立以后，在中国共产党的英明领导下，我国走过了从一穷二白到解决温饱，由计划经济到市场经济，由物质匮乏到商品琳琅满目，由生活基本保障到初步繁荣富裕的光辉历程，尤其是在以习近平同志为核心的党中央的卓越领导下，各级政府在扶贫脱贫方面做出了非凡的努力，我国的扶贫工作成就斐然，令世界瞩目。

八条中的第2条，"让每个孩子都能享有公平而有质量的教育"，这讲的又是"福祉"，即"儿童福祉"。儿童福祉是未成年人应该享有的"家庭与教育的福祉"。早在1959年11月20日，由联合国发布的《儿童权利宣言》的第1条中就明确规定："所有的儿童，概无例外，无论自己还是其家属，都不应因其人种、肤色、性别、言语、宗教、政治或其他理念、国籍或社会出身、财产、门第及其他地位而受到歧视，必须赋予这些权利"；并在第2条中规定："儿童要受到特殊保护，而且在其健全、运用正常的方法及享有自由与尊严的状态下，必须根据法律及其他手段，为其提供能在身体、智能、道德、精神上及社会上获得成长的机会。为此目的，在制定法律之时，必须最大限度地考虑儿童的最高利益。"[1] 该宣言发布30年之后，即1989年11月20日，第44届联合国大会第25号决议又通过了《儿童权利公约》（Convention on the Rights of the Child）。该公约在第28条中明确规定："缔约国承认儿童享有受教育的权利，为在机会均等的基础上逐步实现此项权利，缔约国尤应：（a）将初等教育作为义务，对所有的儿童提供无偿教育；（b）鼓励发展各种形式的中等教育（包括普通教育和职业教育），为所有的儿童提供能利用这等教育的机会，例如采取适当措施，导入免费教育，并根据需要提供财政上的支援；（c）采取一切适当方法，根据其能力，对所有的人提供利用高等教育的机会；（d）使所有的儿童均能得到教育及职业方面的情报与指导，给予其利用机会。"[2] 1990年8月29日，我国成为第105个签约国。1991年9月4日七届全国人大常委会第21次会议通过的《中华人民共和国未成年人保护法》中也明确规定："未成年人享有受教育权，国家、社会、学校和家庭尊重和保障未成年人的受教育权。"这些公约、法律法规所讲的核心内容，就是"保护儿童权益""保护未成年人应享有的教育权利"。同时，这些权益与权利的维护，就是对社会儿童福祉所提出的诉求！

再观世界，如：一海之隔的日本，早在"二战"后的1947年就制定了《儿童福祉法》，最新修改于2016年。在这部法律里明文规定了"儿童福祉的理念""儿童培育的责任"以及对"残疾儿童的救助"等。英国作家伊恩·麦克尤恩在小说《儿童法案》[3] 里说得好："福祉是社会福祉。一个孩子与其家庭、朋友之间盘根错节的关系网才是关键因素。孩童绝非是个孤岛。"要想每个儿童都享有接受义务教育的权利，真正做到："教育面前人人平等"，就需要提高整个社会的福祉水平。

至于第3条"全面建立中国特色基本医疗卫生保障制度"；第5条"人人都有通过辛勤劳动实现自我发展的机会"；第6条"构筑多层次社

---

[1] ［日］《社会福祉小六法》，密涅瓦书房2017年版，第285页。
[2] 同上书，第292—293页。
[3] 参见［英］伊恩·麦克尤恩《儿童法案》，郭国良译，上海译文出版社2017年版。

会保障体系";第7条"幼有所育、弱有所扶,在发展中补齐民生短板";第8条"让全体人民住有所居"等,更是将社会福祉具体化,是社会福祉须遵循的原则与奋斗的目标。

习近平总书记在党的十九大报告关于民生的论述中,不但直接使用了"福祉"一词,而且在"关于全面深化改革"的论述中又强调指出:"改革创新社会体制,促进公平正义,增进人民福祉"[①],将改革的出发点与落脚点都归结为:"增进人民福祉。"高度发达的福祉社会,不仅满足人民的需要,使每个公民都能充分享有作为人的尊严与幸福感,也是文明社会发展进程的坐标与里程碑,同时也是小康社会实现后的又一新的征程。

随着我国小康社会的基本实现,人民的生活水平在不断提高,中国社会下一步应该朝着哪个方向发展?应该怎样去发展?以习近平同志为核心的党中央与政府已经为我们描绘了宏伟的蓝图,那就是"中国梦",也就是实现伟大的民族复兴。为了实现这一宏伟蓝图,需要全党、全国人民来集思广益,共同奋斗,砥砺前行。习近平总书记曾在《切实把思想统一到党的十八届三中全会精神上来》一文中,引用汉朝王符《潜夫论·释难》中的"大鹏之动,非一羽之轻也;骐骥之速,非一足之力也"之语,来激励我们。

回首改革开放40余年的光辉历程,中国人民可以自豪地向世界宣告:在党中央的英明领导下,我国不但完成了由计划经济向社会主义市场经济体制的转变,而且创造出了新的经济发展模式。2018年上半年,我国GDP总量高达6.576万亿美元,世界排名第二,占世界经济的15%。国力的增强,人民生活所发生的巨大变化,经济的繁荣,群众消费水平的日益提高,这都意味着伟大的中国梦已如喷薄而出的东方旭日,她不仅光耀华夏神州大地,亦将给整个人类社会的发展带来巨大的动力。

改革开放的辉煌业绩,令华夏子孙感到无比的自豪,令世界各国钦羡不已。不过,欣喜之余,我们还须冷静地看到:由于中国幅员辽阔,

[①] 中央文献研究室:《习近平关于全面深化改革论述摘编》,中央文献出版社2014年版,第91页。

民族众多，地区差别大，社会发展不平衡，贫富之差仍然悬殊，脱贫攻坚战尚在行进过程中，国民的收入水平还有待于大幅度提高，而欲构建人人享有幸福之感的福祉社会，尚须很长的路要走，尚须风雨兼程，砥砺前行。

首先从地理上看，"雄踞东亚、幅员辽阔的中国大陆，东面是波涛汹涌的太平洋，西面耸立着号称世界屋脊的青藏高原，北面是茫茫的戈壁沙滩与一望无际的大草原，西南绵延着横断山脉。在这广阔的空间里流淌着黄河、长江、珠江等大河巨川，而大河巨川有冲积形成了万顷平原，在大平原与高原上还点缀着碧波浩渺的湖泊……"① 这种"混沌无端，莫见其垠"的巨大空间，酿成了我国自然环境与地区经济发展上的巨大差别。因受自然环境的影响，东部沿海地区得天独厚，不仅农渔业资源丰富，而且工业与交通发达，基础设施先进，经济发展迅猛，民众生活富庶。可谓是：人杰地灵，经济思维敏捷而活跃。而中部地区则高原丘陵环绕，平原分布其中，虽盛产粮食，然地处内陆封闭或半封闭地带，在某种程度上有碍于经济发展；而西部地区高山耸立，戈壁茫茫，沙漠绵延，尽管资源丰富，然生存环境与生活条件欠佳。加之，交通不便，贸易往来与经济发展受限。以习近平同志为核心的党中央与政府所制定的"一带一路"倡议，正是振兴西部经济，促进丝绸之路经济带的发展，与西域周边国家实现互利共赢的英明壮举。再看东北，虽有着茫茫林海与丰富资源及雄厚的工业基础，但冬季漫长而寒冷，又因其他众多人文因素之影响，造成了近年来的经济滑坡与发展滞后。

由于上述地理环境与自然条件的显著差异，形成了我国地域经济上的巨大落差，据国家统计局公布数据显示：2017 年我国国内生产总值达820754.28 亿元，比上年增长 6.8%。② 其中，广东省为 89879.23 亿元，江苏省为 85900.94 亿元，浙江省为 51768.26 亿元，而笔者的家乡辽宁为23942 亿元，笔者所工作的吉林省为 15288.94 亿元；与发达地区相比，

---

① 参见孙久富《中日两国古代文艺美学思想之比较——风土美感文艺观》，载任云、刘敬文、孙久富等《扶桑论评》，中国社会科学出版社 2016 年版。

② 《国家统计局关于 2017 年国内生产总值（GDP）最终核实的公告》，2019 年 1 月 18 日，国家统计局网（http://www.stats.gov.cn/tjsj/zxfb/201901/t20190118_1645555.html）。

地处西部地区的新疆仅为10920.09亿元，西藏仅为10310.63亿元，而甘肃则更低，仅为7677亿元。从城市GDP来看，上海为30133亿元；北京为28000亿元；深圳为22286亿元；广州为21500亿元；而新疆的乌鲁木齐仅为2799亿元；甘肃的兰州仅为2445亿元。① 发达地区与欠发达地区的经济落差甚大。不仅如此，自然条件与经济上的落差，又造成了地区社会发展与生活水准上的不平衡。据国家统计局公布的地区间社会发展水平综合评价结果显示：社会发展总指数低于全国水平的16个省区，大都集中于中西部地区。这些欠发达地区在公共基础设施、生活环境、文化教育、医疗与社会保障等方面，与发达地区相比其差别甚为悬殊。早在2001年，我国经济学家胡鞍钢先生就在《地区与发展：西部开发新战略》② 一书中，根据世界银行对各国经济发展水平的分组标准，将我国区域发展划分为"一个中国，四个世界"，即：第一世界是高收入发达地区，相当于世界的高收入发达国家水平，而第四世界则是广大中西部贫困地区、少数民族地区、农村地区、边远地区和低收入地区。胡鞍钢先生的划分十分形象。不过，时过境迁，20年后的中国已是今非昔比，各地区的差别已经并正在逐步缩小。尽管如此，地区差别依然存在，而解决地区差别问题非短时期内所能成就，需有相当长的路要走。

另外，从个人收入来看，高、中、低之间的差距仍然悬殊。2017年10月12日，胡润研究院发布了《2017年胡润百富榜》③，其中，排行前10名的富豪的资产总和为16700亿元，而首富的个人资产高达2900亿元，也就是说：即便是一年收入1亿元也需要花费2900年的时间，这对于年收入10万元左右的工薪阶层来说，需要不吃不喝地工作2900000年方能达到。当然，这种对比不见得恰当，即便是发达国家，其富豪与普通国民之间的财富差距亦是悬殊得惊人。中国的贫富之差问题，主要指富裕阶层与工薪阶层，富裕地区与贫困地区之间的差别。据福布斯中国

---

① 《2017年31省GDP成绩单》，2018年1月3日，中国城市金融网（http：//www.csjrw.cn/2018/0131/79065.shtml）。

② 参见胡鞍钢编《地区与发展：西部开发新战略》，中国计划出版社2001年版。

③ 《36计·胡润百富榜2017》，2017年10月13日，胡润百富网（http：//www.hurun.net/cn/hulist/index？num=06977bccf872）。

联合牛交所发布的《2017中国大众富裕阶层理财趋势报告》显示："中国富裕阶层到2017年底将接近2092万人,到2020年将突破3000万"①,约占全国总人口的2.1%,占日本人口总数的40%左右,数字惊人。全国55.2%的富裕阶层主要分布在"北上广深"四个一线城市。其他直辖市与省会城市的富裕阶层人群占16.8%,其他内地城市占28%。也就是说,富裕阶层主要集中在经济发展程度高的地区,而普通城市,尤其是边远地区,比例尚低。而且,报告中还提到了富裕阶层的财富来源为："投资金融产品占52.9%,创业或参与股权投资占25.4%,房地产投资占24.6%,财产继承占10.1%,其他占5.1%。"② 从中可以看出,半数以上的富裕阶层的主要财富来源于大股的金融产品投资,这对于没有财力的普通民众来说,无法望其项背。此外,富裕阶层中24.6%的人将房地产投资作为主要财富来源,而这部分财富属于固定资产,它随着地价与房价的涨落而浮动。目前,一线城市的房价接近或超过部分发达国家,以平均1平方米10000元来计算,购买120平方米的住房则需要120万元以上,这对于平均月收入4000—5000元的青年人来说,若无父母资助,需要工作20年才能买得起,即便贷款则须偿还30余年。因此,对于一般民众而言,不可能将房地产投资作为主要财富来源。③

此外,从基尼系数来看:我国1988年为0.382,1998年为0.403,2008年为0.491,2016年为0.465,2017年为0.467,④ 呈现出逐年上升的趋势。这说明我国贫富之差在不断拉大。而如何解决与缩小贫富之差的问题,这不仅是中国,也是世界各国福祉研究的重大课题之一。

再从恩格尔系数来看,据国家发改委组织编写的《2017年中国居民消费发展报告》⑤ 中的数字显示:2017年全国居民恩格尔系数为

---

① 《福布斯牛交所理财趋势报告:"2017年底中国富裕人群将超2000万"》,2017年11月6日,搜狐网(https://www.sohu.com/a/203007804_431938)。

② 同上。

③ 同上。

④ 《中国历年基尼系数统计(1981—2017)》,2018年1月7日,百度文库(https://wenku.baidu.com/view/fabae6bf3086bceb19e8b8f67c1cfad6195fe9b8.html)。

⑤ 《国家发改委〈2017年中国居民消费发展报告〉发布》,2018年3月30日,中宏网(https://www.zhonghongwang.com/show-170-86684-1.html)。

29.39%。若按照联合国粮农组织所提出的标准,恩格尔系数在59%以上为贫困,50%—59%为温饱,40%—50%为小康,30%—40%为富裕,说明我国已经进入到富裕国家之列。不过,由于地区工薪收入、消费内容、各地物价等差别,恩格尔系数的平均值并不能说明我国国民整体的生活水平已经跨进了富裕门槛,我国已经跃升为发达国家。国家统计局新闻发言人毛盛勇先生在2018年3月14日召开的国新办发布会上指出:"衡量一个国家是否为发达国家,除了恩格尔系数以外还有很多的指标,比如人均国民收入水平、人均GDP水平、国民收入分配情况、人均受教育程度、人均预期寿命等指标,特别是人均国民收入。2017年,尽管我国经济总量稳居世界第二,但是人均GDP按平均市场汇率来算还不到9000美元。"① 交通银行金融研究中心首席研究员周昆平先生在接受《每日经济新闻》记者采访时也表示:"中国的恩格尔系数比较复杂,背后还是受中国经济的不平衡不充分发展所影响。我们应该注意到,在整体恩格尔系数下降的同时,东部地区和中西部地区、发达地区和贫困老少边穷地区(恩格尔系数)差异整体还是比较大的。"② 另据《2017年国民经济和社会发展统计公报》③ 显示:虽然城乡恩格尔系数为29.3%,的确已低于30%,但是农村恩格尔系数还在30%的线上,处在31.2%的水平,而且农村人口总量为5.7亿。这说明我国广大农村尚达不到富裕的程度。同时,衡量富裕与否的标准,除了恩格尔系数之外,还要看一个国家的人均收入,目前我国人均收入为8865美元,在世界上排名第69位,仅相当于美国的七分之一,日本的十分之一;再具体到教育、消费及医疗等领域,中国的人均教育投入2016年不到美国的十分之一,人均消费支出2015年仅为美国的十四分之一;人均医疗支出美国是中国的22.4倍。这说明我国国民的整体富裕程度与发达国家相比,

---

① 《国新办举行1—2月份国民经济运行情况新闻发布会》,2018年3月14日,国务院新闻网站(http://www.scio.gov.cn/xwfbh/xwbfbh/wqfbh/37601/38074/index.htm)。

② 《中国恩格尔系数首破30% 小数字折射大变迁》,2018年4月17日,东方财富网(http://finance.eastmoney.com/news/1344,20180417858074594.html?qrqm=cjdd)。

③ 《2017年国民经济和社会发展统计公报》,2018年2月28日,国家统计局网(http://www.stats.gov.cn/tjsj/zxfb/201802/t20180228_1585631.html)。

还有相当大的差距。

另外，我国在脱贫方面取得了举世瞩目的非凡成就，据国家统计局调查数据显示：党的十八大以来，农村贫困人口累计减少6853万人。截至2017年末，全国农村贫困人口从2012年末的9899万人减少至3046万人，累计减少6853万人；贫困发生率从2012年末的10.2%下降至3.1%，累计下降7.1个百分点。国家统计局于2018年2月1日发布的《2017年全国农村贫困人口明显减少，贫困地区农村居民收入加快增长》[①]中指出：根据对分布在全国31个省的16万户家庭进行抽样调查，以国家农村贫困标准（2016年贫困线约为人均纯收入3000元）测算，截至2017年末全国农村贫困人口3046万人，比上年末减少1289万人。数据还指出，西部农村贫困人口最多，高达1634万人，再次是中部农村贫困人口为1112万人，东部农村贫困人口最少为300万人，而中西部占全国农村贫困人口的90%左右。这与自然条件，以及由自然条件带来的地区差别关系甚大，如何实现自然条件恶劣地区的脱贫，达到精准脱贫，使经济落后地区由解决温饱到实现小康，这亦是社会福祉所要从事的重要工作。

而与贫富之差、济贫脱贫问题相并行的是养老问题。习近平总书记在《中共中央关于制定国民经济和社会发展第十三个五年规划的建议》中指出："中国人口老龄化态势明显，60岁以上人口占总人口的比重已经超过15%，老年人口比重高于世界平均水平，14岁以下人口比重低于世界平均水平，劳动年龄人口开始绝对减少，这种趋势还在继续。这些都对中国人口均衡发展和人口安全提出了新的挑战。"首先，我国在应对老龄化社会方面，尽管采取了一系列措施，不断出台新的政策，2019年5月29日国务院总理李克强在主持召开的国务院常务会议上，对进一步促进社区养老和家政服务业加快发展进行全面部署；决定加大对养老、托幼、家政等社区家庭服务业税费优惠政策的支持，并提出了四项措施，即：

---

① 《2017年全国农村贫困人口明显减少，贫困地区农村居民收入加快增长》，2018年2月1日，国家统计局网（http://www.stats.gov.cn/tjsj/zxfb/201802/t20180201_1579703.html）。

（1）加大社区养老服务设施有效供给。对老旧小区通过政府回购、租赁等补上养老设施欠账。新建小区按规定建设的养老设施移交政府后，要无偿或低偿用于社区养老服务。对企业、政府和事业单位腾退的用地、用房，适宜的要优先用于社区养老服务。

（2）放宽准入，引导社会力量广泛参与社区养老服务。鼓励发展具备全托、日托、上门服务等综合功能的社区养老机构，在房租、用水用电价格上给予政策优惠。依托"互联网＋"提供"点菜式"就近便捷养老服务，支持连锁化、综合化、品牌化运营。

（3）按规定以财政补贴等方式，支持大范围开展养老服务人员培训，扩大普通高校、职业院校这方面培养规模，加快建设素质优良的专业队伍。

（4）优化财政支持养老服务业发展的支出结构，相关资金更多用于支持社区养老服务。整合高龄津贴、护理补贴等，集中补贴经济困难高龄、失能老人长期照护费用。①

上述四项措施有的放矢，主要是为了解决我国养老领域在发展过程中所存在的问题；由政府公布大政方针，以完善养老机制。目前，随着老龄人口的激增，各地养老设施建设方兴未艾，国营民营相互交织，各种模式竞相展示，然而，在养老理念与观念、养老模式、运营体制与机制、老年人护理服务、福祉人才培养等方面，尚存在着众多的问题；而伴随着老龄化与相对少子化社会的到来，养老保险问题、老年人的社会福祉与介护（照护）问题，尤其是农村养老问题，以及与生育及抚养相关的母婴福祉问题、儿童权益保护与教育等问题日益凸显，都需要我们下大气力去解决。而解决这些问题，构建公平、平等、人人生活皆有保障的福祉社会，正属于社会福祉研究与福祉工作范畴之内，皆须通过推进社会福祉事业的发展，方能逐步得到解决。

上述改革开放以来所取得的辉煌成就与发展中所存在的问题，说明

---

① 《李克强主持召开国务院常务会议　部署进一步促进社区养老和家政服务业加快发展的措施等》，2019 年 5 月 29 日，中国政府网（http：//www.gov.cn/guowuyuan/2...% C2% A0% C2% A0 - ）。

了要想达到并实现更高层次的小康社会,既需要吸收借鉴发达国家在发展过程中所积累的经验,大力开展社会福祉事业,同时又要根据中国的实际情况,探索出一条具有中国特色的实现福祉社会的道路;通过福祉事业的不断发展与完善,才能使全民生活得无忧无虑,才能实现幸福、安康、舒适的福祉社会。

从宏观角度来看,世界正处于大变革与大调整时期,政治与文化的多元化,高科技的突飞猛进,经济发展的激烈竞争与全球经济一体化的进展,IT产业的蓬勃发展与信息化社会的实现等,带来了整个人类社会的巨大变革。这些变革不但促进了价值观、意识形态、社会结构、生产方式、经济形态、生活样式、文化走向、交流方式、思维方式的转变,而且为人类社会迎来了前所未有的发展机遇,同时又使人类社会面临着众多的挑战。这些挑战包括:资源的枯竭、环境的污染、贫富的两极分化、竞争的激烈与心理的重负、人口结构的失衡等。为了迎接挑战,处理好发展中所存在的问题,关键在于要认清形势,不断调整发展方向,与时俱进地推进改革与创新;而改革创新的根本目的,在于构建更高层次文明的社会,提高人类生活的水准,实现人类福祉社会。要想达到这一目标,需要培养大批适应及支撑社会发展的人才。

中国古代哲人管子曾言:"一年之计,莫如树谷;十年之计,莫如树木;终身之计,莫如树人。"[①] 实现福祉社会的基础在于教育,其核心在于教育事业发展的国际化与多层次的人才培养;在于大学的准确定位与专业的不断调整。所说定位:就是要解决创办什么样的大学,如何在激烈的竞争中立于不败之地的问题;所说专业的调整:就是要紧跟时代前进的步伐,根据人才市场的需求,解决改造旧专业,创建有特色的新专业的问题。这对于高等教育机构而言,尤为重要。创办国际一流大学必须以打造一流专业为基础,唯有创新、构建一流专业,方能实现创办一流大学的宏伟目标。

教育要紧跟时代前进的步伐,要不断地满足时代与社会的需求,要勇于创新,要开拓新的教育领域与教育体系。经过40余年改革开放的艰

---

① 参见《管子·权修》。

难历程与丰富积累，中国社会已经进入前所未有的大发展时期，而全面落实习近平主席的"增进人民福祉"的战略部署，构建公正、公平、和谐、人人皆有幸福感的福祉社会，仍然要教育先行，要建立社会所需的福祉系列专业，要培养大批福祉研究及从事福祉工作的人才，为此才能满足社会需求。目前，在我国福祉既是教育事业的新的领域，又是产业、经济的新的增长点。

十几年前，鉴于大学的激烈竞争与发展前景，鉴于时代的发展与中国高龄化社会的到来，全国模范教育工作者、我国福祉专业的创始人穆树源先生，根据时代变化与社会需求，于2010年果断地提出了学校的转型与创新，并躬身笃行，多次遍访欧美、东渡扶桑，考察福祉教育，制定发展规划；既以日本福祉教育为参照蓝本，又结合我国现实情况，创办了全国第一所福祉学院。该学院现已发展成为福祉学部，下设三院（社会福祉学院、健康福祉学院、儿童福祉学院）；形成了较为完整的教学科研体系，开我国福祉教育专业之先河。其意义之重大，固不待言。目前，我国许多院校为了紧跟时代发展的步伐，积极应对老龄化社会的到来，根据社会需求，已经着手准备或正在创建健康管理专业（其性质等同于国外的福祉专业，只是称谓不同），相信在今后的若干年之内，这一专业必将如雨后春笋遍及于祖国各大城市的学府之中。

创建与夯实福祉专业，首先要搞清何谓福祉？唯有明确福祉的概念，才能明确办学的方向。福祉一词，虽源于我国古代典籍，然现代社会福祉与社会福祉学，在我国尚属新的概念与新的学科领域。如前所述，她既涵盖社会福利、社会保险事业，包括育婴、学龄前儿童教育、成人教育、老年介护等专业，又横跨法律学、教育学、社会学、心理学、临床心理学、医学、经济学、管理学等众多学问领域，可谓是综合性的实践教育与研究体系，是一项庞大的系统工程。挑战这项庞大的系统工程，引领社会教育发展的崭新领域，构建具有中国特色的社会福祉体系，既是我国社会现实之需要，又为我国社会的进一步发展绘制了宏伟的蓝图。

南宋朱熹在《观书有感》中曾吟诵道："半亩方塘一鉴开，天光云影共徘徊。问渠那得清如许？为有源头活水来。"福祉的源头在于民众的社会需求，福祉学的源头在于福祉实践，而办好福祉教育是构建福祉社会的基础。为了进一步弘扬首发之势，促进我国福祉教育迅速形成规模，为了构建有中国特色的福祉教育体系，特撰此书，以资参考。

第一章

福祉与福祉学

第一节 福祉与福祉学之定义

首先,"福祉"一词源于中国古典。福字是会意文字,从示从畐,顺天垂象,腹满(畐)之义。"福"字在甲骨文里的意思为:两手捧酒坛把酒浇在祭台上。"祉"字是形声字,从示,从止,"示"指祖先神,"止"即"之",意为"到来"。"示"与"止"合为一字,表示"祖先神降临",引申义为:"福气。"因此,汉代许慎在《说文解字》里将其解释为:"祉,福也。"《左传·哀公九年》里亦有"祉,禄也"之记载。"福"字与"祉"字相结合,构成了"福祉"一词;意为:幸福美满。

这一概念最早出现在我国现存最古诗集《诗经·小雅·六月》[①] 之中,即:"吉甫燕喜,既多受祉。"宋代朱熹在《诗集传》[②] 里,将其解释为:"此言吉甫(周宣王的贤臣尹吉甫)燕饮喜乐,多受福祉。"意思为:周宣王时的太师尹吉甫打了大胜仗回来,设宴庆功,百姓的福祉受到泽惠。不过,早在朱熹之前,即公元前 150 年韩婴撰写的《韩诗外传》[③] 卷 3 里,已经出现"福祉"一词,"是以德泽洋乎海内,福祉归乎王公"。其后,汉代的焦延寿[④]在《易林·卷 3·泰之大有》里写道:"生

[①] 参见程俊英《诗经译注》,上海古籍出版社 2016 年版。
[②] 参见朱熹撰《诗集传》,上海古籍出版社 2013 年版。
[③] 参见许维遹《韩诗外传集释》,中华书局 1980 年版。
[④] 焦延寿,汉代学者,主要研究《易经》,著有《焦氏易林》一书。

直地乳①，上皇大喜，赐我福祉，受命无极。"在这里，福祉与长寿联系在一起，唯有幸福美满才能受命无极，也就是长生不老。在唐代韩愈撰写的《兴元少尹房君墓志》中记载有"有位有年，有弟有子，从先人葬，是谓受祉"②；在唐代李翱撰写的《祭独孤中丞文》中亦记载有"丰盈角犀，气茂神全，当臻上寿，福祉昌延"③ 之句。中国古代福祉思想可上溯到春秋时代，管子的"五行九惠之教"可为福祉思想之嚆矢，关于这一点，本书第十章有所详述，在此不再赘言。

近代的"社会福祉"一词，出自于英语，是"social welfare"的汉字译词。英语的"social"意为："社会的、社会上的、交际的、社交的、群居的、合群的"；"welfare"的原意为："the health, happiness, and fortunes of a person or group"即"健康、幸福、一个人或群体的健康、幸福和财富"，亦有"statutory procedure or social effort designed to promote the basic physical and material well-being of people in need"之意，即"旨在促进有需要的人的基本身体和物质福利的法定程序或社会努力"④。两个词义合在一起，即为：通过法定程序或社会努力来达到社会的群体的安康幸福。

中国将"welfare"译为"福利"，其词义通常解释为："福利是员工的间接报酬。一般包括健康保险、带薪假期、过节礼物或退休金等形式。这些奖励作为企业成员福利的一部分，奖给职工个人或者员工小组。"⑤

---

① "直"字通"殖"字。古人想象其是地母的乳房，所以称其为"地乳"。古代在社坛中立石或坟土，以此作为地乳的象征。土、母这两个字在古汉语中，音义相通。从字音说，土，古韵在老部，而老与母古乃同音字。因此，土、母是一音之转。《释名·释天》解释为："土，吐也，能吐生万物也。"《白虎通·五行》解释为："土，吐含万物，土之为言吐也。"母，《释名·释亲》解释说："母，冒也，含（感）生己也。"《广雅·释亲》解释为："母，本也。"即：生人者称母。而生万物之母，则称作"土"。《后汉书·隗嚣传》记载有："地为母。"由此可见，所谓"土神"，就是地母之神，亦是万物之母神。古代将母神又称作"高禖神"，高禖神亦是高母神。

② 有地位又享有高寿，有亲属子孙，死后葬于先人墓穴，这就是受祉，即接受天地神明的降福。

③ 文中的"角犀"指额角入发处隆起，犹如伏犀。古代迷信以为显贵贤明之相。亦借指贤明者。该文意为：天庭饱满，地额方圆，精神矍铄，应当达到长寿，幸福才兴旺不衰。

④ 参见《牛津词典》关于"welfare"的解释。

⑤ 《福利》，2018 年 6 月 25 日，百度百科（https://baike.baidu.com/item/福利/2877）。

从经济角度来看,"福利必须被视为全部报酬的一部分,而总报酬是人力资源战略决策的重要方面之一。从管理层的角度看,福利可对以下若干战略目标作出贡献:协助吸引员工;协助保持员工;提高企业在员工和其他企业心目中的形象;提高员工对职务的满意度。与员工的收入不同,福利一般不需纳税。由于这一原因,相对于等量的现金支付,福利在某种意义上来说,对员工就具有更大的价值。福利适用:所有的员工,而奖金则只适用于高绩效员工。福利的内容很多,各个企业也为员工提供不同形式的福利,但可以把各种福利归为以下几类:员工福利、补充性工资福利、保险福利、退休福利、员工服务福利、物质福利。"[①] "福利,是指企业为了保留和激励员工,采用的非现金形式的报酬,……与津贴的最大差别就是,福利是非现金形式的报酬,而津贴是以现金形式固定发放的。""广义的福利泛指在支付工资、奖金之外的所有待遇,包括社会保险在内。狭义的福利是指企业根据劳动者的劳动在工资、奖金,以及社会保险之外的其他待遇。"[②] 或定义为:"国家为改善和提高全体社会成员物质生活和精神生活所采取的政策措施和所提供的福利措施及相关服务,包括社会保险、社会救助、全民福利三个领域等各种社会政策和相关服务。"[③] 而关于"社会福利"的解释,目前尚无统一的定论。智库·百科将其解释为:"社会福利是指国家依法为所有公民普遍提供旨在保证一定生活水平和尽可能提高生活质量的资金和服务的社会保险制度。社会福利有广义和狭义之分。(一)广义的社会福利是指提高广大社会成员生活水平的各种政策和社会服务,旨在解决广大社会成员在各个方面的福利待遇问题。(二)狭义的社会福利是指对生活能力较弱的儿童、老人、母子家庭、残疾人、慢性精神病人等的社会照顾和社会服务。社会福利所包括的内容十分广泛,不仅包括生活、教育、医疗方面的福利待遇,而且包括交通、文娱、体育、欣赏等方面的待遇。社会福利是一种

---

① 《福利》,2018 年 6 月 25 日,百度百科(https://baike.baidu.com/item/福利/2877)。
② 《福利》,2018 年 6 月 25 日,搜狗百科(https://baike.sogou.com/m/v64588044.htm)。
③ 《社会福利》,2018 年 6 月 25 日,淘豆网(https://www.taodocs.com/p-17857668.html)。

服务政策和服务措施，其目的在于提高广大社会成员的物质和精神生活水平，使之得到更多的享受。同时，社会福利也是一种职责，是在社会保障的基础上保护和延续有机体生命力的一种社会功能。"[①]聂存虎先生曾在《社会福利：概念与视角》中，对"福利"的概念与定义做了详细的解读。他指出："百科全书和一些教科书常常采取描述性的定义：最常指分门别类的制度与服务，其主要目的在于维护和提高人们身体的、社会的、智力的或感情的福祉；同时亦指大学的、政府的或私人的方案，这些方案涉及社会服务、社会工作和人群服务等领域以达到助人的专业目标……其他类似的观点则认为，社会福利是指一个社会的幸福状况，包括人们的健康、经济状况、快乐和生活质量；社会福利关心的是帮助人们过上更加令人满意的生活；社会福利的目标是促使社会中的每个人都能满足社会、经济、健康与休闲的需求等等。"[②]

上述解释，基本囊括了我国关于"福利"与"社会福利"的概念与定义。不过，福利的内涵与范围并不是固定的，它根据时代与经济条件的变化而变化。现在的福利形式还包括有保险、实物、股票期权、培训、带薪度假等。目前，福利一词的使用，在我国已繁衍出"福利彩票""福利游戏""福利视频"等，虽然五花八门，但大都脱离了原义。

日本根据"Social welfare"的词义，袭用中国古籍中的"福祉"一词，加上近代创造出的和式汉字词汇"社会"，翻译成"社会福祉"。《日本国语大辞典》将汉语词汇"福祉"解释为：祉，幸福、幸运；并举其用例为："奉為建三寺檀那雲岩禅門，用增福祉。"［《宝覚真空禅師録（1346）乾·山城州西山西禅寺語録》[③]］，证明日本古代在和式汉文中已使用"福祉"一词。因此"社会福祉"与"社会保障、社会保险"等词汇，如同"社会经济、社会哲学、社会科学、社会主义"一样，均属日本人利用中国古籍所使用的词汇或根据汉字"六书"之原理重新组合成

---

① 《社会福利》，2018年6月25日，MBA智库网（https://wiki.mbalib.com/wiki/社会福利）。

② 聂存虎：《社会福利：概念与视角》，2012年10月23日，道客巴巴网，（https://www.doc88.com/p-905531717039.html）。

③ 参见《福祉》，载日本大辞典刊行会编《日本国语大辞典》，小学馆1974年版。

的和式汉字词汇。这些词汇于近代又传入中国，演变成现代汉语的一部分。日本现在所使用的"社会福祉"一词的词义，是根据西方"Social welfare"的概念与性质，通常被解释为："对于个人在社会生活中所遇到的障碍与困难，由社会福祉政策、所在的区域社会与个人等独自或相互协调地加以解决或缓和，以及为此所展开的各种活动之总体，或以此为目标所从事的工作，这就是社会福祉。社会福祉不一定有统一的定义。社会福祉是经历了由国家政策不予以介入而展开的相互扶助、慈善、博爱事业的阶段，到由国家政策介入而进行的救贫事业、社会事业、社会福利事业的基本阶段发展而来的。社会福祉包括：价值观、哲学观、援助观、人间社会观等福祉思想；包括个人生活所遇到的福祉问题，以及为解决或缓和福祉问题所提供的援助资源。社会福祉谋求将福祉问题与援助资源顺利地对接，通过援助技术来有效地促进解决福祉问题。"① 社会福祉是实现福祉社会的手段与过程，因此社会福祉的内容与要素大致可归结为以下几点。

（1）社会福祉须建立在正确的价值观、哲学观、援助观、人间社会观等福祉思想基础之上。

（2）社会福祉要谋求解决个人生活中所出现的各类福祉问题。

（3）为解决或缓和民生福祉问题，须设立并落实福祉援助政策与福祉法律法规。

（4）实现解决福祉问题与福祉援助资源的圆满结合，促进援助技术的提高。

2000 年 7 月，国际社会工作者联合会（International Federation of Social Workers，IFSW）所采纳的社会工作定义为："社会工作是专门职业，以增进人的福利（well-being 幸福）为目标，推进社会变革，谋求解决人世间关系所存在的问题，促进人们的赋权与解放。社会工作利用人的行动与社会系统相关联的理论，介入人们与其环境相互影响的接点。人权与社会正义之原理，是社会福祉工作的依据与基础。"② 2014

---

① ［日］《社会福祉用语辞典》，密涅瓦书房 2017 年版，第 157 页。
② ［日］《社会福祉小六法》，密涅瓦书房 2017 年版，第 160 页。

年7月国际社会工作者联合会与国际社会工作教育联盟（IASSW）在墨尔本共同召开了大会，并在会上发布了社会工作的新的定义，即："作为以实践为本的专业及学术领域，社会工作推动社会变革与发展，促进社会凝聚及人民的赋权与解放。社会公义、人权、集体责任与尊重差异等原则是社会工作的核心。基于社会工作、社会科学、人文和当地的知识理论，社会工作以联系个人与组织来应对人生的挑战，促进人类的福祉。"[1] 新的社会工作定义表述更加清晰准确，不仅针对世界的社会工作，而且对于社会福祉事业亦具有指导意义。

战后，尤其是进入到老龄化社会以后，日本将"Social worker"又译为"社会福祉士"，使"Social worker"的工作更加具体化，并演变成职业上的称谓。其职业性质与工作内容由法律规定为："以专业知识及技术，对身体上或精神上患有障碍，或因环境上的理由在日常生活中遇到困难的人，受理其咨询洽谈，为其提供建议、指导、福祉服务；或者与医师及其他提供保健医疗服务的人员，以及其他相关人员进行联系与调整，以及实施其他援助事宜。"[2]

上述社会福祉士的工作，只是社会福祉服务的一个组成部分，就整体而言，社会福祉的服务对象是：未成年人、妇女、老龄人、残疾人、智障患者等在生活上需要提供支援帮助的人，以及经济拮据的贫穷人、流浪汉等群体，皆包括在内。对于这些弱势群体，由政府及社会提供救济与扶助，使其能够维持日常生活并改善其生活条件，以及为其设立保障制度及完善服务设施建设等，都属于社会福祉范畴。

日本社会福祉事业的发展，一般由政府制定法律规则与具体的福祉政策，其中包含了社会保障与社会福利及公共卫生、教育等方面，一般被解释为广义上的"公共福祉"。不过，从法律与政策层面上而论，狭义

---

[1] 参见《社会工作专业的全球定义》，2017年6月12日，百度文库（https://wenku.baidu.com/view/5f63ef9fb307e87100f69619.html）。

[2] 参见《社会福祉士及介护福祉士法》，载《社会福祉小六法》，密涅瓦书房2017年版，第117页。

的社会福祉则被视为社会保障的一个领域，具体指《福祉六法》①，以及由此所派生出的各项相关政策。关于这一部分，将另辟章节详述。

如前所述，英语的"social-welfare"一词，在我国被译为"社会福利"；一般解释为："福利就是能使人们生活幸福的各种条件。它既包括人的身体应得到的保护和照顾，也包括影响人的智力和精神自由发展的各种因素。而作为'社会福利'就更超出了个人的范畴，要求人们在'社会'的层面上来考虑和解决如何使人能够过上一种'好的生活'。它涉及社会根据什么来帮助人们生活的幸福，需要通过什么样的制度和政策安排来保证他们生活的幸福"。②"社会福利是指国家依法为所有公民普遍提供旨在保证一定生活水平和尽可能提高生活质量的资金和服务的社会保险制度。社会福利有广义和狭义之分。广义的社会福利是指：提高广大社会成员生活水平的各种政策和社会服务，旨在解决广大社会成员在各个方面的福利待遇问题；狭义的社会福利是指对生活能力较弱的儿童、老人、母子家庭、残疾人、慢性精神病人等的社会照顾和社会服务。社会福利所包括的内容十分广泛，不仅包括生活、教育、医疗方面的福利待遇，而且包括交通、文娱、体育、欣赏等方面的待遇。社会福利是一种服务政策和服务措施，其目的在于提高广大社会成员的物质和精神生活水平，使之得到更多的享受。同时，社会福利也是一种职责，是在社会保障的基础上保护和延续有机体生命力的一种社会功能。"③

由此可见，中文的社会福利与社会福祉，在概念与内容上并无太大的区别。不过，若从学术研究角度来看，社会福利只是社会福祉的一个组成部分，它包括在社会福祉之内，而社会福祉的范围更加广泛，它是人类社会追求与实现理想社会的各种措施与手段之总和。

---

① 20世纪50年代制定的《儿童福祉法》《身体障碍者福祉法》《社会保护法》和60年代制定的《精神障碍者福祉法》《老人福祉法》和《母子及寡妇福祉法》。在实施这些法律的过程中，日本政府还根据时代的变迁对相关法律适时进行修改完善，以适应不断变化的社会经济发展。
② 《社会福利》，搜狗百科（https://baike.sogou.com/v67895821.htm?foromTitle=社会福利），华律网（https://www.66law.cn/topic2010/shfl/）。
③ 《社会福利》，2018年6月27日，MBA智库网（https://wiki.mbalib.com/wiki/社会福利）。

我国学者秦永超先生在《福祉、福利与社会福利的概念内涵及关系辨析》一文中，对于两者之间的区别做了详细的解读。他认为："福利的侧重点是幸福、身心健康和繁荣，而福祉侧重于一种存在状态，一种感到好的、健康的、幸福的、满足的生活状态"；"从两者的关系来看，福利是实现好的生活即福祉的条件和保障性措施，福祉则是人们实际上达到的良好的生活状况。也就是说，福祉是人类福利制度设计要实现的终极目标"。[①] 秦永超先生的解释是根据中文的词义概念加以划分，其解释与概念划分是基于中国的现实情况。因为中国将英语的"Social Welfare"大都译为"社会福利"，很少使用"社会福祉"一词。不过，国外基本上将"福利"视为福祉范围内的某些具体内容，如：福利设施、工资待遇、奖金补贴、年金保险等；而"福祉"则是为实现所有公民的幸福感所创造的整体的生活环境与社会结构，因此有"福祉社会""福祉教育""福祉服务""福祉医疗""介护福祉"等称谓，而这些称谓不能用"福利"而冠之。同时，严格地说：社会福利是社会福祉的组成部分，它不能囊括社会福祉的全部内容。

关于福祉学的概念与定义，在前言中已经做过解释，不过，在此须重申的是：福祉学是社会应用科学，以实践应用为其研究基础。同时，福祉学属于横跨众多学科，由众多学科相互交叉而构成的综合研究领域，是在摄取多门学问理论与方法的基础上而形成的，因此其整体的理论体系很难确立。不过，从应用科学的角度来看，福祉学研究的重点是解决现实生活中的社会福祉问题与福祉实践课题，以探讨解决社会发展中所存在的问题，构建理想社会为其研究的主要目的，其研究的根基与研究的着眼点是社会实践。因此，福祉学亦可称为"福祉实践学"。传统的社会福祉学主要由两大领域构成：一是研究与福祉相关的制度与政策；二是研究具体的援助实践。将其合二为一的便是：福祉整体运营之研究。这种综合研究的重要性日益凸显，因为制度与政策的落实离不开具体实践，而实践又须制度与政策提供引导与保障，二者相互交织，相辅相成，

---

① 秦永超：《福祉、福利与社会福利的概念内涵及关系辨析》，《河南社会科学》2015年第9期，第113—114页。

从而构成了福祉研究综合体系。

第二节 福祉国家与福祉社会

社会福祉的终极目标是实现福祉社会，而福祉社会的实现，是由国家与政府主导，由全社会参与的庞大工程，须经几代人的努力方能达成。西方所说的"福祉社会"是由"福祉国家"演变而成。所谓"福祉社会"，按照日本福祉辞书的解释为："国民认识并意识到围绕着自身生活环境的社会福祉问题的发生与现状，以此为共同基础，建立起市民相互间的连带关系，谋求通过采取行动来解决各种问题，以维护每个市民所拥有的各项权利，实现自我"[1]；而"福祉国家"，原本指：以所得保障、医疗保障、社会服务等社会保障政策与完全雇佣政策为基础，在根据凯恩斯经济学所形成的混合经济的体制下，由国家积极介入社会来对应因资本主义经济结构所产生的社会问题，以此为目的而形成的国家与国家体制。时至今日，福祉国家的概念已被用于多种含义，社会保障支出占国民所得收入比例较高的国家，有时被称作"福祉国家"。由于时代背景与文化，政治体制之不同，对福祉国家很难做出统一的定义。而"福祉国家"这一称谓本身源于英国。第二次世界大战前后，英国为了对比与区别"权利国家""战争国家"而使用"福祉国家"一词；其福祉国家的最初形态，可以上溯到济贫法的制定。在今天来看，战争时期英国贝弗里奇在其报告中所提出的社会保障计划及支撑该计划的凯恩斯经济学理论，一跃而成为倡导成立福祉国家之契机。该政策提案在战后通过创设家属补贴、国民保健服务、公共扶助等形式而得到具体化，英国也由此作为"福祉国家"而驰名于世。其后，以瑞典等北欧国家为代表，福祉国家政策开始在先进国家实施。[2] 战后 70 余年，西方福祉国家的形态与其所实行政策，根据时代与社会的发展以及世界经济与本国经济状况的变化，已几经调整与改革，关于这部分内容，将另设章节

---

[1] ［日］《社会福祉用语辞典》，密涅瓦书房 2017 年第 9 版，第 327 页。

[2] 同上书，第 325 页。

详述。总之，时至今日，重新审视福祉国家体制，创新构建"福祉社会"，使人类文明与人类生活跨入新的发展阶段，已成为世界各国所追求的目标。

目前，我国经过40余年的改革开放与经济上的飞速发展，小康社会已经初步实现。不过，为了使整个社会跃升到更高的发展层次，为了进一步提高全国人民幸福感，为了使广大民众在生活上以及整个人生中享有充分的社会保障，构建福祉社会亦应成为我国所追求的目标，而这一目标与实现伟大中国梦不但并行不悖，而且相辅相成。

第三节　福祉学的性质与范畴

关于社会福祉学的概念与定义，在前节里已经做了简单的阐释，在这里仅就其学问性质与范围做以基本的界定。所谓"社会福祉学"，西方称之为："Social welfare science"或"The learning system of social welfare"，一般指：研究如何增进维护哺乳婴儿、儿童、少年、残疾者、妇女、老人、经济贫困者等社会弱势群体的权益，考察为此所实施的援助方法、援助技术是否得当，研究探讨福祉行政政策及福祉事业的社会基础与结构，以及解决社会福祉实践过程中所出现的问题，摸索实现福祉社会的途径与办法，是建立在福祉实践基础上的学问体系。其研究范围除了儿童福祉、家庭福祉、老龄人福祉、残疾人福祉、社会福祉援助技术等固有的领域之外，还包括与之此相关的社会学、教育学、经济学、经营学、医学、心理学等领域。可谓是：横跨社会科学、人文科学、自然科学，由众多学科所组成的综合性（Integration）的研究领域，亦可称为广义上的应用科学。

社会福祉学既然是横跨众多学科的应用科学，那么，在研究领域不断细分化的今天，想在整体上确立其理论研究体系，这几乎是不可能的。同时，精通福祉各个学科的专家亦无处可觅。不过，因为应用科学是以现实生活中的实践课题为其研究对象，所以根据实践领域之不同，可以将各自的研究领域加以系统化与理论化。例如：老年福祉、妇女儿童福祉、残障智障人福祉、家庭福祉、医疗福祉等社会福祉所囊括的各个领域,虽同属于社会福祉范畴之内,但其研究对象与研究领域却各不相同,理论的系统化只能建立在不同的领域之内。

尽管如此,如前言所述,从宏观上来看,社会福祉的研究与教育主要囊括两个方面的内容:一是与福祉相关的理论研究,二是福祉实践援助技术之研究。其理论研究主要侧重于福祉社会的构建,有关社会福祉与社会保障的法律法规,以及对福祉事业在运行过程中所出现各类问题的探讨;其实践援助技术研究则着重于现场应用技术的研发与指导,使从事实践工作的人员通过培训与实习,系统地掌握福祉工作所需的各项技能。这两方面互为表里,相辅相成,由此而构成社会福祉学的基本框架。国外大学所设立的福祉学系或学部,基本根据这两方面来设置专业与课程,其培养的学生也分为:社会福祉士 Social worker(我国称之为"社会工作者")、精神保健福祉士、福祉介护士(我国目前已开始援引这一称谓)、保育士等。不过,中国的社工人员,若按照百度(baidu)百科辞典的解释,即:"遵循帮助人自助的价值理念,运用个案、群体、社区、行政等不同的专业方法,以帮助机构和他人发挥自身潜能,协调社会关系,解决和预防社会问题,以促进社会公正为职业及专业的工作者。"[1] 尽管如此,"社会工作至今尚未从原有的职业分类系中分离出来,成为一种专门的职业,社会工作的专业服务主要在传统的职业框架中展开。从职业分化的角度看,我国的社会工作有待于进一步的发展和完善"[2]。

不仅我国如此,即便是在社会福祉发达的日本,虽然经过系统学习可以获得社会福祉士的职业资格,但是社会福祉士这一专门行业尚未确立。因此,在社会保障部门、社会福利部门、社会保险与保健机构、托儿所与幼儿园、各类养老院、康复理疗、医护、社区服务等单位工作的人员,以及福祉服务志愿者都属于社会福祉工作者,或统称为"社会福祉援助实践人员"。不过,迄今为止,由于工作性质之不同,以及从事各

---

[1] 《社会工作者名词解释》,2016 年 2 月 27 日,百度文库(https://baidu.com/view/1fcf43c1a300a6c30d229f81.html)。

[2] 同上。

类福祉工作的人员的职业资格及职业经验之差别，很难将这些部门与职业总括起来，形成一个完整的研究体系。

近年来，在日本社会福祉学领域里，出现了将福祉政策法规研究与福祉援助实践综合为一体的倾向，即："社会福祉运营研究"；作为学科名称则为"社会福祉运营论"或称作"社会福祉经营论""社会福祉供给体制论"等。之所以将其合二为一，关键在于制度与法律法规等福祉理论的研究不能脱离福祉服务实践；社会福祉运营的研究涵盖了福祉政策与援助实践两个方面。1990年以后，由民间提供的福祉服务大幅度增加，福祉服务呈现出了多元化与多样化的趋势，从而增加了地方自治体与事企业单位在福祉政策运作上的重要性。同时，日本县以下的市町村等基层组织与事企业单位所做出的决策，对于福祉服务实践会产生巨大的影响，决策者既要落实国家福祉战略，又要面对福祉实践现场；既是决策者又是实践者。因此，社会福祉运营必须兼顾制度与实践两方面的内容。这对福祉教育及福祉服务人才的培养提出了更高的要求，即：福祉服务人才必须精通社会福祉的政策法规，同时要具备扎实的实践技能功底。日本福祉教育的课程安排，基本上体现了这一点。

目前，党的十九大所制定的战略方针，习近平总书记对于民生福祉事业的关注与关怀，为我国开创有特色的社会主义福祉事业提供了强有力的保障；而大力发展社会福祉事业及福祉教育事业不但可以提升我国人民所享有的福利水平，解决福祉服务领域人才短缺的问题，同时也是我国进一步拉动经济发展，全面提升国民素质，使小康社会再迈上一个新的台阶的重要举措。

尽管如此，社会福祉教育事业在我国尚属起步阶段，许多人对社会福祉的概念尚不清晰，恐怕许多人也不记得孙中山先生曾于1905年发表的《同盟会宣言》里使用过福祉一词，即："涤二百六十年之膻腥，复四千年之祖国，谋四万万人之福祉。"不仅如此，即便是在建立了福祉专业的大学里也时常出现各持其说，各定其义的现象。在笔者所参加的校内福祉研究会议上，有位领导声称："我现在终于搞明白了，福祉就是照顾老年人，福祉就是老年介护，福祉就是实干，别的都是瞎扯。"殊不知，福祉领域的工作不仅仅限于老年福祉，它还包括儿童福祉、残疾人福祉、健康福祉与经营福祉等。笔者认为，随着我国福祉事业的发展，这种盲人摸象，各持其说的现象会得到消除，而建设具有中国特色的社会福祉学的基本框架，在不久的将来亦会逐步得以实现。

第四节　福祉与福祉学的基本理念与宗旨

首先，社会福祉与社会福祉学的理念与宗旨，因时代、国别、政治、经济、文化之差而相异，并无定说。西方早期福祉理念基于宗教的慈善博爱与济贫扶弱，近代福祉理念则以人道、互惠、平等、正义、援助自立等为其基本理念与宗旨。尽管有所区别，然而穿越时代，超越上述各种差异，社会福祉与福祉学的最基本的思想理念，若按我国传统说法，大体可概括归结为："以人为本，以民为体。"这一思想在我国有着悠久的历史与传统。早在公元前，中国古代哲人列子就提出了"天生万物，唯人为贵"[①]的观点；古籍《尚书》则记载云："民可近，不可下；民唯邦本，本固邦宁。"[②]正因如此，为政者要"行大仁慈，以恤黔首"[③]，视黎庶百姓"如彼身体""调百姓而如调百脉"；[④]做到"老吾老以及人之老，幼吾幼以及人之幼"[⑤]，只有这样才能"天下可运于掌"[⑥]，使百姓"老有所终，壮有所用，幼有所长，鳏、寡、孤、独、废疾者皆有所养"[⑦]。这些至理名言及论断，与当今世界上所通行的社会福祉与福祉学的宗旨与内涵可谓是殊途同归。

随着时代的进步与社会的发展，现代社会福祉的基本理念与宗旨已演变为：维护每位社会成员的生存、自由、自立的权利，按照每位公民的需求与选择来提供社会福祉服务，使每个人在家庭及所生活的区域

[①] 参见《列子·天瑞》。
[②] 参见《尚书·五子之歌》。
[③] 参见《吕氏春秋·简选》。
[④] 参见范仲淹《君以民为体赋》。
[⑤] 参见《孟子·梁惠王上》。
[⑥] 同上。
[⑦] 参见《礼记·礼运》。

内，都能享有作为人的尊严，享受其生活保障。为此，在个人与社会的连带关系的框架下，根据每位福祉服务利用者的实际情况，施与各种恰如其分的援助；而社会福祉学的基本理念则在于：研究与社会福祉事业发展相关的理论和实践过程中所遇到的问题，探讨人类生活的理想模式。

为了实现上述理念，政府要根据社会福祉发展需求来制定各项法律法规，公共机构与民间团体要在落实各项法律法规的过程中，通过福祉实践来不断地促进社会福祉政策与措施的改革与完善。因此社会福祉学的研究，应以政府政策与法律法规及人权、社会正义为其依据，以福祉实践所遇到的问题为其研究课题。同时，为了支撑福祉事业的发展，需要培养大批具备社会福祉专业知识与社会福祉实践经验的专业人才，使之具有研究解决社会福祉问题的能力与服务社会福祉实践的能力；而在福祉专业教育中，福祉学是各门学科的总括与基础。此外，社会福祉工作要求从业人员既要怀有仁爱之心、具备高尚的道德情操，同时又要系统地掌握专业知识与技能，唯此才能更好地服务于民。

因此可以说：社会福祉与福祉学的宗旨就是以增进人民福祉，改善人民生活为目标，以推动社会变革，力图解决人类社会所存在的各类民生问题，促进人们潜能的释放，保障与增加人民的权益为其内涵。

综上所述，社会福祉是实现福祉社会的手段与过程，它以社会民众需求为导向，以改善民生，服务于民为准则；以保障公民权益，解决民众生活问题，扶助社会弱势群体，提高生活质量为其工作内容。而社会福祉学则是基于社会福祉实践的研究体系，它以福祉法律法规为依据，以社会正义、保障人权、维护福祉服务利用者的权益为准绳，以研究福祉实践中产生的各种问题，寻求解决问题的方式方法，提升民众的幸福指数，激发人们的潜能，推动社会结构的改造，探讨实现福祉社会的途径为其研究内容。社会福祉与社会福祉学的性质及我国发展福祉事业的要点，大致可以归结如下：

（1）社会福祉是实现福祉社会的手段与过程，社会福祉的内涵虽丰富多样，然其根本理念与宗旨在于服务于民，造福于民。

（2）社会福祉学属于应用科学范畴，它横跨众多学科领域，以社会实践为其研究基础。

（3）为了构建福祉社会，实现小康社会之升级，我国须进一步构建与完善福祉法律法规体系，为福祉事业发展提供各项法律保障，增进与确保福祉利用者的权益。

（4）社会福祉是社会团结与社会安定的基础。因此，各级政府须在政治上高度重视社会福祉事业的发展，加强使命感与社会责任感，统筹计划安排适合于本地区的福祉发展事项。

（5）迅速推进福祉教育事业的发展，建立福祉教育体系，为实现福祉社会培养大批人才。

（6）加强福祉研究，建立福祉信息网络与福祉研究数据库，实现福祉研究的科学化与信息化。

（7）构建福祉产业链，通过福祉事业的发展拉动经济，促进民生，改善生态环境、人文环境，实现可持续发展。

第五节　福祉工作的基本知识

福祉研究属于应用科学，而福祉工作则属于专业职能。从事社会福祉工作需要掌握专门知识，唯有掌握专门知识，通过资格认定，方能从事福祉工作。而福祉工作所要求的专门知识，大致由三方面构成：（1）福祉思想理念知识；（2）福祉理论知识；（3）福祉实践知识。

首先，福祉思想理念知识既来源于社会实践，又是实践的理论升华，亦可以理解为是对福祉实践的哲学思考。其主要包括：福祉与福祉工作的价值观、职业伦理道德观。而福祉与福祉工作的价值观与职业伦理道德观，因国家、民族的历史、文化、哲学、习俗之不同，而有所差异。东方的价值观、伦理道德观之形成，因深受儒、道、佛三家学说之影响，于古代各成体系。儒学的核心是：崇尚"仁"，即"仁者爱人"之精神；强调"以人为本、以德为体、敬天保民、天人合一"；讲究"修身、齐家、和谐、诚信、中庸与忠恕"之道；要求对国家民族须尽忠，对父老须尽孝，而"仁义忠孝"则构成了伦理道德的体系与内涵。道家崇尚遵循自然法则与规律，即"人法地，地法天，天法道，道法自然"①；主张：回归自然、摈弃功利、珍惜生命、以德养生②、长生之本，惟善为基③；佛家崇尚"大慈大悲"，"慈"则以爱心安乐施与众生；"悲"则以怜悯之心解众生之苦；主张普度众生，故要求僧侣"爱无偏党，不宜差别"，"常无懈倦，恒求善事"。④ 尽管体系不同，不过在"以人为本""珍惜生命""关爱民众"这一点上，儒、道、佛的主张是一致的。

西方早期哲学家重视"友爱"，苏格拉底、柏拉图、亚里士多德等人皆将此作为哲学命题而加以论述。而西方价值观的重要部分又源于宗教，其核心是崇尚"上帝"，主张"原罪"；由此而延伸出的"博爱精神"与"博爱思想"，则构成了西方伦理道德的核心内容之一。

上述东西方的价值观与价值取向，在其形成的历程与思想内涵上，虽有很大的差别，然在提倡"爱"的这一点上，互有相通之处。这种"爱"与"关爱民众"的基本点，则构成了近代社会福祉思想的理论基础。如今，随着世界经济一体化的进展，各种文明与文化相互交融，社会福祉的思想与理念也日趋达成共识，若将其概括而言，那就是：尊重生命，尊重人权，主张社会正义与社会公平，以福祉服务利用者为本，维护其权益，提倡"Normalization"，即：尊重人的尊严与人格，谋求共生共存，人人参与社会，促使所有的社会成员都能过正常化、标准化、常规化的生活。从大的方面上讲，就是要按照习近平主席所说的"构建人类命运共同体"，人类要"相互联系、相互依存、相互合作、相互促进"，以达到福祉所追求的最高境界。

现代社会的福祉价值观基于人道主义与民主主义；其职业价值观在于：世上所有的人皆享有尊严，皆是有价值的存在；主张社会正义与公平，提倡人人平等。社会福祉工作就是要努力促进这一价值观的实现。因此，从事福祉工作的人员必须秉承这一价值观与社会伦理道德观，以

---

① 参见老子《道德经》，第二十五章。
② 同上书，第五十一章。
③ （唐）杜光庭《墉城集仙录》（精装版），中国文史出版社2000年版。
④ 《妙法莲华经·譬喻品第三》，李海波译注，《国学经典丛书》，中州古籍出版社2010年版。

高尚的大爱之心来履行自己的职责。同时，社会福祉的理念不是凭空而立的，它是在各国社会福祉实践的过程中，经过历史的检验与提炼而加以具体化的。因此，从事社会福祉工作的人员必须通过学习与实践，来掌握正确的福祉价值观与福祉工作职业伦理道德观。

2014年7月，国际社会工作者联合会对社会工作重新进行了界定，认为：社会工作"作为一个以实践为本的专业及学术领域，社会工作推动社会改变和发展、社会凝聚、和人民的充权及解放。社会公义、人权、集体责任和尊重差异等原则是社会工作的核心。基于社会工作、社会科学、人文和本土知识的理论，社会工作以联系个人和组织去面对人生的挑战和促进人类的福祉"[1]。这不仅是社会工作的定义，亦可以理解为是社会福祉工作应遵循的理念与宗旨。

除了上述福祉价值观与福祉理念之外，从事社会福祉工作的人员还必须掌握与社会福祉相关的理论知识，其中包括有：社会福祉的形成历史、社会福祉的理念与宗旨、社会福祉的法律法规、社会福祉的政策与方针、社会福祉的运营、社会学与人性心理学等。同时，还必须认识到社会福祉工作所面临的复杂性，这种复杂性源于人与人的差异，人与环境之间的相互作用，由相互作用而产生的人的能力与潜能，这种能力与潜能因受身体机能、心理与社会环境变化的影响而发生变化。因此，社会福祉的服务对象千差万别，所处的境况各不相同，唯有掌握广博的福祉理论知识与工作方法，方能应对福祉实践中所遇到的各种问题。而且，福祉理论的学习须建筑在调查研究与社会实践的基础之上，通过现场实践与福祉工作个案处理来分析其复杂性，促进个人潜能的发挥，调整人与社会、组织、环境之间的关系，运用社会福祉理论知识来解决社会福祉问题，促进社会福祉制度与福祉体系及福祉文化的变革，不断充实福祉的内涵，以实现理想的福祉社会。

社会福祉工作重视实践，要求从事福祉工作的人员要具有实践知识。所谓"实践知识"，它既来源于社会实践又作用于实践。要求福祉服务人

---

[1] 《社会工作专业的全球定义》，2018年7月6日，豆丁网（http://www.docin.com/p-1925980344.html）。

员运用所掌握的福祉知识、技能、技术来应对与解决各种福祉问题；要突破社会所存在的壁垒，着力解决社会所存在的不平等与不公平的现象，以达到全民皆能平等地享有社会福祉服务之目标。社会福祉工作的范围广泛，从微观上讲，它既包括解决处理福祉服务利用者的个案问题，又包括努力利用社会资源，协助社区组织调整、充实、完善各类福祉服务，其中包括：心理咨询、制定临床照护方案、小组工作方案、社会与文化教育方案，以及为服务利用者家属所提供的援助与家属心理疏导等；从宏观上看，参与改革社会福祉政策，完善社会福祉制度及体系，参与制定社会发展规划及社会福祉开发，参与福祉服务设施与机构及社区组织的运营工作等，这些都属于福祉工作实践范畴。

第六节 福祉的主体与多元化

社会福祉的主体，基本由两方面构成：一是福祉事业的组织者与管理运营者，亦可称其为福祉服务的提供方；二是福祉服务利用者，亦可称其为福祉服务接受方。前者大致由3个部门组成：（1）公共部门（国家与政府）；（2）民间非营利部门；（3）民间营利部门。后者（福祉服务利用者）则由不同年龄、不同层次、不同状况、不同境遇、不同经济条件的个人所构成。前者须要按照国家的福祉法律法规及政府的福祉政策，谋求为后者提供最佳的福祉服务，后者则需根据个人的实际生活情况与经济状况，在福祉工作人员的协助下选择福祉服务。目前，随着时代与社会的发展，福祉运营与福祉服务已日趋多元化与多样化。多元化源于社会福祉服务需求的大量增加，仅靠公共部门来提供服务，已经不能满足日益增多的、不同种类的社会福祉需求。因此，福祉运营的多元化与福祉服务的多样化，已成为福祉事业发展的必然趋势。国家与政府、国营与私营、正式与非正式、营利与非营利、社区与家庭、公益团体与志愿者等，这种相互交叉、多层次的福祉运营，形成了混合型的福祉服务结构。而针对每个福祉服务利用者的不同需求，福祉服务可划分为一般性福祉服务与个别性福祉服务。一般性福祉服务包括社会保险、收入保障、医疗保健服务、就业保障、教育服务、城市住宅保障、妇女儿童保健、老龄人介护、残疾人扶助等；而针对个人的个性化福祉服务则因人而异，根据每个人的不同需求及实际情况，经过调查、咨询、磋商、调整等程序，按照个人的选择来提供服务。目前，一些先进国家所设立的福祉制度，除了为所有社会成员提供医疗、教育、住房、就业、养老等一般性服务与保障之外，为了预防贫困及实施救济还专门设立了社会保险制度，并规定由扶助补贴来保障国民收入所得，以及根据每个公民的各种不同需求，来提供个性化福祉服务等。此外，诸如禁止雇用童工，禁止虐待妇女儿童，防止家庭暴力，为无养育者的哺乳幼儿等提供保障，为躲避家庭暴力而独自生活的人提供必要的生活资材与心理疏导及照护，有关福祉的咨询商谈与具有调整机制的福祉服务，维权服务，规范一部分社会人的不良行为，社区福祉设施建设等，都属于个性化福祉服务的范畴。这种建立在实际生活基础之上的福祉运营与福祉服务，对各种社会问题采取了不同的方式方法来进行应对及加以解决，既具体而又行之有效。因此，社会福祉运营与福祉服务涉及面甚广，其范围及内容随时代、社会变化而变化，很难界定。福祉的多元化与福祉服务的多样化正是基于此点而形成的。不过，实现福祉运营的多元化与福祉服务的多样化，在管理上必须采取宏观控制与微观调试，必须建立起严密的监察机制与管理机制，防止与杜绝借兴福祉事业之名，行截留、敛财、牟利之实的不良行为发生。

第七节 福祉工作与福祉服务

如前所述，西方的"Social work"与"Social worker"，在日本被译作"社会福祉"与"社会福祉士"；在我国被译作"社会工作"与"社会工作者"。西方国家认为："Social work""是一种致力于帮助个人、家庭、团体以及协助社区提高个人与集体福祉的职业。它旨在帮助人们发展他们的技能和能力，利用自己和社区的资源来解决问题。社会工作关注个人和个人问题，但也关注更广泛的社会问题，如贫困、失业和家庭暴力";①"社会工作是一种专业工作,其工作对象是着重于个人或团体,均以协助其依特殊的需要或能力,配合社会的需求,使获得社会关系的调整与生活的改善"②。由于定义范围广泛,福祉工作涉及众多领域,在职业上虽然被称作"Social worker",不过,这只是一个笼统的职业概念,并不是指具体的职业内容。因为社会福祉工作包括有:社会保障、福祉立法、社会福利、支援弱势群体、救济扶助、慈善活动、残障康复、介护医疗、康复理疗、妇幼儿童教育、福祉教育等多种行业与部门。在职业性质与从业人员的资质上,日本要求社会福祉士须经过国家考试,具备国家认定资格;要求从业人员要"利用专业知识与技术,根据身体上、精神上患有障碍或因环境上的缘由在日常生活中不能自理者的需求,受理其咨询洽谈,提出建言与指导意见,帮助福祉利用者与医生及其他保健医疗服务提供者建立联系,并根据需要调整服务内容"。③目前,我国对社会工作者的要求为:(1)除具备社会工作专业知识外,还应具备心理学、社会学、政治学、管理学、教育学、法学等多学科综合知识,应熟悉与社会工作业务相关的法律、法规、政策知识;(2)应能熟练运用个案社会工作、小组社会工作、社区社会工作、社会工作行政等社会工作方法,协助服务对象解决问题、克服困难、挖掘潜能、恢复和发展社会功能。要求从业人员所承担的使命是:(1)社会使命:"扶弱济贫",以解决社会问题、满足社会需求,维护社会稳定,促进社会公平正义为己任;(2)专业使命:"助人自助",即或为处于困境中的个人、家庭、群体、社区提供专业服务和支援;或通过专业服务,整合社会资源,挖掘潜能,推动困难人群走向"自救、自立、自助和自强"④。从福祉学的角度来看,这些要求大致源于西方社会工作概论,虽纲提领挈,然不乏笼统。

2004年,我国正式确定社会工作者为新的职业,其职业资格的获得,

---

① 加拿大社会工作者协会:《社会工作》,2018年7月20日,维基百科网。
② 国际社会工作者联合会:《社会工作的全球定义》,2018年7月20日,维基百科网。
③ [日]《社会福祉用语辞典》(第9版),密涅瓦书房2017年,第159页。
④ 《社会工作者应具备什么样的专业知识》,2014年9月4日,233网校网(http://www.233.com/forum/d/40166/0/1)。

须通过考试由国家劳动部与社会保障部签发《社会工作者国家职业资格证书》；其职业水平鉴定，则由民政部和人社部通过考试签发"社会工作者职业水平证书"。不过，目前我国尚未通过立法对该职业进行详细的界定与规范。而且"社会工作者"简称为"社工"，虽有职业资格认定，却无固定的职业部门；而且即便从事社工工作，其工资待遇并不高，其职业技能与敬业精神也有待于进一步加强。

由于上述因素的存在，社会对于社会工作者的认知度普遍不高，该专业的毕业生就业情况并不乐观。据统计：我国目前开设社会工作专业的大学共有 312 所。[1] 每年培养的社工人才上万人，但是毕业后从事社工工作的学生仅为 10%—30%，[2] 其他学生大都进了机关、企事业等单位，出现了所学非所用的现象。据闻："每年能被民政部录取成为专业社工的本专业学生不过百分之一二，甚至有的学校该专业的毕业生专业对口率为零。"[3] 这说明我国虽有社工专业，但是尚未建立起社工的职业系统与就业系统。国家对福祉工作尚未设立行业标准，使得非社工专业的大学生毕业后也可以从事社工工作，甚至只要考取公务员资格，不仅工资待遇高，而且更容易在政府部门谋得职位，来主管与福祉相关的工作。不过，相信这种现象会随着我国福祉事业的快速发展而得到改观。

与中国相比，近邻的日本先行一步，将从事福祉工作的人员大致分为：社会福祉士、介护福祉士、精神保健福祉士。除此之外，凡在福祉部门从事与福祉相关工作的职员，甚至包括在养老设施里工作的护工（ヘルパー）皆属于福祉工作者。其中对于"社会福祉士""介护福祉士""精神保健福祉士"，皆由政府专门立法，详细、明确地规定其资格、职责、职能、权限、义务等。而且在政府部门担任福祉工作的人员，除了在专门教育机构（大学、大学院、大专、专门学校）接受系统的福祉

---

[1]《社会工作专业就业前景分析》，2016 年 11 月 3 日，233 网校网（http://www.233.com/shgzz/hangye/201608/01110300277.html）。

[2]《2018 开设社会工作专业的大学有哪些》，2018 年 5 月 8 日，大学生必备网（https://www.dxsbb.com/news/9652.html）。

[3] 范天能：《社工现在与未来》，2015 年 11 月 14 日，豆丁网（http://www.docin.com/p-1358274354.html）。

专业教育外，为了获得职业认定资格，尚须参加国家考试，唯有通过国家考试，分数及格者方能正式获得"社会福祉士""介护福祉士""精神保健福祉士"之职衔。如果没有国家认定的资格，不持有国家颁发的证书，则不能从事福祉工作。日本在这一点上是十分严格的。而经过考试获得上述资格的人员，大都在福祉机构或福祉设施里担任"生活洽谈员"或"生活指导员"。同时，福祉工作还分为：介护、保育、护工等多种职业。凡在福祉设施里工作的员工，其身份大都定为"社会福祉法人职员"。除了福祉设施的工作之外，在地方政府部门里所设立的健康福祉局、福祉保健课（课相当于中国的处），以及政府部门开设的福祉事务所、儿童商谈所、保健所等公共机构部门，其业务以福祉为主，其工作原则上由福祉专业出身的地方公务员担当。同时，地方自治体所设置的个人生活保障与咨询洽谈业务，则由被称作"社会福祉干事"的公务员来担当。而且"社会福祉干事"本身就是一种专职资格，而想要获得这一专职资格，按国家规定：必须在大学里选修由厚生省指定的福祉课程（诸如：社会福祉概论、社会福祉事业史、社会福祉援助技术论、社会福祉调查论、社会福祉设施经营论、社会福祉行政论、社会保障论、公共扶助、儿童福祉论、家庭福祉论、保育理论、身体障碍者福祉论、智障者福祉论、精神障碍者保健福祉论、地域福祉论、康复理疗论、介护概论及法学类课程与心理学等）中的三门课程，且必须修满学分。由此可见，日本对于福祉工作与福祉教育及福祉人才培养极其重视，不仅对福祉专业的教育方针、宗旨、理念有法律明文规定，而且在专业设置、课程安排、教学内容等方面，皆由政府发布法令来进行详细规定。其缜密程度令人叹服。关于这方面的内容，将在日本战后福祉教育部分进行详细介绍。

由于社会福祉工作范围广，是跨领域的综合性职业，所以要求从业人员不但要掌握福祉专业技能，具备多学科的综合知识；而更为重要的是，福祉工作的对象是广大民众，从业人员的工作态度、工作作风与工作效率的好坏，直接影响到民众的切身利益，因此要求福祉工作者还必须具备仁爱之心，恪守福祉工作的职业伦理道德理念。为了防止利用福祉事业的发展及福祉工作谋取私利及各种不良行为的发生，世界各国在颁布福祉法律政策的同时，大都制定福祉服务行业道德标准，以此来规范从业人员的行为。1995年1月，日本公布了《社会福祉士伦理纲领》①。这份纲领在序文里明确指出："社会福祉士必须深刻认识到：所有的人都拥有作为人的尊严，都是有价值的存在，都是平等的。社会福祉士要拥护和平，遵循人权与社会正义之原理，努力开发并提供立足于服务利用者的高质量的福祉服务。以此来推进社会福祉，并力图使服务利用者实现自我。"② 纲领对社会福祉工作的价值与原则、伦理（道德）基准、行动规范、对福祉服务利用者应负的伦理（道德）责任，以及防止侵权、尊重个人隐私、应具备的职业道德等，都做了极为详细的规定。如在"价值与原则"的条款中规定："社会福祉士对所有的人，无论出身、人种、性别、年龄、身体与精神状况、宗教文化背景、社会地位、经济状况有何差异，都应作为无可代替的存在而加以尊重"；③ "社会福祉士应最为珍惜与福祉服务利用者之间的专业援助关系，不得利用此关系来谋取私利"④，"在履行工作时，应最先考虑利用者的利益"，"排除自己的先入观念与偏见，对于服务利用者要按其自然状态加以接受；社会福祉士必须运用妥善的办法，明白易懂的语言，向服务利用者提供必要的情报。要尊重利用者自己的选择，尊重其隐私，为其保守秘密。对于服务利用者不得因性别、性的指向不同而加以歧视及性骚扰与虐待。要保护利用者的权益，防止发生任何侵权行为"。⑤ 在社会正义条款中规定："社会福祉士应为消除歧视、贫困、压迫、排挤、暴力、破坏环境等现象，实现自由、平等、共生的社会而努力"。⑥ 在行动规范条款中明确规定了福祉工作人员与福祉服务利用者之间的关系，强调不得发展成为私人关系，不得以个人、宗教、政治为由，或为谋取个人利益而不正当地

---

① 由日本社会福祉士会于1995年1月采纳颁布，2005年6月重新修订。
② ［日］《社会福祉士的伦理纲领》，载《社会福祉小六法》，密涅瓦书房2017年版，第160页。
③ 同上。
④ 同上。
⑤ 同上书，第160—161页。
⑥ 同上书，第160页。

利用专门的援助关系；社会福祉士不得利用专职立场谋取私利。[①] 除了《社会福祉士伦理纲领》之外，早在1988年6月就制定了《日本精神保健福祉士协会伦理纲领》，1995年1月日本制定了《日本介护福祉会伦理纲领》。这些伦理纲领的最大特点在于针对性强，条款规则细致入微，内容周全，规定具体，在规范社会福祉工作上发挥了重要的作用。鉴于目前我国在养老行业里所存在的一些问题，我国亦应制定各项福祉行业道德标准，以使我国的福祉事业发展更加规范。

尽管福祉事业的发展需要大批符合上述条件的德才兼备的人才，然而大学报考该专业的学生人数并不理想。在笔者曾任教的一所日本大学的福祉学部里，每年所招收的学生人数，大都不满定额。之所以产生这种现象，一是源于日本社会的少子化，二是社会对福祉工作存有一定的偏见。日本有不少青年学生，在学期间积极参加志愿者活动，想通过扶助他人、贡献社会，来历练自己，实现自我价值。不过，当报考大学选择福祉专业，以及毕业后选择从事福祉工作时，很多学生遭到家长们的反对。日本家长为了锻炼自己的孩子，普遍赞成其子女在学生时代从事志愿者活动，以增加其坚韧不拔的耐力与克服困难的勇气，但是一旦自己的子女决心从事福祉工作时，日本的家长会婉言相拒。其反对的理由大致有两点：一是认为福祉服务工作辛苦，工作对象大都是高龄人，担心自己的孩子因生活舒适而难以胜任；二是因为福祉领域的工作待遇并不高，不如在工资收入较好的大企业里工作。

在福祉事业发达的日本尚且如此，那么上述现象在中国就显得更为严重。首先中国家长不大清楚福祉工作为何工种？只是模模糊糊地感觉到是一种伺候人的工作。有的家长甚至直白地劝说自己的子女：不就是给老年人端屎端尿嘛，你可不能干那活儿！由此可见，我国社会对福祉工作尚缺乏认识与认知度，在思想道德教育上还存在着空而不实的现象。

从上述对福祉工作的介绍可以看到：福祉是对人的一生的管护，她

---

① ［日］《社会福祉士的伦理纲领》，载《社会福祉小六法》，密涅瓦书房2017年版，第162页。

贯穿于整个人生，即西方所说的"从摇篮到坟墓"。要想一生过得舒心无忧，美满幸福，就需要实现福祉社会；而构建福祉社会，就必须培养大批的专业人才来从事福祉工作。因此，消除社会偏见，普及社会福祉教育，提高整个社会对于福祉的认识与认知度，鼓励青年人从事福祉工作是发展福祉事业与实现福祉社会的前提。

第 二 章

英国：近代福祉之发端与演进

近代西方社会福祉制度与社会保障体系的形成与发展，以封建社会体制的崩溃、工业革命的兴起、社会弱势群体的大量增加、劳资双方激烈冲突、阶级的分化与对立为其历史背景。

自西方产业革命兴起以来，不仅从根本上改变了封建社会的经济结构与生产方式，同时又带来了社会结构与社会关系的巨大变革。这种变革既促进了人类社会文明的发展，同时又造成了资产与无产两大阶级的对立，酿成了贫富差别悬殊、城市人口膨胀、贫困群体增大，住房拥挤、环境污染等众多弊端。社会改革思潮的激荡澎湃与工人运动的风起云涌，不仅凸显了工业化过程中的社会矛盾冲突，亦体现了无产阶级的抗争精神，同时也反映了人类对于维护自身权益，享有生活保障，构建公平正义、自由平等社会之诉求。因此，西方社会变革的过程，既是社会保障体系的构建过程，亦是民众不断抗争的结果。

英国在世界上率先爆发了工业革命，引领了时代的发展。不过，以机器化大生产为特色的资本主义经济体制，虽然促进了生产力的解放与发展，但也引发了上述的众多问题。为解决工业革命所带来的一系列社会矛盾，缓和阶级对立，平息贫困阶层的不满，规避社会动荡，君主立宪制的英国不得不通过议会立法等形式，来主导实施大规模的社会济贫救助活动。正因如此，英国既是工业革命的发源地，同时又是世界上第一个颁布了济贫法，最早建立了社会保障制度的资本主义国家，成为近代社会保障制度与社会福利体系构建的发祥地。

有鉴于此，我们探讨西方社会福祉事业的形成与发展之历史，首先要着眼于英国，因为英国所创立的近代社会福祉制度与社会保障体系，不仅影响了整个欧洲，促进了欧洲各国近代福祉事业的发展，而且在世界上产生了深远的影响。

本章将参照部分现有资料，以立法为主线，概述英国近代社会福祉形成与发展的历史，归结其特征，对其近代社会福祉的沿袭变革进行一番梳理。

第一节　济贫法与近代福祉

一　济贫法的诞生背景

首先，近代福祉思想与社会福祉体系诞生于西方，其主要原因在于第一次工业革命的兴起。不过，由此上溯，济贫救助的福祉观念最早萌芽于希腊的博爱思想（Fraternity Thought）与原始基督教的慈善事业（Christian Philanthropy）。博爱思想出自于人道主义动机；慈善则来源于宗教信仰。从历史上看，博爱的思想先于慈善事业。"博爱"一词由希腊语的（φιλανθρωπία，原义为：慈善）汉译而成。

西方产业革命之前，即封建社会时期，土地为封建领主所有，农民因被捆绑在土地上佣耕，与生俱来便与贫困相伴，所以若无大的天灾人祸（自然灾害、部落与种族战争、大规模迁徙等）发生，生活虽艰辛却相对安稳，贫穷并未发展成为严重的社会问题。这一时期的"济贫事业"，当时主要指宗教团体在民间所推行的慈善事业，而起核心作用的是慈善协会（philanthropic association）、慈善学校与慈善医院。除此之外，还包括有孤儿院、养育院、感化院所展开的儿童救助，以及对政治流亡者实施的救援与监狱的改良运动等。

15世纪至16世纪，英国传统的毛纺织业逐渐兴盛，在农奴制解体过程中所诞生的新兴的资产阶级与新贵族阶层为了改变旧的生产方式，扩大生产规模，从毛纺织业中牟取暴利，开始大势推行"enclosure"运动。所谓"enclosure"，就是使用暴力手段将农民从赖以生存的土地上赶走，霸占农民的土地及公有地，剥夺农民的土地使用权和所有权，对原有的共同耕地权和畜牧权进行限制或取消，强行将圈占的土地建成私有的大牧场或大农场。这种带有血腥味儿的圈地运动，迫使农民们背井离乡，颠沛流离，造成失业现象日益严重，形成了庞大的流落群体。在欧洲早期空想社会主义学说的创始人托马斯·莫尔（St. Thomas More）在1516年撰写的《乌托邦》①一书中，对因圈地运动而四处流浪、生活陷入困境的农民做了生动而详细的介绍。同时，封建社会体制的崩溃，旧的社会救济与扶助结构的解体，亦酿成了数量庞大的贫困阶层。为了加强对流落群体与贫困阶层的管理与救济，英国都铎王朝自1495年起，到1601年颁布了一系列的法令。这些法令旨在对贫困阶层的管束，救济只是不得已而为之。

16世纪30年代，性情好色而贪婪的亨利八世继承王位，成为都铎王朝的第二代君主。他不仅大肆揽权且常移情别恋；为了强化其统治，他大肆推行国王至上主义；为了另娶新欢，他不惜与罗马教皇反目，脱离罗马教廷，使自己成为英国教会的最高统治者，并将所有教会的土地财产收归于王室，解散了所有修道院。由此造成了带有宗教性质的慈善活动陷入了低迷状态，使得大量的贫民失去了生活保障，弱势群体的救助活动亦受到了严重的阻碍。同时，为了加强对流浪贫民的管制，亨利八世于1530年颁布法令（22 Hen. VIII. c. 12），将沦落为乞丐的贫民分为两类：一类是不具备劳动能力的贫民（the impotent poor），另一类是具备劳动能力而流浪的贫民（the ablebodied poor）。法令规定对前者发放"乞丐证书"，证明其已经丧失劳动能力，允许在指定区域内行乞；对于后者（虽然具备劳动能力却因懒惰而故意流浪的人）则实施拘捕，将其衣服剥去，捆绑于车尾，进行鞭挞示众，然后将其遣返回原出生地，或者是已经定居过三年的区域。同时，为了消除懒惰现象，法令还规定：如果有人对具有劳动能力的贫民施与援助、提供住房和钱财，也将受到处罚。1536年颁布的法令又进一步规定：在帮助有劳动能力的贫民从事工作、就业的同时，对不劳动、不工作的贫民要实施制裁与惩罚。而且每个月搜查一次，对那些懒惰、恶习不改的贫民予以更为严厉的惩处。其次是建立公共救济箱，为丧失劳动能力的人提供有组织的救济，分发慈善

---

① ［英］托马斯·莫尔：《乌托邦》（1516年），戴镏龄译，商务印书馆1982年版。

物品。

上述法令的颁布与实施，其主要目的在于管束贫民、严惩流浪汉，维持社会秩序。虽然法令规定对丧失劳动能力的贫民实行有限的救助，但并未从根本上解决济贫扶助问题，反倒激化了社会矛盾。在这一背景下，1547年英国在世界上率先制定了贫民救济税（poor rate）制度。所谓"贫民救济税"，即由"居民所缴纳的固定资产税"而构成。1572年以后，开始以教区为单位进行征缴，其财源由教区自治掌管。这一制度的实施，使得教会的慈善活动区域发展成为济贫行政区域，对后来济贫法的制定产生了一定的影响。

18世纪60年代，第一次工业革命的浪潮首先兴起于英格兰中部地区，丰富的煤炭资源与蒸汽机的发明与使用，不仅为该地区的经济发展创造了条件，而且影响并带动了整个欧洲的工业革命。它的重要意义在于：完成了由传统的作坊手工业向近代机器大工业的过渡，实现了从农耕社会向资本主义工业社会的转变，带来了生产力的迅猛发展。同时酿成了贫富两极分化，剥削现象严重，劳资双方的冲突日趋激烈。在这一背景下，代表资产阶级利益的统治阶层为了缓和社会矛盾，安抚贫困阶层，维持其统治，不得不采取一些措施进行调整，其调整的主要手段就是由政府主导制定济贫法规，对贫困阶层实施管理与救助。

1601年英国王室所颁布的《伊丽莎白济贫法》（以下简称《济贫法》），既继承了都铎王朝所颁布的一系列管制贫民的法令之衣钵，同时又是工业化时代为缓和阶级矛盾、应对贫困阶层抗争的调节措施。该法所规定的主要救济对象为：生活陷入极端困难的流浪汉与乞丐群体；立法的初衷仍然在于管束贫困阶层，维持与强化社会治安。以伊丽莎白为代表的王室与议会试图通过立法的方式，来明确济贫的对象与范围及救贫措施。《济贫法》所包含的主要内容有：维持农民的耕作以规避农村部落衰败；对流浪汉与乞丐实施严格管理及处罚；解决骗取挪用慈善捐款及渎职的问题；兴建贫民矫正院或贫民院以便集中管理贫民，使其在院内从事繁重的体力劳动；确立救济贫民的方式与办法等。《济贫法》规定：以教区为单位，整个济贫事务，诸如征收济贫税、核实发放济贫费等，皆由治安法官掌管，同时设立贫民监督官。贫民监督官的工作主要由以下4项内容组成：

（1）为所有不能自立自养、不具备谋生手段的已婚、未婚的人提供工作机会，使其能够就业。

（2）为使贫民能够就业，为其准备亚麻、线麻、羊毛、丝、铁，以及其他生产必需品与原料。

（3）对肢体残疾者、老人、视觉障碍者、丧失劳动能力者实施救济，并将其子女送去学徒。

（4）将被认定父母双亲无力抚养的儿童送去学徒。学徒儿童在男子达到24岁，女子达到21岁及未婚之前，使其继续从事学徒工作。

从上述贫民监督官的工作来看，《济贫法》的重点救济对象是贫困儿童与不具备劳动能力的人，而对于具备一定劳动能力的流浪汉、乞丐，则关进监狱或送入教养院。这部法律所遵循的基本原则，就是保障儿童、孤儿接受职业训练，对鳏寡孤独的老人及残疾人等不具备工作能力的人实施救济，为具备劳动能力的人提供工作机会，强制他们从事劳动工作，使其能够得自立生存。

《济贫法》虽然被称为"世界上最早的社会保障法"，不过，就其立法的出发点而言，与其说是扶助弱势群体，不如说是对贫民阶层实行严格管控。即便如此，在伊丽莎白王朝的专制主义统治下，在一些地方教区并没有得到彻底的贯彻实行，甚至有的地区长期以来没有任命过一名贫民监督官。1630年6月，查尔斯国王为了使济贫法能够得到彻底的落实，专门设立了济贫法委员会。1640年以后，随着中产阶级的势力增强与市民革命的展开，以及专制主义的贫民政策的崩溃，由枢密院主导的济贫行政管理遭到了废止。由此，济贫的行政工作完全托付于教区掌管。

综上所述，《济贫法》是由一系列法令所组成的法律体系，虽然在贫民救助方面多有苛刻之处，然而它在历史上却具有特殊的意义，因为该法开创了由政府主导的救助事业，内含了一些近代福祉的基本内容。

二 济贫法的变革

1662年，斯图亚特王朝为了阻止贫民大量涌入首府伦敦，未经过慎重审议，在教区的强烈要求下，仓促地通过了《住所法》。该法规定：贫困人唯有居住在自己的出生地，方有可能得到救助。凡是变更居住地的人，必须得到新居住地济贫税管理人员的认可，如管理人员认为迁入的人有可能成为救济对象时，便可将其驱逐出境，或送回到法定的居住地教区。[①] 这项规定严格地限制了贫困人口的流动。此外，《住所法》还规定济贫的财政由教区负担，被救济人只有在所属的教区内居住一定的年限，才能获得救济；而外来的贫民则被强制遣返回原居住地。1723 年又进一步规定：凡接受救济的人，必须进济贫院。由于这项规定束缚了劳动者的人身自由，有碍于人口流动，不但没有达到济贫的效果，反而加剧了贫困，所以在实施过程中问题较多。1782 年英国政府又做出了与此相反的规定：除了年老及丧失劳动力的人必须集中起来接受救济之外，对具备劳动能力的人采用发放原料，让他们居家做工，以此办法来实施救济。

1782 年英国政府制定了《吉尔伯特法》。这部法律规定：不强迫身体健康的贫民入住济贫院，允许教区对其实施救济，管理人员有责任帮助贫民实现劳动就业，如果其工资难以维持生活，则由济贫税加以补贴。这项规定为其后制定"最低生活保障原则"奠定了基础。另外，《吉尔伯特法》在实施上具有很大的灵活性，地方教区享有选择权，既可按照该法行事，亦可继续执行原有的法规。

1793 年英法战争爆发后，由于大量贫民陷入饥饿状态，各地不断发生抢粮事件，事态日趋严重。鉴于此，伯克郡负责济贫的官员们于 1795 年 5 月在斯皮纳姆兰村召开会议研究对策，决定向收入低于最低生活标准的工人提供一定的补助，允许他们在家里得到救济。这就是所谓的"斯皮纳姆兰制"，亦称《斯皮纳姆兰法》。这部法律比《吉尔伯特法》显得更为宽松，规定了以小麦价格的浮动为基准，来估算生活所必需的最低限度的收入，明确了最低生活保障的原则。此后，这一制度在英国各地广泛采用，成为缓和社会矛盾的重要措施。

从 18 世纪到 19 世纪，随着产业革命的深入，形成了以机器制造业为主的大工业体系，英国的资本主义经济粗具规模。但资本主义经济结构

---

① ［日］金子光一：《社会福祉的历程》，有斐阁 2017 年版，第 19—20 页。

在发展过程中酿成了三大无法解决的矛盾：

（1）资源匮乏与大量生产之间的矛盾。为了解决资源匮乏问题，以英国为首的西方资本主义国家开启了掠夺资源的罪恶历史。

（2）为了弥补由于大工业生产所带来的劳动力不足问题，造成了强行移民与大量贩运奴隶。

（3）为了销售大量过剩产品而霸占掠夺海外市场、武力营造殖民地。

上述三大矛盾造成了世界的动荡与周期性的经济危机。在资本主义生产关系之下，一方面是低工薪阶层的工人作为劳动贫民而大量增加，另一方面是以工商业为中心，产生了新的中产阶级，即工商业资产阶级。这一阶层受到了启蒙思想的影响，后来竟成为推进慈善事业的主体。

1776年被誉为西方经济学鼻祖的亚当·斯密撰写出版了《国富论》[①]一书，他在书中倡导自由主义经济政策，主张财产私有制与追求利润的正当性，认为"自私利己是人类的天性，追求自利并非是不道德之事。如果放任个人自由竞争，那么人人在竞争的环境中，不但可以靠着自己的理性判断，追求个人最大的利益，与此同时，还有一只看不见的手（即市场调节）使社会资源分配达到最佳的状态"；并提出了"经济体制之建构，应以保障个人的生存与发展为原则"，"政治要中立，不得随便干预经济活动"。出于这种观点，亚当·斯密在《国富论》第1篇第10章里，对限制贫民流动的济贫法提出了异议。他指出："济贫法对于劳动人口的移动所施与的妨碍，据我所知是出于英格兰的特殊情况。所说的妨碍是指：贫困人在所属的教区以外的地方难以取得居住权，难以取得劳动许可"，"在英格兰相互之间的距离并不是很远的地方，经常可以看到劳动价格上的高低，这恐怕是出自于《住所法》的妨碍，因为《住所法》规定了：贫穷人没有许可证，不得由此教区前往彼教区经营生计"，"穿越教区这一人为的界线，往往要比穿越国家间由高山、河湾构

---

① 全名为《国民财富的性质和原因的研究》（*An Inquiry into the Nature and Causes of the Wealth of Nations*），是苏格兰经济学家、哲学家亚当·斯密的一本经济学专著。书中总结了近代初期各国资本主义发展的经验，批判吸收了当时的重要经济理论，对整个国民经济的运动过程做了系统的描述，被誉为"第一部系统的经济学著作"。

成的自然界线要困难得多"。①

亚当·斯密的《国富论》对资本主义经济学的确立做出了重要贡献，许多观点对于指导资本主义自由经济的发展起到了至关重要的作用。不过，在《国富论》所提倡的自由主义经济政策成为主流之后，民众要求"保障个人之生存及发展权"的呼声日益高涨，这对于一味追求利润的资本家来说，形势十分不利，因为维护贫民生存权的济贫救助活动与费用成了资本家的额外负担，甚至为贫民提供最低生活保障的《救贫法》本身，已经成了政府财政与精神上的重负。由此，修改《救贫法》成了当时代表资产阶级利益的政府的主要课题。

1834年英国议会通过《济贫法（修正案）》，史称《新济贫法》。这部法律的诞生，主要缘于以下五大因素的影响。

（1）济贫工作尚未建立起全国及地区性的监督机构，造成管理上的混乱，滥用与贪污济贫款项的现象屡见不鲜。

（2）老人、病人、孩子和有劳动能力的人混杂居住在济贫院内，使济贫院变成了收容所，既不便于管理，又使济贫开支大幅度增加。

（3）因济贫事业开支过大，造成了国家财政不堪重负，从而引起纳税人的强烈不满。

（4）《斯皮纳姆兰法》所实行的最低生活保障原则，影响了工资待遇，引起了社会上的非议。

（5）随着产业革命的完成，中产阶级获得了选举权，从而形成了新型的资产阶级，他们对济贫工作中出现的混乱现状极为不满，急于要按自己的利益和意愿进行改革。

由于上述五大因素的影响，《新济贫法》确立了如下3条原则：

（1）统一全国的行政基准，贫民救济工作由政府统筹安排。为此，建议设立中央机构。

（2）贯彻实行劣等待遇原则，即将救济置于济贫法范围之内，使救济仅局限于最下层的无法自立和不具备劳动条件的人。

---

① ［日］大河内一监译:《国富论》，中央文库出版社1978年版，第136—137、141—142、226、234—235页。

（3）建立劳役所制度，即废除了有能力的贫民的居家救济，将其改为受救济者必须是被收容在习艺所中从事苦役的贫民。

上述3条原则的实施，极大地缩小了救济范围，使得《新济贫法》在事实上取消了对广大贫民的救济。而劳役所制度的实施，使得被强行收容在习艺所的贫民不仅要从事繁重的体力劳动，而且生活条件甚为恶劣；名为"习艺所"，实际上已经演变成了"贫民奴役所"。

另外，为了有效地贯彻《新济贫法》，加强行政管理，英国议会决定在中央设置三人委员会，在地方各教区联合组成济贫委员会，具体负责管理济贫工作。1847年中央的三人委员会改为济贫法部，1871年济贫事务改由地方政府部门掌管。

进入20世纪，由于《国民保险法》（1946年）与《国民救助法》（1948年）的颁布，济贫事业由英国卫生部主管的社会保险取而代之，济贫法随之失去了作用。尽管如此，新旧济贫法所体现出的社会进步可归结为以下三点：

（1）通过立法来规范济贫工作与济贫事业，确立了政府为济贫的主体；对贫民的救济虽然条件十分苛刻，但明确了政府应负的职责。

（2）济贫法的实施打破了地区的局限性，由中央按照济贫法实施统一管理，为济贫事业走向社会化与法律化奠定了基础。

（3）设置济贫税，使济贫事业有了较为稳定的经济来源，部分地解决了济贫经费困难的问题。

三 人口论的影响

《新济贫法》与《旧济贫法》相比，它所规定的济贫条件变得十分苛刻。之所以出现这种现象，其主要原因在于《新济贫法》的制定，深受马尔萨斯的"人口论"的影响。所谓"马尔萨斯的人口论"，即马尔萨斯于1798年所创立的"关于人口增加与食物增加速度相对比"的一种人口理论。其主要论点和结论为：生活资料按算术级数增加，而人口是按几何级数增长，因此生活资料的增加赶不上人口的增长，这是自然的、永恒的规律。只有通过饥饿、繁重的劳动、限制结婚，以及战争等手段来消灭社会"下层"，才能削弱这个规律的作用。为此，马尔萨斯提出了两种抑制人口增长的方法,即"预防性抑制"与"积极抑制"。所谓"预防性抑制"就是指人们对养家糊口产生忧虑与担心,害怕生育子女;所谓"积极抑制"就是指一些下层阶级实际所处的困难境地,使他们不能给予子女以应有的食物和照料,由此达到抑制人口增长。"预防性抑制"可以通过晚婚、独身、节育来控制出生率,如果这种抑制未能遏制住人口的增长,那么诸如恶习、贫困、战争、疾病、瘟疫等各种形式的积极抑制,也会达到减少人口的目的,并以此来达到人口增长与食物供应间的平衡。马尔萨斯认为:积极抑制是残酷的,鼓励人们采用预防性抑制,以避免贫困的发生。马尔萨斯还竭力反对当时英国所实行的济贫法。因为济贫法造成了不能独立维持家庭的人也能够结婚、生育子女,所以马尔萨斯认为:济贫就是供养贫民以创造贫民。他宣扬贫民产生的原因在于贫民自身,救济手段在于贫民自己,而不在于别人;政府和社会对此是无能为力的。他主张逐步废除济贫法,解决贫困的对策就在于工人要努力自助,济贫不应由政府担当,而应该委托给慈善事业。

尽管马尔萨斯的人口论对济贫事业产生了负面影响,不过,新济贫法的颁布与实施,使得社会济贫与政府的济贫管理日趋正规化,政府成为管理济贫事业的主体,并开始关注济贫方式对于社会经济的影响。此外,社会对于济贫事业的认识也发生了变化。在制定济贫法的初期阶段,济贫只是出于慈善观念与人道主义思想,而进入到《新济贫法》时期,政府已经将济贫与经济发展相挂钩,使济贫变成了刺激经济发展的一种手段。此外,政府主导的济贫机构的组织化程度逐渐提高,并设置专门委员会来规范各管理机构的职责与权限,由监督部门对全国的济贫工作进行系统管控。

综上所述,我们从英国济贫法的沿袭变革中,可以窥见资本主义社会在济贫、扶贫政策上的调整、思想观念上的变革与近代化的过程。

第二节 《贝弗里奇报告》与社会保障

一 报告的基本框架

进入20世纪,资本主义经济的结构性问题日益凸显,各种社会矛盾无法调和,1914年终于爆发了第一次世界大战,战争持续4年之久,

9000余万人丧生，经济损失惨重。尽管如此，资本主义社会的基本矛盾与经济结构问题并未得到解决，1929年又爆发了世界性的经济危机，十年之后又爆发了第二次世界大战，为人类社会带来了巨大的灾难。英国在两次世界大战期间，失业率高达10%，劳资双方的冲突加剧。在这一背景下，英国政府开始摸索以失业保险来救济失业工人。1934年英国政府制定了《失业法》。这部《失业法》主要包括两方面的内容，一是根据保险金支付的失业保险；二是无支付金的失业救助。其中，无支付金的失业救助对象，属于不能享受失业保险金的失业者。资金全额由国库负担，实行最低限度的生活保障。至此，以管控贫民为主的《伊丽莎白济贫法》，在经历了三个半世纪之后，于1948年由英国政府正式宣告废除。其后，英国政府采取了失业救助与战后实施的国家公立救助相结合的原则，迈出了由国家负责社会保障的第一步。

第二次世界大战爆发后，由于战争需要大量的青壮年，失业问题得到了暂时的缓解。不过，由于战争给国民生活带来巨大的灾难，1941年5月英国战时内阁成立了社会保险和与之相关的服务部际协调委员会，经济学家贝弗里奇受战后重建委员会主席阿瑟·格林伍德之委托，出任该委员会主席，负责对现行的国家社会保险方案及相关服务（包括工伤赔偿）进行调查，并着手制订战后社会保障计划。翌年（1942年），贝弗里奇根据部际协调委员会的工作成果，提交了一份题为《社会保险和相关服务》的报告，这就是著名的《贝弗里奇报告》。这份报告分析了英国社会保障制度的现状及所存在的问题，对以往提供的各种福利待遇进行了梳理，并系统地勾画出了战后社会保障计划的蓝图。报告共分六个部分，其主要内容如下：

第一部分：导言和概论，内含九小节。主要介绍社会保险和服务部际协调委员会的工作过程和调查的结果，确立了提出建议的三条指导性原则，指明了摆脱贫困之路，概述了社会保障计划，论证了社会保险的性质，提出了缴费比率与待遇标准，建议制定统一的社会保障计划并实施改革。

第二部分：主要改革建议及理由。着重指出了社会保险制度所存在的诸多问题，提出改革保险制度，统一社会保险缴费，主张在社会保险基金下分设失业、疾病、养老、寡居等几个账户，详细介绍了报告所建议的 23 项改革的理由及具体建议。

第三部分：3 个特殊问题：（1）待遇标准和房租问题；（2）老年问题；（3）赔偿途径问题。报告通过大量社会调查，在统计数据的基础上，详细分析了劳动人口年龄结构，以及老年人、供养子女家庭等不同群体的生活状况，指出了贫困阶层所承受的房租负担及对各种生活必需品的需求，设定了战后保险待遇标准；并针对养老金制度所存在的问题，建议改革养老金制度，确立养老金标准。在此基础上，为了完成新旧制度的交替，提出了 20 年之内的具体过渡计划。

第四部分：社会保障预算。报告调查分析了社会保险支出状况及被保险人的缴费能力与缴费意愿，并设立了缴费方案，即由财政、雇主、参保人三方共同缴费，划分了各方应承担的比例。此外，针对工伤保险费筹资问题进行了分析论证，确立了事故和职业病高发的行业应承担的额外工伤附加费与比例。

第五部分：社会保障计划。报告首先为实施社会保障计划设定了三个假定条件，提出以社会强制保险、自愿保险、国民救助来保障人们的不同需要。在明确养老金、保险金、补助金、补贴等具体内容与范围的基础上，将国民划分为雇员、工薪人员、家庭妇女、退休老人、低于工作年龄的子女等若干个群体，就其各类保障需求与参保待遇、缴费等相关问题进行了系统的分析。

第六部分：社会保障和社会政策。报告详细分析了家庭子女补贴、实施全方位医疗康复服务、帮助维持就业等问题，提出把消除贫困作为战后施政的基本原则，并设立社会保障目标，即：只要每个公民能各尽其所能从事工作，皆可获得相应的收入，以尽家庭抚养之责，满足基本生活之需要。另外，在制订社会保障计划时，报告提出要遵循 3 条指导原则，第 1 条：既要充分利用以往所积累的经验，又不要被经验束缚。打破固有的部门利益限制，实行破旧立新，从根本上改革社会保障制度。第 2 条：将建立社会保险制度作为促进社会进步的系列政策之一。以建立社会保险制度来确保国民收入，逐步减少并消除贫困现象。第 3 条：推进社会保障事业，须由国家与国民个人相互合作。国家的职责在于提供社会保障服务与筹集资金。同时，鼓励国民积极参与社会保障制度的建设，使其承担一定的责任；在确立并实施国家最低生活保障标准时，留有空间，鼓励个人参加自愿保险，为本人与家庭成员提供基本生活保障。

二 报告与社会保障

贝弗里奇报告从英国社会现实出发，指出了当时影响英国社会进步、经济发展和人民生活的主要障碍是贫困、疾病、愚昧、肮脏、懒惰。为了根除这些障碍，发展社会保障事业，报告建议由政府主导并统一管理社会保障工作，通过社会保障来实现国民收入的再分配。为此，报告还设计了一整套"从摇篮到坟墓"（由生到死）的社会福祉制度，提出国家将为每个公民提供9种社会保险待遇。

（1）失业、伤残和培训保险金。

（2）退休养老金。

（3）生育保险金。

（4）寡妇保险金。

（5）监护人保险金。

（6）抚养补贴。

（7）子女补贴。

（8）工伤养老金。

（9）一次性补助金（补助金分为结婚、生育、丧葬和工伤4种）。

除上述9条之外，报告还提出：要根据公民本人的具体经济状况，来实施相应的救助。例如：对于有婴幼儿与儿童的家庭，为了减轻其经济负担，实施家庭子女补贴政策。这是英国福利制度在发展过程中所取得的重大进展，它打破了英国传统的子女由家庭赡养的旧观念，减轻了父母抚养儿童的负担，由国家来承担部分赡养责任。此外，报告首次提出了要向民众提供全方位的医疗和康复服务，要求建立完整的社会保险制度，规定国民必须加入强制保险，其缴费率基本相同。报告还提议：对失业保险金、残疾保险待遇、退休养老金等各种福利待遇，实行统一管理，设立统一标准；强制保险由国家负责实施。可以说：经过了详尽的社会调查而形成的贝弗里奇报告,为解决英国"二战"后的社会保障问题,提供了较为完整的方案,其中许多政策与措施的实施,不仅奠定了英国战后的社会福祉基础,而且促进了欧洲各国战后福祉事业的形成与发展。

三 基本原则与社会保险

贝弗里奇在报告里除了提出 9 种保险待遇之外,还提出了社会保障应遵循的四项基本原则:

(1) 普遍性原则。社会保障应该满足全体国民不同层次的社会保障需求。

(2) 基本生活保障原则。要保障为所有的公民提供最基本的生活条件,满足其最基本的生活需求。

(3) 统一原则。对社会保险的缴费标准、待遇支付及行政管理实行统一。

(4) 权利与义务对等的原则。要求国民既有享受社会保障的权利,同时必须承担相应的义务;社会保障以国民就业劳动与缴纳保险费为其必要条件。

上述社会保险待遇的规定与实施原则的确立,不仅明确了社会保障的具体内容与范围,而且明确了政府的职责与国民应尽的义务。

1944 年,英国政府在《贝弗里奇报告》的基础上,发布了《社会保险白皮书》。这部白皮书基本上接受了贝弗里奇报告中的建议,制定了《国民保险法》《国民卫生保健服务法》《家庭津贴法》《国民救济法》等一系列法律。

1946 年颁布的《国民保险法》规定:参保人员必须按照年龄、性别和婚姻及就业状况来缴纳金额不同的费用,在业人员的待遇按照同等比例确定,失业、生育、疾病、丧偶和退休等各项福利待遇都按照《国民保险法》规定而实施。

1948 年,英国首相艾德礼自豪地宣布:英国第一个建成了福利国家。由此,贝弗里奇也获得了"福利国家之父"的称号。《贝弗里奇报告》和英国福利国家社会保障制度的实施,影响到了整个欧洲;瑞典、芬兰、挪威、法国、意大利等国也纷纷效仿英国，致力于建设福利国家。

由此可见，《贝弗里奇报告》推动了世界社会保障制度的建立，影响了英国、欧洲乃至整个世界的社会保障制度建设与发展的进程，被视为福利国家的奠基石和现代社会保障制度建设的里程碑，时至今日仍有其借鉴之意义。

第三节　1945年以来英国福祉事业的发展

一　福祉服务体系之形成

第二次世界大战结束后，英属殖民地的人民为争取民族独立与解放所进行的斗争如火如荼；20世纪60年代以降，英国在非洲、地中海、中东、太平洋和拉美的殖民地与附属国纷纷宣告独立，殖民统治呈现出土崩瓦解之状。加之，战后英国的经济发展速度虽然时快时慢，却过早地推行了高税收的福利政策，使得贫困现象有增无减。在这种情况下，贝弗里奇所谋求的以社会保险为中心、以公家救助为辅的社会保障体系，实际上已经不能发挥作用，各项制度的改革迫在眉睫。在这一背景下，1966年终于开始实施由国家扶助制度变为明确保护请求权的补助支付制度。

1968年，随着经济的发展与地区社会的变动，社会福祉的重新构建及社会福祉服务体系的创建已经不可避免。鉴于此，英国政府发表了《关于地方自治体与个人社会福祉服务委员会报告书》，在这份报告书中提出：要对战后英国政府所实施的，由地方自治体负责社会福祉行政的基本框架进行彻底的改革。其改革的要点可归纳为：

（1）将战后社会福祉行政组织所划分为三个部门：一是负责为儿童与家属提供服务的儿童部；二是负责为老龄人与残疾人提供服务的福祉部；三是针对精神障碍与智障人所设的保健部。三个部门统筹于社会福祉服务部，以便进行综合管理。

（2）加强福祉服务人员的培养与实践。

（3）实行社会福祉分权化。在居住区域内设立福祉服务部地区事务所，负责实地调研与具体服务事宜。

20世纪70年代后期，由于英国经济再度陷入低迷状态，社会福祉事业的财源问题日益凸显。此外，由政府主导社会福祉改革，造成了公立福祉部门的增加与增大，并暴露出了官僚体制的弊端。因此，社会开始重视民间福祉机构所发挥的作用，探索官民结合之路。

二 老龄化与健康福祉

进入20世纪80年代，英国的社会老龄化问题突出，关注老年人的身心健康，如何为老年人提供令其满意且有效的社区护理，尤其是对失能与不能自理的老人的长期照护问题，成为英国社会福祉的一大课题。同时，要求改革社会福祉供给体制的呼声也日益高涨。有鉴于此，1988年英国政府发布了《格里菲斯绿皮书》。这部绿皮书的发布不仅促进了英国社会福祉制度上的改革，而且绿皮书还建议"应将地方自治体作为社区护理的责任主体"，并强调指出："要想构建符合地方实际情况且行之有效的护理机制，除了由实行民主议会制度的地方自治体负责之外，别无他法。"在绿皮书的倡议推动下，英国地方政府成为社区护理的主体。这项改革的主要作用，可归结为以下三点：

(1) 地方自治体可根据社会需求来设定服务。

(2) 地方自治体负责调整、鼓励、支持各个民间团体积极参与福祉事业。

(3) 构建社区福祉服务体系，解决"由谁来提供服务"的问题。

上述三点改革，使得英国的社区服务由地方自治体负责管理运营与调整，由社会各界及民间企业参与，形成了官民协调互补之态势。同时，由社区来提供福祉服务，不但可以使被服务者（老年人）自由地选择服务项目，又可以满足服务利用者的不同需求，甚至还可以促进养老机构与养老服务业界之间的竞争，以此来提高福祉服务的质量与效率。

1989年英国政府颁布了《社区照顾》白皮书，该白皮书接受了格里菲斯的建议，并使其建议成为制度化。由此，1990年英国政府出台了《国民保健服务及社区护理法》，开始在全国范围内推行社区养老护理模式。

三 英国的养老模式

英国是世界上最早实行社会保障制度的国家,20 世纪 50 年代以来,英国的社会福利体系经历了逐步完善→迅速发展→陷入困境→不断革新的曲折过程。在这里需要强调的是:英国在老年福祉、老年保障等方面的经验值得我国借鉴。

英国福利服务的显著特征是:以社区为基础,采取多元化体系(Pluralistic system),亦称之为"福祉多元主义"(Pluralism of welfare)。1978 年英国沃尔芬登委员会发表了一份报告书,题为《志愿者组织的未来》。在这份报告书里提出了对应社会需求的四个系统,即:(1)社会支援非正式系统;(2)营利系统;(3)法定的公共系统;(4)志愿者组织系统。其中法定的公共系统是社会福祉服务的主体,不过由于成本高、效率低,加之大规模的服务供给很难采取自由民主方式进行管控,所以在以往的施行过程中碰到了许多困难。沃尔芬登委员会报告主张:将志愿者组织纳入社会福祉提供者的行列,希望志愿者组织系统能发挥出更大的潜力。[①] 然而,志愿者组织系统属于非营利性质,在庞大的社会福祉服务体系中,该系统的能力有限,不足以解决日益增加的社会福祉服务需求,而上述四个系统的融合与互补,即构筑多元化的福祉服务体系,才是最佳的选择。英国以社区照护为主的养老模式,正是在这一背景下所诞生的。

英国社区照护的主要特点在于:社区通过整合资源,按照服务利用者的不同需求,提供综合性服务。这种社区照护模式可以使老年人不必入住养老设施,平日在自己的家里与熟悉的社区环境中,享有尊严地过着正常人的生活。这种模式受到英国老年人的普遍欢迎与国际社会的赞许,许多西方国家纷纷效仿。不过,这种模式的形成,曾经历了如下的变革过程。

首先,以英国为代表的西方发达国家,在"二战"后度过了短暂的艰难时期,迎来了经济上的高速发展时代。经济的发展带来了社会物质

---

① Wolfenden, *The Future of Voluntary Organizations: Report of the Wolfenden Committee*, Croom-Helm, London, 1978.

的繁荣，民众的生活水平得到了大幅度提高。这为制定、推行高福利的社会福利政策奠定了基础，从而形成了高福利的国家福利体系。

其次，在北欧的挪威、瑞典等国率先实行了"从摇篮到坟墓"[①]的人生关照制度，在这个制度框架内，"扶老爱幼"是政府的重要工作与职责。除了挪威、瑞典之外，欧洲各国纷纷投入了大量的财力，建立了"老人免费医疗""老人免费或低费入住养老机构"等制度，提高了老年人的社会福利水平。

不过，20世纪50年代以后，"老人免费或低费入住养老机构"的模式产生了一些问题，其主要问题如下：

（1）由于入住养老设施，造成了老人与家人及亲属之间的隔离，老人心情不畅，生活孤寂。

（2）由于时过年迈而带来的身心及各方面的变化，使得老年人难以适应新的陌生环境。

（3）长期居住在养老设施里，尽管环境优美，设施齐备，护理周到，却难以排遣老年人心理上的孤独与寂寞感，久而久之会造成老年人的心理疾病，由心理疾病导致身体衰弱。

最后，公共养老设施在经营管理等方面亦出现了许多问题，诸如管理的公式化，服务态度的僵硬，以及财源不足，效率不高，服务不到位等。这些问题引起了社会上的质疑。由此，英国大多数人认为：老年人与其入住养老院，不如居家养老。居家养老可以使老人生活在熟悉的家里，由社区提供照顾或照护，儿女可以随时前来探望，老人可以享受有尊严的、和普通人一样的生活。这种居家养老的模式与理念，很快得到了社会上的广泛赞同与政府的认可。1958年英国卫生部长格里菲斯提出："我们对于老人服务的基本原则应该是：对老人而言，最佳的地方就是自己的家，若必要时可通过居家服务来予以协助。"[②]

1979年撒切尔夫人主政后，开始积极推动以社区照顾为主的养老模

[①] 指挪威儿童自出生时起到16岁均享受国家津贴补助，从小学到大学全部享受免费教育。同时国民享受免费医疗、失业保险，以及去世时由国家提供殡葬费。

[②] 引自黄源协《社区照顾：中国台湾与英国经验的检视》，中国台湾：扬智文化事业股份有限公司2000年版。

式。1981年英国政府在其发布的《步入高龄化白皮书》中明确指出："所谓社区照顾，其实质就是要增加非正式照顾者的责任，主要由地方政府、营利组织、志愿性组织，以及非正式的援助链（家人、亲属、朋友、邻居等）组成多元化的服务体系，为老年人提供照护。"1990年英国又颁布了《全民健康与社区照顾法案》，在该法案规定：由中央授权地方政府主导和负责社区照顾，鼓励民间机构参与并提供内容丰富的老年人福祉服务。在财源的筹措方面，以税收为主，约占财源的64%，私人财源占36%，采取财源互补的原则。同时，在照顾护理方案中，包含有国民健康服务和个人社会服务两个方面：长期照顾护理以社区及居家为主，约占86%；养老机构式的照顾护理仅占14%。1993年英国政府在全国范围内开始推行这项法案。由于社区养老与居家养老利处较多，在英国推行后不久，一些西方国家开始纷纷效仿。如今社区照顾已成为欧美福利国家中的主要养老模式。杨蓓蕾女士曾发表《英国的社区照顾：一种新型的养老模式》一文，对英国的社区照顾进行了详细的介绍；祁峰先生也在《英国的社区照顾及启示》[①]一文中，对英国社区照顾模式形成的来龙去脉做了详细的论述。二位学者的研究，对于了解英国社区养老模式大有裨益，在此，谨将其要点梳理如下。

（1）老年人口大量增加，养老金支出过多，国家经济不堪重负。20世纪初，英国人的平均寿命男性为49岁，女性为52岁，英国全国老人数量仅为180万。到了2000年末期，英国65岁以上老年人已超过1000万，约占全国总人口的18%。[②] 由于老年人口的大量增加，以及实施从"摇篮到坟墓"的全方位的社会福利制度，加之经济低迷，使英国财政不堪重负。而且由于英国社会福利支出逐年递增，福利比重不断加大，迫使英国的养老模式由机构养老逐步发展成为社区养老。

（2）养老机构的照顾护理不利于老年人的生活。"二战"后，随着经济的恢复与高速发展，英国依靠经济实力推行高福利的社会福利，政府

[①] 祁峰：《英国的社区照顾及启示》，《西北人口》2010年第6期。
[②] 杨蓓蕾：《英国的社区照顾：一种新型的养老模式》，《探索与争鸣》2000年第12期，第42页。

兴办大型福利设施，让鳏、寡、孤、独的老人与患有精神障碍的人入住其内，由护工人员加以照顾护理。不过，由于福利设施远离老人所生活的社区，使得入住的老人既对生活环境感到陌生，又缺少与家人及社会的交往，因此产生了强烈的依赖感，逐渐失去了适应社会与正常生活的能力。同时，有些养老院在管理与服务上存在着缺乏爱心、态度冷漠、服务水平差、成本高、设施不全等问题，甚至于出现了虐待老人的现象，引起公众的不满与社会的质疑。

（3）步入20世纪70年代之后，随着英国保守党的上台，新保守主义思潮抬头，英国社会普遍开始反思政府所推行的福祉政策。新保守主义认为：个人问题应由个人负责，反对养老福祉事业完全由政府一手代办，主张权力下放，提倡个人、家庭、社会三位一体的连带责任，增加家庭的日常生活照护及社会管理的功能。以此来降低国家干预的程度，解决公共养老设施里所存在的问题。同时，大力发展多元化的运营体系与服务体系，为老人提供综合性的、人性化的照护服务的呼声日益高涨。正是由于这种社会福利观念的转变，社区养老照顾模式开始受到社会上的普遍欢迎。

1989年英国政府总结社会养老照护的经验，公布了《社区照顾白皮书》。该白皮书认为："社区照顾是指对老年人生活进行适当的介入，并提供帮助，以使老人们能获得最大的自主性，掌握自己的生活。为缓解照顾老人的家庭成员的负担，由社区设立'团体之家'和'临时收容所'等；实施暂托、临时照护、日间照护。并扩大其照护范围，由社区提供居家照护。"由于白皮书的公布，20世纪90年代以后，社区照顾与社区养老逐步发展成为英国养老福祉的主要模式。

四 社区照护与特色

英国所推行的社区养老，在照护服务及组织形式上大致可分为如下几类：

（1）居家服务。主要针对居住在自己家里，而在生活上能够自理或半自理的老人而设。社区所提供的服务项目有：做饭、理发、洗澡、购物、清洁卫生、陪去医院等。这种模式可以使年迈体弱、行动不便、无人照护的老年人，日常能够生活在自己所熟悉的社区环境与家里接受服务。而且便于和他人交流沟通。其负责照护的服务人员由当地政府的雇员及志愿者组成，服务经费标准由地方政府而定；基本上由服务利用者本人负担一部分，不足部分由政府补贴。生活上无经济来源或收入偏低的老人可以享受免费服务，或缴纳较低的服务费用。

（2）家庭照顾。主要是由家庭子女来照护生活上不能自理或长期患病卧榻的老人。政府为了鼓励子女照顾老人，采取经费补贴政策，即对居家接受子女照顾的老人发放补助金。其金额与生活在养老机构的老人等同。

（3）老人公寓。其服务对象主要是鳏寡孤独、无人照护而居住在公寓里的老年人。其服务形式为：以社区为主体，政府将各种服务设施建在社区之内，安排服务人员在社区内工作。而需要照顾护理的老人既可以居住在公寓里，又可以在社区的养老机构设施内接受服务。同时，政府发挥社区网络功能作用，实施全方位的服务。其实，这种模式源于对精神病患者出院后所实施的持续关照。而利用这种形式与经验所开创的养老社区化，不仅便于为老人提供各类服务，还可以避免老人产生孤独感。同时，以社区服务为主体的老人公寓既降低了管理成本，又使得服务更具有人性化，从而排除了养老院机构化所存在的服务态度生硬，缺乏人情味儿，服务格式化等弊端。

（4）托老所。主要是针对子女有事外出，或因子女长期护理老人而造成了身心俱疲，需要放松休息而设置的老人短期居住所，亦称为"暂托处"。托老所是一种提供短期照护的服务机构，入住者基本上属于生活不能自理的老人。由托老所的员工代替老人子女或亲属提供照护服务。入所时间短则数小时或数日，长则不超过月余。托老所对于入所时间较短的老人实行免费服务，而对于超出两周的老人则要求缴纳适当的费用。

（5）设立社区老年人活动中心。为了丰富老年人的日常生活，由地方政府出资兴办的社区老年人活动中心，其规模根据社区居民的人数而定，其功能主要是为老年人提供社交娱乐场所。在活动中心工作的服务人员属于政府的雇员，其服务的对象为年逾60岁的老人。对于行动不便或行走困难的老人，由活动中心派车接送。活动中心所开展的各项文化娱乐项目，不仅为老年人带来了愉悦与活力，而且为社区养老增加了新的服务内容，使得社区养老生活变得丰富多彩。

英国所推行的社区养老，除了上述类别之外，在管理运营上亦有许多特色。首先在运营模式上采取官办民助，即由政府在养老福祉事业中发挥主导作用，由民间提供各种协助。例如：政府制定政策与立法，设定社会福祉的基本原则，用以指导规范养老事业的发展；定期发表社会福祉白皮书，用以总结经验，明确方向；运用监察机制，督导政策执行等。同时政府在社区设置多种福祉服务机构，引进私营企业参与养老事业，发展社区与福祉相关的民间组织及团体，丰富福祉服务内容，并对社区服务予以财政上的支持。同时，在运作上加强政府监督职能，严格检查民间团体与私营机构的运营情况。

在养老福祉服务方面，英国采取多样化措施。为了满足老年人的不同需求，英国社区实行多样化服务，其主要服务内容可以归结为以下四项：

（1）生活照顾（包括居家服务、家庭照顾，老人公寓、托老所等）。

（2）心理抚慰与健康管理（包括治病、护理、传授养生之道等）。

（3）整体关怀（包括改善生活环境，调动周围资源等）。

（4）物质支援（包括提供食物、安装设施、减免税收等）。

这四项基本服务项目，主要根据老年人的需求而制定。因为老年人在身体、生理、心理等方面各有差异，其所需的服务项目也不尽相同，所以必须根据实际情况，制订适合于老人实际情况的服务计划。这种多元化与多样化服务方式，既可整合资源，提高资源的利用效率，又可为老人提供具有针对性的服务。除此之外，社区照顾还发展了个案管理系统和项目管理模式，并不断完善设施，提高服务水平。

英国社区养老的多元化与服务内容的多样化，改变了由政府独揽包办的状态；而权力下放，将福祉服务转为社区承担运营，不仅为老年人提供了选择服务的空间，而且使服务更加贴近实际，老年人可以根据自己的需求与经济能力来挑选适合于自己的福祉服务。

五 管理上的人性化

英国社区福祉服务管理，既由国家宏观控制，又由地方自治体与社区负责具体管理。虽然社会福祉与福祉服务系统规模庞大，不过其运营却井然有序，尤其在管理上采取了许多人性化的措施。例如：为老年人提供照护服务时，要按照福祉服务程序，首先要进行咨询，征求福祉服务利用者的意见，根据福祉服务利用者的实际情况来安排适合于利用者的服务内容，而不会循规蹈矩，单方面要求服务利用者接受既定的服务。同时，对福祉服务需求者要进行体检与心理疏导，建立个人健康档案，根据老人需求来设计不同的服务计划与康复理疗计划，体现了人性化的服务特点。不仅如此，社区的服务人员由福祉专业机构派遣，赴任前须经过专门培训，要具有专业知识与实习经验；赴任时须签订雇佣契约书，履行法律手续，以此来加强从业人员的责任心与敬业精神。英国的社区养老服务设施规模虽小，但功能齐全，且距离老人住所较近，既方便又实用，而且从业人员工作认真，服务细致周到。

综上所述，英国是近代社会福祉事业的发祥地，尤其在战后发展社会福祉方面积累了丰富的经验，在社区与居家养老上形成了较为完善的管理体制与多元化服务体系，其中许多经验值得我国借鉴。

第三章

美国：多民族共存国家的社会福祉

第一节　美国社会福祉的形成背景

首先，美国与中国有着许多相同相近之处，例如：两国皆属于幅员辽阔的大国，两国皆由众多的民族组成，两国的文化都呈现出复合型的多元化样式。唯有不同的是：中国历史悠久，新中国成立之前，长期置于封建集权统治之下，鸦片战争之后社会处于半封建半殖民地的状态，近代化进程晚于美国；而美国原属英国殖民地，18 世纪 70 年代至 80 年代，在华盛顿的领导下赢得了独立战争的胜利。1776 年 7 月所发布的具有历史意义的《独立宣言》，象征着美国摆脱了英国的殖民统治，宣告正式建国。其后又经历了南北战争及黑人奴隶解放运动，逐步成为一个由多种族构成的联邦制国家，其国家统治建立在联邦政府与各州的议会制度框架之内。

美国的历史由欧洲殖民者掠夺原住民（土著居民）的土地，破坏其文化而揭开序幕。同时，建国初期由于实行奴隶制度，欧洲殖民者从非洲等地强行掠运大量黑人，将其作为劳动力而殖民于美国社会，形成了白人与有色人种之间的种族歧视。黑人不仅没有人身自由，而且在选举、教育、就业、住房、婚姻、公共设施利用等众多方面均受到不平等、不公正的待遇。这种歧视与虐待引起了黑人的强烈抗争，种族间冲突与矛盾酿成了严重的社会问题。

1860 年，农民家庭出身的林肯当选为美国第十六届总统。林肯青年时代便同情黑人的悲惨遭遇，立志为解放黑人、废除奴隶制而斗争。

1862年在南北战争期间，处于劣势的北方资产阶级林肯政府，为了争取黑人群体的支持，瓦解南方联盟的势力，于9月22日签署了历史上著名的《解放黑人奴隶宣言》。宣言的发布使得南方50万黑人逃离种植园，从根本上动摇了南方的经济基础。由此，历经4年之久的南北战争，以北部的胜利而告终。不过，战争结束后，黑人的生活境遇并没有因《解放黑人奴隶宣言》的发布而得到根本性的改变，垄断资产阶级对黑人及平民的剥削愈加残酷，种族歧视现象依旧严重；而争取平等权利，遏制种族歧视的斗争，其后逐步发展成为公民权运动。第二次世界大战后，美国政府虽主张民主、自由、平等，然而时至今日，美国社会的种族歧视现象，以及虐待黑人事件仍时有发生，成为困扰美国社会的一大问题。

不仅如此，美国社会长期以来贫富差距悬殊，大量财富掌握在垄断资本家手中，民众贫穷现象严重。美国基督教会所展开的慈善事业，大都以救济贫民为其主要内容。因为慈善事业本身就是源于贫富不均，其作用在于救助贫民，缓解社会矛盾。而近代美国福利制度的建立同英国一样，也是源于慈善组织的济贫活动。1877年纽约设立了慈善组织协会，由带薪职员从事家庭友爱访问活动，推进了针对个人不同情况（案例）的福利服务的专业化与职业化。与此同时，为了培养具有专业知识的工作人员，需要开设培训课程，建立理论研究体系。

20世纪初，随着美国资本主义工业化的进展，大量的新移民源源不断地涌入美国社会，这虽然推动了美国产业化、工业化、都市化的进程，但是也带来了众多的社会问题。移民大都从事铁路公路修筑、矿山开采、码头搬运、屠宰牲畜等低端劳动行业，不但体力消耗大，劳动时间长，而且工资低廉，事故频发，劳工的人身安全与生活得不到保障。同时种族差别与歧视现象日趋严重，贫富之差距越发悬殊。在这一背景下，单靠慈善组织的济贫救助活动，已显得杯水车薪。为了缓和社会矛盾，维护移民权益，提供劳动与生活保障，提高工人福利待遇，美国联邦政府与地方各州自治体在教会所组织的慈善济贫事业与民间所展开的维权与救助活动的影响与促进下，开始逐步制定政策法规，以征收税金的方式，对弱势群体展开救助与扶助工作。

另外，由于种族歧视严重，移居美国的移民为了维护种族与团体的利益，采取了结社的方式，开展各种活动，实行互帮互助。早期犹太人为了免遭歧视与迫害所创立的家族福祉机构便是典型的例子，它为后来社会福祉个人援助技术的发展起到了一定的作用。

由此可见，以英美为代表的资本主义初期福祉事业是沿着两条线路发展起来的：一是政府与地方自治体通过税收来援助陷入贫困的弱势群体；二是教会与民间慈善团体通过自发的捐款与募捐救济贫民。前者通常被称作"公共援助"（Public assistance），后者则被称作民间"私人慈善机构"（Private charity）或"私人慈善事业"（Private philanthropy）。时至今日，公共援助只不过是政府实施的各种社会福祉与社会保障的政策之一，而在19世纪之前，公共援助则是社会福祉的唯一内容；前者已发展为社会福祉事业综合体系，后者则由非营利团体所继承。

综上所述，可以说：美国的社会福祉及福祉思想的形成与发展，基本是建立在移民维权，以及黑人为代表的底层民众与种族歧视等各种不平等现象不断进行抗争的基础之上；而移民之间的相同境遇与各自尊重其信仰与思想自由，通过国家宪法及各州的立法来谋求民主与平等，以州市为主体来实现共同利益与保障个人利益则构成了美国社会福祉的基本框架。

第二节　引领福祉发展的杰出女性

如前所述，19世纪由于移民大量涌入美国，加快了美国的工业化、产业化、都市化的进程，同时也带来了诸如贫富之差、种族歧视、人身安全保障等众多的社会问题。所谓"Social worker"（日本译为：社会福祉士，中国译为：社会工作者）正是诞生于这一时期。谈到美国的"Social worker"，不能不提及曾活跃于该领域的两位杰出女性——简·亚当斯与玛丽·芮齐蒙德（Richmond, Mary）。

简·亚当斯既是一位社会改革家，又是一名社会工作者，后来被誉为"社工之母"。她虽出身于富裕的贵格会（Quakers）教徒家庭，但崇尚和平主义，同情贫穷的移民，并因争取妇女、黑人移居的权利，而成为美国第一位获得诺贝尔和平奖的女性。

简·亚当斯在英国留学时期，接触到伦敦的"安居会"（settlement houses），并被其工作所吸引。安居会建立在贫民社区中心，主要由受过大学教育的社会工作者负责经营管理，其性质是为当地居民提供服务。在安居会里，被称作"Social Worker"的社工人员服务态度温和，办事作风平易近人。这些都给简·亚当斯留下了深刻的印象。回到美国之后，在英国安居会模式的启示下，简·亚当斯在她所生活的地区芝加哥创建了赫尔安居会（Hull House Settlement），并建造了赫尔馆（Hull-House），帮助移民融入美国的社会生活。

赫尔安居会坐落于欧洲贫苦移民聚集的芝加哥第19区，经过不断发展，达到拥有13座建筑，颇具规模。简·亚当斯主张带有人道主义色彩的社群主义，提倡正义、自由、互助及实现自我。赫尔安居会之所以能发展壮大，主要在于贯彻简·亚当斯的这一主张，耐心听取当地居民的意见，并按照当地人的实际需求来设立服务项目，诸如：为上班的母亲建立日间托儿所，开办成人高中，提供烹调和缝纫课程，协助当地居民与政府进行沟通等。作为政治、教育与社区中心的"赫尔安居会"受到了当地民众的高度赞誉；简·亚当斯也因在全国范围内引领开展社区中心运动而驰名于世。

美国的另一位杰出的社会工作者是玛丽·芮齐蒙德，亦称为M.理查蒙。1861年正值美国南北战争爆发之际，芮齐蒙德诞生于伊利诺伊州的贝尔维尔；自幼家境贫寒，父母过早地撒手人寰，由生活上并不富裕的祖母与叔母收养，直到11岁为止没有接受过正规教育。不过，玛丽·芮齐蒙德自幼聪明伶俐，梦想着长大后当一名教师，可是运气不佳，高中毕业后她只能去工厂当职工。后来在朋友的帮助下，好不容易在纽约市的一家出版社谋到了事务员一职，可是好景不长，19岁时因身患疟疾而辞职，返回双亲的故乡巴尔的摩。其后，她在文具店、车站商店、宾馆等处做会计及庶务辅助员工作。

1889年，28岁的玛丽·芮齐蒙德开始接触COS（慈善救济协会），成为巴尔的摩COS的雇员，并在从事会计辅助工作期间，受到慈善组织运动的影响。后来，玛丽·芮齐蒙德有幸与慈善组织活动领域的核心人物Z.D.史密斯结识，这对于她的人生起到了至关重要的作用。Z.D.史密斯是波士顿 COS 的第一任事务局长，亦是慈善组织运动的理论家与实践家，对美国的慈善与福祉事业做出了很大的贡献。玛丽·芮齐蒙德尊其为师，并深受其影响。二人的交往及共同推动的慈善组织运动，为芮齐蒙德后来成为社会福祉活动家奠定了基础。

由于芮齐蒙德工作出色，尤其是在改善巴尔的摩 COS 财务状况上贡献突出，1891 年当选为总干事。1899 年芮齐蒙德根据在巴尔的摩 COS 的工作生活体验，撰写了《贫困者的友爱访问》一书，由此而声名大振，被公认为是 COS 工作的指导者。

1900 年末，芮齐蒙德为了重组费城的 COS，由巴尔的摩迁往费城，出任该协会总干事一职。在费城的工作异常繁忙，而且与巴尔的摩地区相比，费城的慈善工作困难较多，而芮齐蒙德之所以能坚韧不拔地开展工作，关键在于她坚守 COS 的理念。1917 年芮齐蒙德将长达 17 年之余的慈善组织协会的工作经验与思考研究汇总成册，出版了名著《社会诊断》一书。该书创立了个案工作[①]的社会诊断模式，将个案援助工作分为四个阶段：一是调查情况；二是细致诊断；三是制订计划；四是付诸实施。芮齐蒙德从为数众多的家庭访问员所实施的个别援助案例中，归结出带有普遍意义的规律与要点，明确了福祉个案调查的基本原则、方法与理念，论述了社会工作事实证据的内容、用途、种类（将资源按照本人、家族、家族之外加以区别），并以此为论据，阐述了按照问题的不同种类而具体展开社会诊断的方法，为社会援助工作的正规化、专业化的发展，以及运作方式的规范化奠定了基础。该书出版伊始，便在社会上引起了巨大反响，五个月之内竟连印三版。1921 年史密斯大学年认为该书确立了"社会工作者"（日本译为社会福祉士）这一新职业的科学基础，因而授予芮齐蒙德文学硕士学位。

1922 年芮齐蒙德又出版了《什么是社会个案工作》一书，对社会个案工作的独自性与存在意义，以及个案工作与社会工作整体的关联等进

[①] 所谓"个案工作"，就是通过调查与面对面的交流，了解掌握各不相同的家庭与个人的实际情况，根据实际状况进行救济扶助；并运用专业知识调整其生活状态与疏导心理障碍，使其能够自立自助，健全其生活，以增进个人与所享有的社会福祉。

行了详尽的论述。她在该书中指出:"社会个案工作是对人与社会环境之间的关系进行个别的、有意识的调整,通过这种调整来发展个性化;而社会个案工作正是由各个调整的过程来构成的。"[①] 这一著名论断,为后来的社会福祉工作明确了性质并指明了方向,同时也为当今的社会福祉工作,社会福祉援助技术构建了基本框架,确立了原则。

两位出身与经历各不相同的女性,成为美国早期社会福祉活动家,无疑具有一种象征性的意义,它说明了美国社会福祉的发展与社会变革的源泉来自于民间,其动力源于种族歧视与贫富差距,这在当代仍然是困扰美国社会的重大课题。

与世界上众多建立社会福祉的国家相同,美国社会福祉事业的发展,首先基于民间的诉求,基于宗教的慈善事业与邻居间的相互辅助;其次是政府根据民间的诉求,为了缓和社会矛盾,帮助民众解决生活上的困难,出台政策与制度法规。地方政府则是社会福祉行政的直接担当者,而对于高龄老人、残疾人、寡妇、孤儿,以及对于语言与生活习惯不同的移民、受灾的难民提供帮助,这是地方社会福祉行政部门的主要工作。

第三节 社会保障法的诞生与完善

1929 年美国爆发了大规模的金融危机,华尔街股票市场崩盘,从而引起了世界性的经济大动荡。酿成这次危机的主要原因:仍然在于资本主义的社会化大生产与生产资料私人垄断之间的矛盾,这也是资本主义制度的弊端之所在。资本主义社会在经历了两次工业革命之后,生产力得到了飞速的发展,社会分工日趋细致化,形成了由各个部门组成的生产链,各个部门须相互配合,一个部门出现问题则影响到全盘生产,可谓是:牵一发而动全身。这种社会化大生产与生产资料私人垄断之间的矛盾,在资本主义社会制度下无法得到根本的解决。垄断资本家贪婪地

---

① 参见 Richmond M. E, *What is Social Case Work?*: *An Introductory Description*, Russell Sage Foundation, 转引自 [日] 小松源助译《ソーシャル・ケース・ワークとは何か》,中央法规 1991 年版。

追求利润，尤其是在经济繁荣时期不断地扩大再生产，引发恶性竞争，造成了生产过剩，打破了供求平衡，从而导致了新一轮的经济危机爆发。尤其是股市的崩盘使得投资者的财富在一夜之间化为乌有，股民扼腕哀号，银行相继倒闭，企业破产，大批工人失业，社会动荡不安，美国经济也由此而陷入了恶性循环。

经济危机的爆发，使得企业福祉（企业养老金、医疗费等）与民间福祉事业难以维持。同时，金融危机直接冲击到州、市的财政，造成地方社会福祉事业的支出发生严重困难。鉴于这种情况，罗斯福总统就任伊始，便开始推行新政改革。新政的主要方针是：在国家与巨头企业之间建立起强有力的纽带关系，政府全面加强对经济运行的干预与掌控，调整企业生产与市场供给之间的关系。由于新政的推行，在一定程度上缓和了经济危机对美国经济所造成的巨大冲击，促进了社会生产力的恢复，从而为夺取"二战"的胜利准备了物质基础。同时，罗斯福新政所开创的国家干预经济的新模式，不仅对美国及许多资本主义国家经济政策产生了重要影响，而且使得国家垄断资本主义得到了进一步的发展。尤其重要的是：在新政的实施过程中，为了缓和社会矛盾，平息民众的不满，美国初步建立了社会保障体系，使得大部分属于社会弱势阶层的民众第一次能够享有法定的经济救助与最低生活保障。

1935年，美国的总统罗斯福开始推行第二期"新政"，其主要特点为：通过颁布《社会保险法》《全国劳工关系法》《公用事业法》等法案，来加强对产业工人的保护。《华格纳法案》[①] 就是这一时期制定的。华格纳法案规定：赋予工人组织工会以及与雇主签订劳动合同的权利，而雇主不得以任何方式来禁止工人罢工，或破坏工会组织。同时，在这一时期还制定了世界第一部《社会保障法》，该法的核心内容有三点：一是由联邦政府直接管理老年人的年金与保险；二是由联邦政府提供补助金，用以保障各州政府所经营的失业保险；三是由联邦政府提供补助金，扶持各州政府所开展的公共援助（对老人、盲人、需要抚养的儿童所提

---

① 美国政府颁布的国家劳工关系法，因该法案是议员华格纳提出的，所以称为《华格纳法案》。

供的援助）事业，以及协助各州政府实施社会福祉服务。

同时，《社会保险法》规定：凡年满65岁退休的工资劳动者，根据不同的工资水平，每月可得10美元至85美元的养老金。关于失业保险，罗斯福解释说："它不仅有助于个人避免在今后被解雇时去依靠救济，而且通过维持购买力还将缓解一下经济困难的冲击。"① 保险金的来源，一半是由在职工人和雇主各交付相当工人工资1%的保险费，另一半则由联邦政府拨付。罗斯福认为："如果对老人和病人不能照顾，不能为身体健壮的人提供工作机会，不能把年轻人纳入工业体系之中，听任无保障的阴影笼罩每个家庭，那就不是一个能够存在下去，或是应该存在下去的政府。"②

在罗斯福推行的第二期"新政"的背景下，为了改善劳资关系，美国于1938年通过了《公平劳动标准法》（又称《工资时数法》）。这是一项关于工人工资与工时的法案。该法案规定：工人第一年的最高工时为每周44小时；第二年为42小时，以后为40小时；第一年的最低工资为每小时25美分，第二年为30美分，以后六年为40美分。在这项法律中，明确地规定了工人的最低工资、最高工时以及禁用童工等。其立法的目的在于消除"有碍于维持工人健康、效率和福利所必需的最低生活水平的劳动条件"。1945年为了遏制战后失业率的回升，创造更多的就业机会，美国颁布了《全面就业法案》；1946年又通过了《就业法》，这两部法律对改善就业状况起到了重要的作用。

《全面就业法案》规定：所有具备工作能力及寻找工作的美国公民，都有权获得稳定的、全日制的就业机会并享有应得的报酬。为确保实现这一目标，总统于每年年初要向国会提交全国生产与就业预算；预算要说明在财政年度中所预计的劳动力规模，以及与此相应的、在充分保障就业情况下的国民生产总值。同时也要说明在排除政府干预的情况下，预期实现的国民生产总值，并计算出国民生产总值与预期国民生产总值之间的差额，进而提出政府为弥补差额应采取的政策和措施。《就业法》

---

① 引自孙立平《重建社会》，社会科学文献出版社2009年版。
② 引自彭鑫《谁拯救了美国——大萧条中的罗斯福》，中国华侨出版社2009年版。

则规定：政府要努力确保实现最大限度上的就业；确立了政府对宏观经济进行调控的任务和目标，规定了联邦政府应尽的职责。

上述法律法规的制定，在很大程度上缓解了经济危机所造成的社会矛盾与冲突，促进了美国社会福利事业的发展。

进入 20 世纪六七十年代，美国增加了社会工作者的数量，使社会福利更趋于知识化、专业化，并强调理论研究与实践相结合，增加了临床或开业的社会工作者的人数。在大学里设立并充实了社会福祉硕士与博士课程。

第四节　美国的养老模式

一　模式的多元化

自 20 世纪 40 年代起，美国就开始逐步进入到老龄化社会。目前，美国 65 岁以上老龄人口约占总人口的 17.4%。同世界上许多国家一样，养老问题成为社会的一大难题。加之，美国属于移民国家，由于老年人的种族不同，生活习俗与文化背景各有所异，因此，在养老上采取多元化模式，既适合于美国国情，又为老年人提供了选择的余地。据网上资料①介绍，目前美国设有如下几种养老服务模式。

（1）全托制的"退休之家"。这种养老机构设施比较完善，且服务周到。设施内设有医务室、健身房、图书室、计算机室、洗衣房，并安装有紧急呼叫系统。其服务项目包括：提供饮食、卫生清洁、组织娱乐文化活动、安排出行事宜等。

（2）日托制的"托老中心"。其模式为：清晨送老人到托老中心，白天安排老人参加托老中心活动，晚上送老人回家休息。这种"托老中心"的设施亦十分完备，设有食堂、阅览室、保健室、娱乐活动室等。老人的起居室为独门独户，一人一房，室内安装有适合于老人起居的床铺、盥洗间等。老年人可在食堂就餐，在阅览室读书看报，在活动室相互交

---

① 《国外养老模式探讨：美国的社区居家养老经验谈》，2018 年 9 月 26 日，360doc 个人图书馆网（http：//www.360doc.com/content/16/0924/09/36521038_593217552.shtml）。

流，还可以制作手工艺品等。

（3）组织"互助养老"。这种模式相当于我国的抱团养老，由老年人自由结对，互助养老。

（4）提供上门服务模式。即由政府财政出资补贴，根据老年人的需求，派保健护理人员登门服务。家庭保健护理人员不同于家政服务人员与保姆，她们不仅要为老年人做饭、洗衣、打扫卫生，还须具备专业的护理知识。

不过，须提及的是：美国政府规定，接受上述福利服务的对象必须是美国公民或已经取得了绿卡的外国人。移民美国的外国老人，一般是通过儿女申请拿到绿卡，或居住年满加入美国籍之后，方能享受这一待遇。

二 社区养老之类别

除了上述养老模式之外，近年来社区养老与居家养老逐渐成为美国养老的主流。目前，美国的社区养老大致可以分为四种类型：一是生活自理型；二是生活协助型；三是特殊护理型；四是持续护理型。其中，生活自理型的社区服务对象，主要是年龄在70岁至80岁之间，生活尚能自理的老人。生活协助型的社区服务对象，主要是年龄在80岁以上，身体虽无大病，但生活上需要照顾的老人；由社区提供餐饮、娱乐、保洁、维修、应急、短途交通、定期体检等基本服务项目。此外，还可以通过个人付费方式来享受其他辅助服务，如：接受用药管理，因患有阿尔茨海默病（老年痴呆症或老年失智症）而需要特殊护理等。特殊护理型的社区服务对象，主要是患有慢性病的老人、手术后进入康复期的老人、患有记忆功能障碍的老人。在社区内由专职护士来提供各种护理和医疗服务。持续护理型的社区服务对象，主要是面向退休时间不长，生活尚能自理，但不想因未来生活自理能力下降，而被迫更换居所的老人。为了实现对入住老人的持续护理服务，此类社区一般分为：生活自理单元、生活协助单元、特殊护理单元，或生活协助与特殊护理相混合的单元[1]。

在上述四种模式之中，发展最快的是生活协助型社区养老。目前，

---

[1] 参见穆光宗《美国社区养老模式借鉴》，《人民论坛》2012年第22期。

全美共有 1900 处持续护理社区（CCRC 社区），但 82% 为非营利性组织所有。其中有相当一部分社区是由传统养老院转型而构成的①。

社区养老模式与居家养老模式的主要特点在于：为生活在自己所熟悉的环境里的老人提供全方位的护理服务。这两种模式都是以人性化服务为其基础，其居住模式与室内设施的建设与改建，皆按照福祉服务利用者与福祉服务提供者之间的协调关系而进行的；福祉服务利用者有选择的自由，可根据本人的意愿来安排生活；服务人员则根据服务利用者的不同需求，为其提供有针对性的服务。这种模式不仅有助于在服务利用者与服务提供者之间建立起相互信赖的关系，亦可以使老年人的养老生活过得舒适、舒心。

三　家庭护理员制度

建立家庭护理员制度，是美国社区养老与居家养老的主要特点之一。这种家庭护理员制度既方便为老年人提供全方位的福祉服务，又使福祉服务真正做到了因人而异，行之有效。唯建立家庭护理员制度，方能为社区养老与居家养老提供保障条件与可行性。家庭护理员介于家政服务员与专业护士之间，其主要的工作对象是居住在社区或家里的孤独老人、残疾人、长期病患者等。在每个社区内设立护理中心，家庭护理员由护理中心负责调配。护理中心根据医疗诊断来确认老年人的健康状况与自理能力，按其所需程度来分配护理员在服务利用者家里的工作天数。在一般情况下，对于健康情况尚好，且又能自理的老人，每周则安排 3 天的护理工作；护理员的工作时间为：上午 8 时至下午 6 时；如果出现意外情况，诸如突发急病或身体受伤等，护理中心则负责调整护理员的工作天数。而对于健康情况不佳、失去自理能力的老人，每天均有护理员陪伴其身边，进行生活护理。同时，护理中心对于护理员的工作设有严格的规定；护理员每天清晨到达服务利用者居所时，须向护理中心进行联系禀报。同时护理中心的管理人员还经常深入到服务利用者的家里，了解护理员的工作表现，并征求服务利用者对护理员及护理工作的意见与

---

① 参见穆光宗《美国社区养老模式借鉴》，《人民论坛》2012 年第 22 期。

建议。护理中心对于服务到位，工作成绩突出的护理员予以表扬与奖励；对于工作态度生硬、服务不到位的护理员则予以批评教育或处罚。由于护理员的工作较为辛苦，所以工资待遇较高，每小时可获得6美元到12美元不等的收入。护理员的工资由护理中心支付。除此之外，美国还拥有目前世界上最大的非营利性质的养老机构，即"居家养老院"；在50个州内共设有5000个社区分支服务机构。这些服务机构拥有美国最庞大的义工队伍，每天有80万至120万名义工，负责将100多万份餐饮运送到行动不便或无法自做膳食的老人家中[①]。

四　社区养老新趋势

近年来，美国社区养老服务又发生了新的变化，除了网上介绍的六大流行趋势[②]（功能性设计；可轻松聊天的空间；混搭风格；用装饰画完善社区形象；享受节目；多样的餐食）之外，为了体现"Normalization"的原则，将社区纳入综合用途园地之中，其典型的例子，就是"大学里的美林花园"。这是一座设在西雅图的综合用途园区内的养老社区，园区内将老年社区住宅、普通出租公寓与商业相结合，吸引了大量年轻专业人员与华盛顿大学附近的学生入住，形成了一个充满生机的小型社会。这座美林花园由于经营灵活，成绩显著，在美国经济低迷中获得上市，目前入住率达到了95%，其商业零售店铺出租率接近100%。这种园区不仅可以使老人选择社区以外的文化活动和多种餐饮及其他服务项目，亦可使老人的晚年生活变得丰富多彩。

[①] 参见穆光宗《美国社区养老模式借鉴》，《人民论坛》2012年第22期。
[②] 《美国养老社区的6大流行趋势》，2018年7月13日，百度文库（https://wenku.baidu.com/view/b7e0e29648649b6648d7c1c708a1284ac85005fa.html）。

第 四 章

瑞典：高税收与高福利的福祉模式

第一节　模式的形成与演变

　　研究西方的社会福祉，首先要考察北欧，因为北欧的社会福祉带有普遍主义性质，提倡社会公平与人人平等，福祉服务的范围是整个社会，其对象是全体国民。与美国重视市场调节作用，抑制国家公共支出相比，北欧各国的社会福祉的特点则是重视政府作用，以大量的国家财政支出来实现条件优厚的福祉社会。北欧的这种社会福祉被称为"社会民主主义福利国家模式"。这种模式的主要特征在于：以普遍主义和社会平等理念为价值取向，由政府主导实行高额税收，为国民提供周到的福祉服务。其具有代表性的国家是瑞典。

　　早在1913年瑞典便颁布了以全体国民为对象的、世界上第一部《国民年金法》，其重点在于救助贫困老人。自20世纪30年代始，在被称为国父的佩尔·阿尔宾·汉森的倡导下，瑞典致力于将国家建设成为人人皆能安心生活的"人民之家"，实行由政府主导的、带有普遍性的、覆盖整个社会的福祉政策。时至今日，瑞典已发展成为贫富差别最小，人人皆能享受丰厚的福利待遇，从婴儿到老人皆受到社会福祉保障，被誉为世界上最适合人居的"先进的福祉国家"之一。而且瑞典率先提出了"Normalization"（享有尊严、共生、平等、正常化生活等）的福祉理念，对世界各国的社会福祉产生了深远的影响。

　　一般来说，以政府为主体的大规模的社会福祉支出，会引发财政赤字，造成经济增长上的困难，然而，长期以来，瑞典的福祉不仅避免了财政上的赤字，而且还实现了稳定的经济增长。从相对贫困率与基尼系数来看，瑞典创造出了经济差距相对较小的均衡社会。这种社会福利发展与经济增长齐头并进的模式，值得我们去深入探讨。

首先，瑞典社会福利的基本特征可以归结为：

（1）贯彻人人平等、保障就业、公正分配、共同富裕的原则，使社会福利与社会雇佣政策紧密衔接，由推动经济与社会福利的发展，来支撑并保障社会成员的就业。由于瑞典政府所实施的雇佣政策为社会营造了良好的就业环境，使得几乎所有的社会成员都能够参加工作。社会福利的服务对象则包括就业自立的人员在内，为所有的社会成员提供生活支援。

（2）通过立法来构建完整的社会保障体系。瑞典的社会保障主要由社会福利、社会保险、社会救济、社会优抚、就业安置等法规与制度组成。其内容具体而翔实。

（3）瑞典的社会福利带有普遍主义（Universalism）的特色，其范围不只限于贫困阶层与弱势群体，而是为全体公民提供无差别的全方位的福祉保障与福祉服务。而且按照收入而设限的支付比例甚低。

（4）为了实现"从摇篮到坟墓"涵盖公民整个人生的普遍主义社会福祉，瑞典政府采取多种社会保险政策与生活补贴措施。社会保险包括有：职业养老保险、双亲保险、失业保险（基本保险与自愿保险）、疾病保险、工伤保险等。生活补贴包括有：儿童补贴、抚养补贴、住房补贴、残疾补贴、残疾儿童护理补贴等，通过保险与补贴两大体系，来全方位地确保国民能享有充裕的社会福利生活。

（5）提供实用物品与提供公共服务所占的比重，大大高于现金支付。在瑞典，支援型的公共服务属于预防性的，即在人们尚未陷入困境之时施与援助，使其能继续参加社会生活，享有社会福利保障。

上述瑞典社会福利模式的形成与发展，大致可划分为如下三个阶段。

第一阶段：处于20世纪30年代到第二次世界大战期间，农村社会特征显著存在，可以说是带有普遍主义性质的社会福利基本理念逐步形成的阶段。

第二阶段："二战"后随着"富裕社会"的到来，带有普遍主义性质的社会福祉制度实现了体系化,可以说是瑞典模式形成规模的阶段。

第三阶段:处于经济全球化及脱工业化的浪潮之中,社会福祉方式发生机能不健全等问题,属于摸索重建社会福祉的阶段。

下面将这三个阶段分而述之。

首先,20世纪20年代末,美国为了应对世界经济危机,推行罗斯福新政。其中,政府为了建立社会保障体系,颁布了《社会保障法》,使退休工人可以得到养老金和养老保险,失业者可以得到失业保险金,子女年幼的母亲及残疾人可以得到补助。同时还建立"急救救济署",为民众发放救济金。这些政策促进了社会保障制度的形成。这一时期的瑞典,在社会福祉的构建上与美国大致相同,其应对经济危机所实施的一系列政策与措施,为社会福祉制度之形成提供了契机。30年代初,瑞典社会劳资关系趋于平稳,由社会民主党与农民党所组成的联合政权,大力推行新的雇佣政策,改善就业环境,为营造瑞典的社会福祉模式奠定了基础。

1932年成为新一任首相的社民党党首佩尔·阿尔宾·汉森实施了一系列的改革措施,其中包括:大力兴建公共福祉设施、鼓励民众积极参与农业生产、扩大财政收入、实施失业保险、制定养老金制度等。汉森在就任首相之前,便提出了将瑞典社会打造成"人民之家"的设想。所谓"人民之家",就是要构建一个全体社会成员皆能在生活上享有充分的保障,在政治上享有自由、民主、平等的社会。在这一构想的引领下,瑞典政府首先制定一系列与社会福祉相关的法律法规,并针对健康养老、儿童学前教育、家庭生活补助、失业救助、残疾人福利、工伤赔偿等问题,设立社会保障与社会保险制度,采取一系列的解决措施,努力将国家与社会营造成一个无等级差别、人人平等、和睦共存的温馨的大家庭。汉森明确提出:"家庭的基础是团结一致与共同感情。好的家庭不会认为任何人是优先考虑的或者是不被认可的;它不会承认任何人的特殊利益,或者把任何人当作后娘养的孩子。这里不存在对他人的歧视,不存在以他人为代价而谋取个人私利,强大者也不压迫和掠夺弱小者。好的家庭体现出平等、理解、合作和帮助。将这种概念扩大到包括公民的人民之家,就意味着将公民划分为特权者与不幸者、统治者与被统治者、穷人和富人、优裕者与贫困者、掠夺者与被掠夺者的各种社会与经济障碍将被打碎。"[1] 汉森的这一主张,后来成为构建瑞典社会福祉的基本理念。

其次,瑞典早期社会福祉模式的形成还源于人口问题。瑞典人口从1840年算起,大约在100年间翻了1倍,1935年达到620万。可是由于城市的贫困与恶劣的居住环境,从1870年到1930年之间,约有110万人口迁徙到了美国。加之出生率的急剧下降,使得瑞典人口锐减。针对这种现象,社会保守势力与工人阶层的认识大相径庭。保守势力认为:近代化的进程造成了性道德危机,女性放弃了自己的作用,这种现象持续下去,瑞典民族将从地球上消失。在这种危机感的驱使下,保守政权从"奖励生育主义"出发,采取了禁止张贴及播放避孕工具广告等措施,防止出生率继续下滑;而工人阶层则认为:人口的显著增长会造成劳动力价值的降低与工资水平的下降,对人口的政策化抱有抵触心理。

1934年为了解决人口问题,经济学家纲纳·缪达尔(Karl Gunnar Myrdal,1898—1987)与夫人合著出版了《人口问题的危机》一书。该书主张通过改革来实现社会的均等化,并分析了少子化的原因在于都市的住宅环境与经济上的贫困。他指出:即便女性就业能使家庭收入得到增加,改善家庭经济条件,不过,生育婴儿后的抚育照料,会给继续工作带来困难,这直接影响到出生率的下降,因此而引发了社会少子化的问题。同时,纲纳·缪达尔认为:人口的减少将在各个方面增加投资的风险。此外,它甚至可以减少对新的投资的需求。在一个老龄化的社会中,既然货币储蓄维持不变,结果将出现一种投入资金不及储蓄水平的趋势。为了防止社会少子化与老龄化的趋势,缪达尔提出了住宅、生育、育婴、女性就业、缩短工时等一系列扩充社会福祉的政策;呼吁社会要减轻育婴父母的负担,为了使女性的就业与生育、育婴相行不悖,由政府提供援助,提倡平均一对夫妻三个孩。为此,要从社会保障与公共服务中取消所得限制,推进以所有人为对象的社会福祉。这些政策从社会公正的角度来看不仅十分重要,而且还直接关系到国民能力的提高与经

---

[1] 杨玲玲:《"人民之家":瑞典社民党60年成功执政的理念》,《科学社会主义》2005年第4期。

济的增长，对政府的政策转换发挥了重要作用。

在经济学家缪达尔的倡导下，1937年瑞典开始实施对孕妇个人提供生育补贴，1939年由政府规定：凡是雇用员工三人以上的企业，禁止以结婚、怀孕、生育为由解雇女工或减少其工资待遇，并且规定产妇可以享有12周的育婴休假。在此基础上，1948年瑞典政府开始实施对16岁以下的所有儿童，不论家庭收入多少一律采取补贴的政策，而且补贴费直接交付于儿童的母亲。

上述针对少子化所采取的政策与措施，体现了普遍主义社会福祉的特点，其后随着社会的发展，这种带有均衡性质的社会福祉逐渐延伸到各个领域。

战后，瑞典社会福祉进入到第二阶段，也可以说是带有普遍主义色彩的社会福祉的确立时期。在这一时期里，瑞典的社会福祉在内容上发生了一些变化。其变化主要表现在：以往对所有人提供的福利保障、均等发放补助金等措施，在战后发生了一些困难；随着战后经济的增长与富裕社会的到来，中产阶级急剧扩大，社会福祉服务对象必须以中产阶级为其主体，国民全体所享有的最低保障的普遍主义做法已经达到了极限。由于人们的收入大幅度提高而带来了物价的上涨，仅依靠最低保障，则难以维持患病时所需的高额医疗费以及保障退休后仍能享有充裕的生活。以养老年金为例，当时出现了两种选择：一种是政府所提供的社会保障维持在最低保障的水平上，鼓励国民加入民间养老年金保险，以此来弥补福祉财政上的不足；而另一种选择是在国家提供的社会保障里，扩大按照工资收入比例的给付。1959年经过激烈争论，瑞典政府开始引进附加年金制度（ATP）。所谓附加年金制度，就是根据中产阶级与白领阶层现行的工资收入水平，通过公共制度来实现按收入比例进行支付。其目的在于弥补基本养老年金之不足，使年金与工资收入相挂钩。附加养老年金的内容与标准包括：(1) 领取条件：被保险人所取得工资收入的年限须连续三年超过基数；获得全额附加养老金的条件是必须加入附加养老金保险计划，要求每年收入达到基数，而且连续30年以上的人才具有资格。(2) 计算方法：根据退休人员退休前15个最高工作收入年份计算得出。其公式为：附加养老年金＝平均养老积分×基数×年系数"。

（3）资金来源：补充养老保险缴费加上基金利息收入。国家财政和地方财政不承担费用补贴。（4）对退休工人进行补偿，新的补充养老保险仅仅适用于1924年之后出生的人，为此，针对1913年至1923年之间出生的人，政府允许他们领取足够的附加养老金。

此外，对那些无权领取附加养老金的退休人员，可以享受"一般补助金"的待遇，以缩小差距。而其他附加年金则包括"附加遗属（寡妇）年金"，即亡夫生前所享有的附加养老年金，有未成年子女并结婚5年以上的领取35%—40%；"附加儿童年金"，即父母一方亡故，或失去双亲，且年龄在19岁以下的领取35%—40%；"附加伤残年金"则与基本伤残年金相仿。

以上是附加养老金的内容，下面再来看看瑞典的基本养老金。

基本养老金是瑞典于1937年设立的养老金制度，用以保障职工退休之后能维持基本生活。瑞典国民基本年金是全体公民皆享受的待遇，不与工资收入挂钩。凡年满65岁的公民，在瑞典居住或就业满一定年限的居民皆可享受。在瑞典生活40年或有30年ATP积分的人，可获得全额基本养老金；在瑞典住满三年或有三年的国家附加养老金积分的人，可获得部分基本养老金。基本养老金的支付方法为：按照基数来计算，单身老人可以得到基数的96%，夫妇可以得到基数的157%。基本养老金水平只能保障最基本的生存需要，其资金来源主要由政府和企业（基本养老保险缴费）来承担。基本养老金的限额一般由社会保障委员会根据社会各阶层的收入状况来确定。另外，基本伤残年金的支付对象为：16岁以上基本不具备劳动能力的公民。获取基本遗属年金的条件为：婚龄满5年，年龄在36—50岁的遗属。基本儿童年金的获取条件为：年龄18岁以下，在单亲或父母双亡之后，有权享受基本儿童年金。

下面来看看第三阶段瑞典社会福利所发生的变化。

进入20世纪90年代以后，因受到经济滑坡的影响，政府支出增长陷入停滞状态。由此，自由保守派瑞典温和党主席卡尔·比尔特就任首相以来，提出了要改革高福利的福利政策，减少税收及福利开支，允许私营企业参与公共服务。不过，三年之后卡尔·比尔特在大选中败北，社会民主党开始执政，社会福利的支出依然维持不变。另外，从GDP的增长率来看，由于泡沫经济的崩溃以及受到雷曼金融危机的冲击，瑞典经济陷入了负增长。不过，由于长期以来的财政积累，加之90年代之前瑞典的经济一直处于高速增长的状态，其经济竞争力2009年仍然排在世界第四位，2015年在全球竞争力排榜中位居第九位。依靠征收高额税金所构建的瑞典福祉模式，不仅为全体国民的富裕生活提供了社会保障，而且促进了各个领域的发展。目前，瑞典在高等教育、人才培养、技术创新、产品研发等方面都具有很强的优势。同时，这种模式还为增强国家实力与竞争力提供了保障，在经合组织（OECD）所做的各国成年人学力调查当中，瑞典属于最高水准。这种高素质的人力资源，不仅促进了瑞典的竞争力与经济发展，而且为构建普遍主义的全民福祉奠定了基础。

第二节　高税收福祉与经济发展

瑞典实现全民所享有的高税收与高福利福祉的前提之一，是经济上的持续高速发展；没有经济的高速发展所带来的雄厚的资金积累，这种福祉模式便失去了维持的根基。战后，随着资本主义经济的增长，加上在世界政治格局中一直保持中立，不受外界纷争之干扰，使得瑞典的经济发展平稳，且逐渐加速。到了20世纪中叶，瑞典的经济进入到快速发展期，成为工业高度发达的资本主义国家之一。自20世纪70年代始，瑞典实施了新的产业调整战略，进一步加大了科研的力度和投入，积极发展现代高新技术产业。其强大的经济实力，使得瑞典迈入到现代化福祉社会。

世界经济论坛[①]以世界各国的经济政策与经济发展、基础建设与投资、市场与商业、科技研发与创新、教育与人才培养等诸多方面的数据资料为评价依据，每年发表一份全球竞争力指数（Global Competitiveness Index）报告，据该报告评比结果显示：瑞典国家规模虽小（国土面积约45万平方公里，人口为1000多万人），可在历年的排行榜中，一直名列

---

① 世界经济论坛（World Economic Forum）是以研究与探讨世界经济发展所存在的问题，促进国际经济合作与交流为宗旨所设立的非官方国际性机构。总部设在瑞士日内瓦。

前十之内。不仅如此，2016 年在福布斯的年度最佳商业国家名单（Forbes' annual list of the Best Countries for Business）中，瑞典雄踞榜首；在新闻与世界报告组织（US News & World Reports）所发布的 2017 年最适合移民地国家排行榜（Best Country For Immigrants）中，瑞典荣获第一名。同时，瑞典还是老年人生活质量最高的国家之一，在 2018 年全球指数排名中位居第三。瑞典老年人的平均寿命高达 84 岁，而长寿的原因之一，是享受优厚的福利待遇。在瑞典 65 岁以上的老人享受 100% 的养老金；在 55 岁至 64 岁的公民之中，平均就业率高达 73.6%；有 68.7% 的公民接受过高等教育。这些数据表明瑞典在经济、科技、教育、社会福利等众多方面，处于全球领先地位，其生活幸福指数名列世界前茅。这些成就的取得与瑞典所推行的全民享受普遍主义高福利福祉不无关系。

考察瑞典的福利模式，可以发现：高税收、高福利的全民福利以经济发展为依托，其中，保障与提升国民的就业率，推行积极的劳动市场政策是维系高税收、高福利福祉的关键措施之一。

"二战"后，瑞典在西方先进国家中，长期以来失业率维持在 3% 以下。瑞典妇女就业早在 70 年代就已经达到了相当高的比例。由于男女平等、同工同酬，妇女的工资收入与企业利润的高低无关，而是根据所担当的职务价值（技能的难易程度、工作所需知识量、工作经历与经验是否丰富）而定；无论是男工还是女工，其原则是只要从事相同难度的工作就享受同等的报酬。这种"同一价值劳动同一工薪"的做法，在瑞典被称为"连带性工薪政策"。从产业整体来看，这一工薪政策对于生产率高、具有竞争力的企业十分有利，因为企业盈利会相对降低工资成本，还可以产生剩余；而对于生产率低的企业则情况严峻，因为工资成本超过生产率会引发企业倒闭。为了解决这一难题，瑞典政府推行积极的劳动市场政策，充分发挥劳动市场的调节作用。所谓"积极的劳动市场政策"，不同于对失业人员采取失业补贴的消极办法，而是通过职业培训与职业介绍，积极安排失业人员从事其他工作。瑞典政府对于实施积极的劳动市场政策的投入与支出，在 GDP 中占有一定的比重。而且当生产率低的企业破产之际，鼓励失业职工转入到生产率高的企业。瑞典通过同一价值劳动同一工资的办法，迫使生产率低的部门实行产业转型，并通过转移劳动力来抑制失业。以此来实现产业结构的优质化，提高企业的竞争力。与此同时确保课税基础，在财政上支撑社会福祉。这种通过运用积极的劳动市场政策来抑制失业的做法，在其后的产业调整中发挥了重要的作用。

除了上述措施之外，瑞典社会福祉的另一个显著特征是：设法保障全体国民的基本收入所得不变。由于瑞典实行带有普遍主义性质的社会福祉，福祉服务的对象不是特定的弱势群体，而是全体社会成员，所以为了确保所有社会成员的经济收入，就必须使所有社会成员都能够持续工作。为了实现这一点，政府必须在许多方面采取扶助措施，包括现金支付在内，以帮助失业人员重新就业并融入社会之中。为此，瑞典政府十分重视针对个人的公共服务所发挥的作用，公共服务在瑞典社会福祉中所占的比重甚高的原因也正在于此。同时，为了保障国民的收入所得，瑞典还实行了一项被称作"现行所得替代原则"的保障制度。这项保障制度主要基于瑞典普遍主义福祉原理与奖励就业劳动的政策。它以通过雇佣政策的调整而达到绝大多数人的就业为前提；在部分社会成员失业、患病、生育之时，能够保障这些人的现行收入所得水平。由于社会保险的缴费由企业雇主承担，所以工资的性质属于从业人员的劳动报酬，同时社会福祉的所得保障亦是对从业人员参加工作以来的一种回报。而瑞典设立"现行所得替代原则"保障制度本身，就在于促进国民的就业欲望。"现行所得替代原则"的目的，不在于保障最低收入所得，而是力图保障包括中产阶层在内的现行收入所得。在现行制度下，失业保险、父母保险（育婴休假期间的收入所得保障）、伤病补贴等，皆按照当事人以往收入的八成予以支付。年金制度按照所得比例来设置，不过，对于因收入所得低而不能确保享有充分年金的国民，则由政府给付最低保障年金。正因为"现行所得替代原则"意在提高人们参与劳动市场的积极性，所以在一定程度上扩大了社会支出。

瑞典的普遍主义社会福祉的另一个特征，是对国民提供支援型的公共服务。例如在学前教育方面，瑞典所实施的学前教育具有幼儿园与保育所的双重功能；无论儿童出生家庭环境与经济条件如何，为了使儿童掌握基本能力，瑞典政府实行"儿童支援"政策；与此同时，对于抚育儿童的年轻母亲，为了提供良好的就业环境，政府采取"儿童抚育支援"措施。在学前教育设施的建设上，除了通常有的设施之外，为了便于居家抚育儿童的父母与儿童一起出入行动，瑞典还建立了开放型的、以家庭为保育场所的家庭型抚育设施。随着妇女就业的常态化，利用学前教育的人不断增加，尤其在2000年之后，瑞典的儿童学前教育进一步增强了普遍主义色彩，其利用资格不仅限于正在工作的双职工，还包括失业与育婴休假人员。2002年之前，学前教育费用按照收入比例征收，即高收入高付费；2002年之后，瑞典政府引入了"利用费用上限制度"，即无论收入所得多少，一律提供相同的学前教育服务。自2003年起，4岁与5岁的儿童每年可以免费享受525小时的学前教育服务；2003年瑞典1岁至5岁幼儿、儿童的学前教育利用率达到了75%。

自20世纪90年代起，瑞典大力发展电子和信息技术产业，使得瑞典经济一直保持着2%—4%的增长速度。其间，虽几度受到国际经济低迷、金融危机等影响，经济增长出现滑坡、市场疲软、企业倒闭增多、失业率上升等不利局面，不过，瑞典通过加大第三产业的投资力度，以快速发展第三产业来拉动经济，使得经济企稳回升。第三产业产值占瑞典国内生产总值一半以上。此外，瑞典森林资源丰富，林业在国民经济中占有重要地位。瑞典的林业发展，除了大量出口木材原料之外，还建立了庞大的纸浆、造纸、家具、林产化工及与其配套的加工工业部门，其产量和出口量均居世界前列。其中针叶树木产品的出口额居世界第二，纸浆出口居世界第三，纸业出口居世界第四。同时政府还注重环保，规定每年的采伐量不超过自然生长量，使得瑞典森林覆盖率高达69%，为国民的生活提供了良好的生态环境。

瑞典在保留传统产业特色的同时，优势部门转向技术集约度高的机械工业和化学工业，并大力发展信息、通信、生物、医药、环保等新兴产业。目前，瑞典拥有自己的航空业、核工业、汽车制造业、先进的军事工业，以及全球领先的电信业和医药研究能力。在软件开发、微电子、远程通信和光子等领域，瑞典均居世界领先地位。

以上这些基本国情，为瑞典的社会福利模式的形成创造了有利的条件。高度的经济竞争力带来了丰厚的社会资金，使得瑞典的社会福利在量与质上都保持了较高的水准。同时，高福利待遇又保障与促进了支撑竞争力的人才培养。瑞典的教育，从学前直到大学，以及各自治体所实施的各类成人教育、职业教育、业余教室等一律免费。

不过，这种由高税收所形成的高福利，由巨额公共支出所建立的"从摇篮到坟墓"的全面福利设施与福利待遇，对于人口众多，幅员辽阔，地区差别悬殊的我国来说，就整体而言很难实施，不过瑞典福祉的发展经验，对于我国经济高度发展的南方来说，不无可参照之处。

第三节　高额税收与福祉服务

瑞典社会福祉事业的发展，以征收高额的负担费而著称于世。据《2017—2018全球竞争力指数报告》数据显示：瑞典国民所承担的总体税率高达49.1%，国民交纳税率约占个人收入的50%。[①] 这对于一般国家与民众来说，无疑是沉重的负担，容易引起不满。而且大规模的社会福利待遇与福祉服务会造成政府财政赤字，影响经济发展。不过，在瑞典并未出现这种状况，瑞典不仅常年维持了财政黑字，且实现了持续稳定的经济增长。以相对贫困率与基尼系数来看，瑞典的相对贫困率为5.3，基尼系数为0.234。在发达国家中瑞典的经济收入差别最小。正因如此，有的学者指出："瑞典没有真正的穷人，表面上很难看出明显的阶层分化。"[②] 正是因为瑞典构建了福祉发展与经济增长并行的社会结构，方使得瑞典社会福祉具有高额税收与提供优质福祉服务的特点。而这一特点的形成主要有以下几点因素。

（1）社会福祉与雇佣政策紧密结合。由于瑞典政府所实施的雇佣政策，营造了几乎所有人可就业的社会环境，国民的持续工作与收入保障，构成了高额税收的基础。因此，瑞典的社会福祉包括就业与生活自立的人员，为全体国民提供生活保障与各方面的援助是瑞典社会福祉的基本

---

① 参见《凤凰财经》2017年12月7日。
② 参见丁刚《民主社会主义在瑞典》，2011年2月1日，百度文库《南方周末》2007年6月14日电子版。

理念。

（2）瑞典的社会福祉是一种带有普遍性的社会福利事业。这与将社会福祉的对象局限于一部分贫困阶层的做法不同。在瑞典所得限制的支付所占的比例甚小，几乎所有的社会成人都可以根据就业的收入所得来缴纳税金。这种人人皆能保持经济上的自立，对于带有选择性的福祉而言，似乎失去了社会福祉的必要性。其实不然，例如：婴儿的出生会造成年纪尚轻的母亲在一段时间内不能工作；部分青年人的工作与所学的技能与知识不符；劳动者在工作中会碰到许多困难，诸如精神压力、疾病工伤、失业、衰老等。为这些人提供福祉保障及实施各种援助与调节，使其能够持续工作，融入社会，这就是瑞典社会福祉所追求的目标。

（3）与现金支付的社会福祉相比，瑞典的社会福祉提供物质援助及提供公共服务的比重较高。除了医疗费用之外，政府对于保育、介护、公共职业训练的财政支出额度都比较高。由于这种以援助为主的公共服务，使人们在因某种原因而丧失生活信心之前，便可以得到帮助，使之继续融入社会，参加工作。

上述三点因素，构成了瑞典社会福祉的基本内核，为高质量福祉服务奠定了经济基础。同时，以援助为主的瑞典社会福祉与公共服务的特点，可以归结为如下几个方面。

（1）生育及学龄前教育。首先医疗机构为孕妇提供免费产前检查、产期住院、产后护理等服务。产假为9个月，孕妇可根据自己情况提前两个月便开始休息。自1980年起，产假又延长至一年。在一年的产假之中，父母可轮休。前九个月可保留工资的90%，后三个月每人每天可得到一定金额的补助。

（2）瑞典公共服务的宗旨是：帮助公民参与社会，提高其生活能力，使其达到自立。尤其是在为残疾人、老年人所提供公共服务方面，贯彻了帮助服务利用者尽量达到自立，使其融入社会，成为社会一员的原则。这就是所谓的"Normalization"概念。它含有"不造成老年人或身心障碍者与社会产生隔离感，使其生活正常化、常态化，与普通人一样生活在平等的社会环境里，并以此来实现人人平等的福祉社会"。根据这一原则，1994年瑞典政府制定了《为机能障碍者提供的援助及服务法》，自治体为了鼓励残疾人参加社会,决定为残疾人配备个人助理。只要是患有残疾的人提出要求,本人可以从其朋友中选择个人助理。除了担任身体介护的个人助理之外,还可以依靠有偿志愿者(联系人)帮助购物及负责与公共设施进行交涉。除此之外,瑞典的公营企业还为残疾人提供各种各样的就业机会。

第四节 慷慨的养老保险制度

一 养老保险制度之改革

据王彬彬先生在中国改革论坛(2014年3月20日)上所撰写的文章《瑞典:全球最慷慨的养老保险制度》[①]介绍,瑞典现行的养老保险制度,是历经多次改革后于2001年开始实施的。改革前,瑞典养老保险实行以确定给付为特征的现收现付制。这一制度主要由两部分组成:一是国家基本养老金,适用于所有的适龄老人。瑞典1946年规定凡年满65岁的退休人员(只要在瑞典居住满3年),均可领取既无数额差别也无地区差异的退休金。二是补充养老金,补充养老金与劳动者一生的收入相关,但缴费与给付之间的关联性较弱。三是关于养老保险金来源,一部分来自于国家税收,瑞典政府收取的税率为劳动者工资的19%,其中,6%用于基本养老保险,13%用于补充养老保险。此外,瑞典政府还通过总税收和信托基金等来资助基本养老金,养老金的支付根据物价的浮动进行调整。长期以来,瑞典的养老保险制度成为养老事业的主要保障,为消除老而无依、老而贫困发挥了重要作用,同时也为瑞典的经济发展营造了稳定的社会环境。

但是到了20世纪70年代,这种现收现付的养老金制度开始面临三大严峻挑战:

(1)社会老龄化的趋势加剧。20世纪70年代以后,人均寿命明显延长,儿童出生率下降,老年人口比例不断增长。按国际标准,瑞典已进

---

① 王彬彬:《瑞典:全球最慷慨的养老保险制度》,2015年9月7日,万方数据网(http://www.wanfangdata.com.cn/details/detail.do?_type=perio&id=ldbzsj201426036)。

入老龄化社会。现在瑞典全国 65 岁以上人口超过 17%，预计 2025 年将达到 25%。由于养老保险制度是在跨代抚养的基础上运作的，老年人口与工作人口比例的变化严重地影响了这一制度的正常运行。

（2）养老金支出发生了危机。20 世纪 70 年代以后，由于瑞典的经济增长缓慢而带来了工薪涨幅偏低，随着老龄化社会的到来，年青一代的负担能力已经达到极限。从 1980 年到 1994 年，瑞典的 GDP 增加了近 1 倍，但是领取养老金的人口增长了 7%，养老金支出增加了 2.7 倍。由此，导致了 1996 年养老金负债 5000 亿美元，使得现收现付制的养老保险制度不堪重负。

（3）劳动力供给危机。在确定给付制的津贴模式下，凡 16 岁以上的在职者直至退休都必须缴纳工资税，但养老金的给付却是以居民最高的 15 个年份收入的平均值为基础来计算的，这种津贴模式对于工作年限短、收入较高的白领阶层有利，而有损于工作年限长、工薪较低的蓝领阶层的利益。由于养老金津贴标准与缴费额之间不直接对等，提前退休现象增多，使得瑞典的劳动力供给出现了危机。

为了克服上述这些危机，瑞典于 1999 年通过了养老保险改革法案，2001 年开始正式实施。新法案包括不同于以往的 3 个层次，即将养老金分为：（1）公共基本养老金；（2）工作单位养老金；（3）商业养老金。其中公共基本养老金由最低保证金、与收入相关联的养老年金组成。最低保证金保障的对象是没有收入来源或者低收入的老年群体。与收入相关联的养老年金来源于个人、雇主以及国家财政。个人缴费计入个人名义账户，财政补贴与雇主的缴费一并计入现收现付基金里。参保者个人达到领取养老金的年龄时有权利领取退休金。具体的标准与名义账户中的个人缴费相关联。工作单位养老金属于第二个层次，这一制度的对象不具有普遍性，主要适用于白领阶层，政府组织的工作岗位强制适用。其次，商业养老金又称为"私人养老金"，属于第三层次，由商业保险公司提供，参加与否由公民自愿选择。商业养老金的目的在于满足公民多层次的养老需求，保证公民退休后生活质量不变。

二 养老保险的基本内容

除了上述三个层次之外，据李琼、李必云撰写的论文《瑞典养老保险制度及其启示》[①] 介绍，瑞典养老保险还包括如下几方面的内容：

（1）账户模式、筹资方式及标准。瑞典公共基础养老金由最低保证金和收入关联金组成。最低保证金制度不需要公民缴费，资金完全来源于国家税收。收入关联养老金的资金来源于劳动者、政府和企业三个渠道。筹资标准为工资总额的18.5%，由劳动者和雇主均等分担。所缴费用的去向为两个账户：一是名义缴费确定型账户（NDC）；二是实账缴费确定型账户。NDC账户计入缴费总额的16%，采用现收现支模式，支付同期退休人员的养老金，这体现了养老金在代际的转移功能。实账缴费确定型账户计入缴费总额的2.5%，采用完全积累的基金模式（FDC）。两个账户的收益率有所区别，NDC账户的利率就是对象工资的增长率，FDC账户除了工资增长率以外还附加了投资收益率。参保人死亡的，个人账户的储蓄余额不用于继承，而是分配给健在的同龄参保人。NDC虽然记录了个人的缴费情况，但只是名义上的，里面的保险费随时会发放给当期退休人员。

（2）养老金待遇及领取条件。领取最低养老保证金的老年人，必须在瑞典不少于3年的居住时间。与收入相关联的养老金的领取者没有居住时间的限制，达到法定退休年龄（65岁）就可以获得养老金的支付。瑞典实行弹性的退休年龄制度，提前退休者可以从61岁开始领取养老金，但不能足额领取。每提前一年按相应的比例减少领取的养老金的金额。达到法定65岁退休年龄也可以推迟领取退休金，但最迟不能超过70岁。每推迟一年，领取的养老金按一定的比例增加。最低保证金给予单身者的水平要高于已婚者。此外，对于最低保证金的全额领取者有着严格的条件限制。首先是对退休年龄设限，法定的退休年龄是65岁或65岁以上；其次是对居住年限上的要求，享受养老金者须在瑞典居住达到40年。与收入相关联的养老金和最低保证金挂钩，国家负责补助低于一定

[①] 李琼、李必云：《瑞典养老保险制度及其启示》，《合作经济与科技》2016年第9期。

标准的与收入相关联的养老金。以 2005 年为例，参保公民的与收入相关联的养老金低于 44000 克朗时，国家负责补助 26000 克朗，使其达到 70000 克朗的标准。参保公民的与收入相关联的养老金在 44000—105000 克朗时，国家财政采取比例补助。国民年金随着与收入相关联的养老金的增加而递减，当与收入相关联的养老金超过 105000 克朗时，则不再享受任何国民年金。①

三　养老基金的管理及运营

2010 年粟芳与魏陆二位学者撰写了《瑞典社会保障制度》②一书，对瑞典的社会保障制度的沿袭变革、社会保障基本情况、养老保障制度的形成与发展、养老金的分类、老人服务，以及医疗保障补贴、失业保障、就业政策、住房与教育等方面做了详细的考证与全面的介绍。这部学术著作内容翔实，引用资料丰富，对于研究了解瑞典社会保障各项制度与实施状况，大有裨益。

众所周知，瑞典实行的是议会制度，社会保障体系与规则是通过议会立法而加以确立。而制度的落实与实施则主要由社会事务部（下设 15 个局）、卫生部、劳动部、工商部负责，而具体运作则由四部下设的专门机构担当。瑞典的社会保险由国家社会保险局承担，社会保险局在地方设有 21 个机构，负责具体的社会保险事务。养老保险资金的支付与养老福祉服务等工作则由 240 个基层社会保障办公室负责具体实施。

瑞典在社会福祉管理方面，积累了丰富的经验，政府部门各行其责。例如：社会保障管理机构负责制定社会保障规划，批准社会保障法规；卫生和社会事务部负责社会保险和医疗保健事务；就业与交通部负责与劳动环境相关的事务；国家社保署负责指导各地区保险办公室提供保险及各类补贴的服务；国家劳动力署负责失业保险事务；国家税务署及下属的地区管理部门负责社会保障缴款和税收；基金养老局负责管理基金养老金部分。除此之外，还有联合会等组织负责协助政府部门工作。

---

① 李琼、李必云：《瑞典养老保险制度及其启示》，《合作经济与科技》2016 年第 9 期。
② 参见粟芳、魏陆《瑞典社会保障制度》，上海人民出版社 2010 年版。

据中国驻瑞典使馆经商处孙清香女士撰文介绍：目前，瑞典的养老制度主要包括三个部分：一是个人收入养老金；二是基金养老金；三是担保养老金。个人收入养老金是按照就业人口一年的养老金缴款额，来支付当年的养老金。国家通过对劳动人口收入的再分配，把养老金支付给退休人员，亦称作"量入为出体系"。个人收入养老金是按退休后统一规定预期寿命加上一个未来增长因数1.6%计算得出的。使用这种计算方法意味着退休年龄越大，所得个人收入养老金越多。基金养老金是将2.5%的养老金缴款存入个人预支养老金账户，这个账户属于由缴款人自选的某一个基金。所选基金的未来业绩好坏决定了养老金收入的高低。与个人收入养老金不同的是，基金养老金与实际储蓄金额相关。基金养老金的支付也是终身的，计算方法同个人收入养老金的计算方法。担保养老金是指无力获得足够养老金的人可以获得担保养老金，这部分资金来源于中央政府预算。担保养老金最早支付年龄为65岁。除此之外，根据工会组织与雇主组织之间的协议关系，作为公共保障的重要补充，安排集体协议保险。集体协议保险主要包括的内容有：双亲补充现金补贴、工伤补充保险、病补和伤残养老保险、无过失责任保险、补充养老金和生产安全与保健预防等。工会组织与雇主组织达成协议，在提高工资时按照比例扣除部分收入，以留作保险缴费。[①] 为了加强对养老金的管理，瑞典政府除了上述政府部门之外，还专门成立了国家养老金管理局，具体负责公民个人账户管理，统计公民的缴费，监督基金投资收益等。

进入21世纪以来，瑞典的社会保障制度与养老保险制度经过不断改革，成就斐然。政府采取了一系列措施，确保了养老保险金的增幅与经济发展相协调，缓解了由于养老金支付增长过快而带来的财政压力。由于社会福利支出所占GDP的比例有所下降，使经济得到了平稳的发展。此外，由于实行了养老保险金与国民收入相挂钩的政策，加强了养老金保险制度的公平性与社会各阶层的平等性。同时，瑞典延长了退休年龄，国民可按照各自的情况自由选择退休时间，而工作年限越长则养老金收

[①] 孙清香：《瑞典社会保障体系简析》，2005年11月28日，中国驻瑞典大使馆经济商务参赞处网（http://se.mofcom.gov.cn/article/ztdy/200511/20051100899964.shtml）。

入就越高。日本等国家的退休制度亦是如此。这项政策的实施，不仅可以使满 60 岁的身体健康的国民继续工作，还可以为社会提供经验丰富的劳动力。

瑞典在加强养老福利管理的同时，还不断地充实与完善社会福利服务。瑞典的福利服务是以政府为主体，以民营化服务为特色，以社区养老、居家养老为其主要模式，在全国范围内建立社区福利服务体系，为服务利用者提供全方位的福利服务，真正做到了让全体国民感觉到老而无忧，老而有为，老而有乐。

瑞典的社会福利模式，对于目前收入普遍较低的我国来说，虽然难以实现，不过，瑞典的全民在人生中皆自始至终享受社会福利恩泽的方针，以及发展经济的目的在于保障与提高社会福利，为人民提供全方位的福利服务，同时通过社会福利服务事业的发展，促进经济与企业的发展政策等，值得我国借鉴。伴随着我国城市化的进展及老龄化社会的到来，如何构建完善的社会福利服务体系、开展多种多样的社会福利服务事业，已经成为当今中国社会的重要课题。

第 五 章

德国：扶助就业型的社会福祉模式

德国是欧洲社会保障制度的发祥地之一，早在1883年德意志帝国便制定了《疾病保险法》，1884年又通过了《工人赔偿法》，1889年实行了《伤残和养老保险法》，在世界上率先建立了较为完整的社会保障法律体系。不过，这些社会保障法是经由号称"铁血宰相"、对工人运动进行了血腥镇压的俾斯麦之手而设立的。俾斯麦的初衷并不是为工人阶层谋取福利，而是为了维持其统治地位，缓和社会矛盾，在工人运动的压力下，不得不做出的让步而已。尽管如此，俾斯麦时代所确立的社会保障体系，形成了欧洲历史上具有代表性的社会保障模式之一，即：以各类社会保险为主，以社会救助与福利措施为辅，建立起政府、雇主、雇员三位一体的、共担责任、共抗风险、互助共济的框架；由雇主与雇员所缴纳的劳动保险费来构成养老、医疗、失业、工伤、生育等劳动保险基金，在雇员需要使用保险时，由基金来偿付；劳动保险基金在受保成员之间进行调配。同时，确立了受保障者的权利与义务相结合的原则，要求受保障者既享有社会保障，又必须承担交纳保险费及从事劳动的义务。工人所享有的保险待遇水平与交费及工作收入挂钩；其保障对象除了受保人之外，还包括其家属成员；保险的范围包括工伤、失业、退休等。此外，在谋求社会公平的同时，重视社会保障与市场效率相协调。这种模式对欧洲各国近代社会保障与社会福利事业的形成与发展产生过一定的影响，史称"俾斯麦模式"。

德国在历史上虽然创立了"俾斯麦模式"，不过，"二战"后经济发展强盛的德国的社会福祉事业却始于救贫与就业扶助。

第一节　经济富裕与相对贫困

2011年,《商界：评论》杂志第9期曾刊登了杨佩昌先生撰写的一篇文章,题为《德国民富国强的逻辑》。杨先生在文章的开篇处将世界分为四类国家：第一类,民富国强；第二类,民穷国强；第三类,国弱民穷；第四类,民富国穷。而德国高居第一类国家之榜首。按照杨先生的说法,是"民富国强"国家之代表。但遗憾的是,在考察德国社会福祉时,我们会发现德国战后社会福祉的发展是以改变贫困状况为其前提的,在维持最低生活保障的同时,促进就业是德国社会福祉最基本的出发点。

德国的相对贫困状况始于20世纪80年代。当时,德国经历了战后最严重的经济危机,1980年国民经济增长仅为2.78%,以后数年持续下降,1991年至2000年仅为1.95%。由于经济危机造成了严重的失业现象,1985年德国的失业率高达9.3%,而且数年之内居高不下；国家财政收支连年赤字,政府负债累累,资金借贷利率剧增,国际收支逆差巨大。进入90年代,德国经济增长依然缓慢,消费低迷,投资不振等现象并未得到缓解。加之,德国与瑞典一样实行高税收、高福利的社会福祉,造成了政府与国民双方的经济负担。因此,在这期间,依靠政府支付最低保障金来维持生活的民众数量大增,国家财政不堪重负,政府行政穷于应付。甚至到了90年代末,解决贫困问题竟成了国家制定政策时的重要课题。

德国社会福祉的改革,正是在这一背景下开始启动的。当时改革的主要方向就是解决社会的相对贫困问题,增加就业人口比例。因此,德国政府在提供最低生活保障的同时,采取各种办法积极支援失业人员重新参加工作。

为了准确把握贫困状况与贫富之差问题,德国联邦政府于2001年、2005年、2008年组织实施了三次大规模的社会状况调查,并以《贫困与富裕报告》为题,将调查结果汇总成册上报给政府,为政府改革调整及制定政策提供依据。调查报告结果显示：自80年代起德国失业现象日趋严重,失业者高达200余万,1990年德国统一以后失业人口剧增到400

多万，2000年之后东德地区的失业人口比例达到20%。由于失业人口的大量增加，许多家庭生活难以为继，有13%左右的人口陷入相对贫困状态；2005年有26%的人生活处于贫困基准以下。其后，由于政府加强对年金、失业保险等社会保险的给付工作，采取向贫困阶层提供儿童补贴、住房补贴、教育补贴（包括提供奖学金）等补助措施，使贫困率降至13%。尽管如此，在全国范围内接受最低生活保障支付的人口，占全国人口（8250万人）的10%左右；在全国范围内有33.5万余人无固定居住场所；2006年以来，全国共增加了8万多人的流浪汉。

《贫困与富裕报告》所提供的翔实数据，展示出德国国民的社会生活现实，打破了经济强国、生活富有的神话，使德国政府与社会感到十分震惊。同时报告还将贫困与社会资源分配及生活状况相联系，指出了贫富两极分化，社会资产与所得高度集中于富裕阶层的问题。而陷入贫困线上的民众大都属于失业者，从贫困比率上看，单亲家庭、青少年、儿童与妇女为最高；从地区上看，东德的贫困人口远远超出西德。不过，德国的贫困人口状况不同于其他地区，在失业人口中具有劳动能力的人员居多，其中大部分人经过重新就业，在比较短的时期内可以脱离贫困阶层；与此同时又有许多人流落到贫困队伍，出与进形成了对流之势。据第二次调查报告显示：1998年至2003年，在陷入贫困状态人口当中，三分之一的人于一年之后脱离贫困，两年之后上升为三分之二。除了一部分流浪汉与久住救济设施的人员之外，长期陷入贫困并脱离社会，形成固定贫困底层的现象并不存在。德国的贫困与非贫困人群的流动性较大，处于一种相互交替的状态。不过，经济波动所带来的贫困冲击，往往会波及中产阶级，由此而加大了贫困人口的比例。

面对失业人口增多与国民生活的相对贫困化，原有的社会保障体系与高福利的社会福利难以为继，德国联邦政府不得不进行调整，而德国的社会扶助与社会福利的改革也正始于这一时期。

第二节 调整措施与社会保障

德国联邦政府针对20世纪80年代以后所出现的失业人口剧增与贫困

阶层扩大化的问题,首先从政策法规入手,开始进行一系列的改革与调整,而改革的重点是修订法律规章。

战后,德国社会救助工作的法律依据是《联邦社会救助法》(BSHG),这部法律制定于1961年。其立法宗旨在于:"确保被救助者在生活中能够享有作为人的尊严。"根据这一宗旨,德国联邦政府在战后经济恢复与发展时期,对于所有陷入贫困的人,不论其原因如何,一律提供最低生活保障,其中包括:为被救助者提供食品及生活用品,以及实行生活补贴、住房补贴、医疗补贴等。60年代以后,随着经济的快速发展,国力的增强,联邦政府对《联邦社会救助法》进行几次修改,扩大了社会救助范围,改善了救助的支付方式,放宽了被救助者的资格审定,更加强调注重被救助者的权益。然而,进入80年代之后,由于受到世界经济危机的冲击与影响,德国失业人口剧增,陷入贫困线的群体不断增大,接受社会救助的人数迅速攀升,政府财政不堪重负,包括社会救助在内的社会福利开支难以为继。因此,社会救助与社会保障制度的改革成为政府施政的重要课题。

步入90年代之后,德国的失业与相对贫困的状况并没有取得较大的改观,迫使德国政府不得不将最低生活保障制度进行分类设置,即根据具体情况来设立保障制度。1994年由于老龄化社会的进展,家庭结构发生变化,照护老人的护理人员需求大量增加,政府据此制定了《护理保险法》。该法将需要护理的老人,按其身体状况划分为三个等级:(1)明显需要护理;(2)严重需要护理;(3)特别严重需要护理。三个等级的划分,皆须经过严格的医疗诊断而定。其护理保险的给付按照投保人的实际情况而定,其中包括:现金给付、实物给付、现金与实物相组合的给付、全住院护理与部分住院护理经费给付、自找护工的护理金给付、代班护理给付、短时护理给付、白天护理与夜间护理给付等多种形式。该法在护理保险金的缴纳上规定:凡工资收入在6525马克以下的参保人,需缴纳月收入1.7%的护理保险费,由企业雇主与雇员各承担一半。此外,护理保险费还按照有义务缴纳保险费人的收入状况(基本收入、失业保险金、生活费和患者补助金等)来计算;而私人护理保险费的金额则不与收入挂钩,而是根据加入保险时的年龄及风险大小而定。当参保人年满 65 周岁，且需要护理人员照顾或入住养老设施时，其大部分费用经相关程序审定由保险机构支付。该法是继《养老保险》《医疗保险》《工伤事故保险》《失业保险》之后的第五大保险法，使得德国社会保险制度更趋完善。

2003 年德国政府又为老年人及失去劳动能力的人专门制定了《以需求为导向：老年人及工作能力减少时的基本保障法》（Gesetz über eine bedarforientierte Grundsicherung im Alter und bei Eewerbsminderung），以便为老龄人与失去就业能力的人提供社会保障。

2005 年，根据施罗德政府提出的社会救助改革方案（哈茨Ⅳ），重新修订了《联邦社会救助法》，并作为第 12 篇纳入德国《社会法典》。新救助法的重点在于：通过社会救助来促进国民的就业意识，将救助与就业相结合，强调重新融入社会与权利及义务的平衡。同年，为了进一步提高就业率，增加社会就业机会，保障求职者的权益，德国政府又制定了《求职者基本保障》（Grundsicherung für Arbeitsuchende）（《社会法典Ⅱ》），并且将具备就业能力的失业者的失业救济金和社会救助金合二为一，以此来作为求职者的基本保障。这种根据扶助需求者的不同情况而分别制定法规的做法，使得贫困阶层更便于利用政府所提供的最低生活保障。现在德国所实施的最低生活保障制度基本由两部分组成：一是为有能力工作而生活陷入贫困的人制定的《求职者基本保障（社会法典Ⅱ）》；二是为因疾病、残障、老龄等原因不能就业劳动的生活困窘者而制定的《社会扶助（社会法典Ⅻ）》。为老龄及不能就业的人所设的基本保障制度，其对象就是指年龄达到开始领取公共养老金的老人与 18 岁以上被判定无法工作的残障者。设立此项制度的目的就在于消除社会扶助给付中的盲点，减少隐藏着的贫困。因此，抚养义务所限定的范围要比社会扶助的范围窄，对于老龄者的子女及重度残疾者的家长，若无高额收入与丰厚的资产，一般不要求承担抚养义务，其给付金额以社会扶助给付额度为准。《求职者基本保障（社会法典Ⅱ）》的对象为 15 岁以上 65 岁以内的、有就业能力且需要扶助的人，以及生活在同一家庭里的失去就业能力人的子女。所谓"有就业能力"，是指在一般条件下，每日最低能工作 3 个小时，而且核定的标准很低，几乎所有达到就业年龄的人都被视为有就业能力。因此，求职者基本保障，是以劳动市场为导向的最低生活保障制度，它要求领保者通过就业来努力谋求经济上的自立。为了使领保者能够就业，实现经济上的自立，求职者基本保障与以往的社会扶助相比，放宽了领保条件，允许领保人可以拥有汽车，并提高了保有现金资产的额度。除此之外，政府还降低了领保的门槛，在办理领保手续时，为了避免出现介于求职者基本保障与社会扶助之间而不能享受领保待遇的现象，在难以判断是否具备就业能力时，一般都按照有就业能力来处理，使之成为求职者基本保障的领保者。其后，经医疗机构诊断，确定该领保者已经失去就业能力时，则将其资格由求职者基本保障变更为社会扶助。这种制度上的分类化改革使得社会保障更加切合于实际，在所有国民皆能享受保障的前提下，做到了扶助与保障因人而异，使得境遇各不相同的民众都能获得符合于本人状况的社会保障。同时，由于《求职者基本保障》是以家庭为单位而设立的最低生活保障制度，其救助的对象不仅限于长期失业者，还包括其家庭成员，尤其是儿童占有相当大的比例。因此，《求职者基本保障》在救济贫困儿童方面也起到了很大的作用。由于救助范围广泛、条件宽松，从而大大地降低了社会扶助人口，增加了就业人口，提高了整个社会的就业率。

在这里须提及的是，德国所实施的最低生活保障不仅限于现金支付，还为享有最低生活保障的个人提供各种援助服务，以使其尽早脱离贫困。德国政府部门与各自治体，以及各种民间福祉团体组织，除了为最低生活保障利用者提供生活援助服务之外，在就业支援服务方面，还受理债务商谈、心理咨询、依赖症克服商谈等。各种服务经费与各类社会保障金，每年由政府财政支出。据 2009 年统计：德国每年为求职者支付基本保障包括事务管理费为 453 亿欧元；老年及失去工作能力者基本保障为 98 亿欧元；生活扶助为 5.2 亿欧元。[①] 由于受经济和金融危机的影响，2009 年德国 GDP 下降 4.7%，财政赤字为 3%，为了紧缩开支，德国政府不得不大规模地削减公共财政支出。尽管如此，德国的社会保障改革，加大了求职者基本保障的力度，使有能力工作而陷入贫困的人及其家属

---

① 联邦和州统计局：《Statistische Ämter des Bundes und der Länder》，2009 年。

获得最低生活保障，以利于其重新就业脱离贫困阶层，从而提高了联邦政府的救贫效率。

第三节 失业保障与就业扶助

在世界经济一体化与经济结构大调整、大变革的时期，由于高科技的迅猛发展，使得企业之间的竞争日趋激烈，由此而产生阶段性的大量失业与待业人口。这种现象无论是在先进国家还是在发展中国家普遍存在，不足为奇。然而，通过社会保障机制来减少失业人口比例，扩大就业范围，在解决失业与扶助失业人员重新就业的问题上，各国所采取的政策与措施却不尽相同。

如前所述，20世纪80年代德国失业人口高达200余万，90年代国家统一之后，失业人口突破400万。面对由于大量失业人口而引发的贫困阶层增大，社会陷入相对贫困的严峻局面，德国联邦政府采取了两大措施，即：一是通过失业扶助（Arbeits IosenhiIfe），为失业人员提供最低生活保障，以此来促进与援助失业人员的重新就业，使其尽快脱离贫困层；二是由地方自治体实施社会扶助，为陷入贫困状态的人提供最低生活保障，使其能够维持享有尊严的生活。90年代末，通过改革，实行劳动行政与福祉行政一体化，消除了机构重叠与相互推诿的弊端，使社会保障制度与社会福祉服务有机结合，提高了工作效率。

自2002年起，德国联邦政府对以往的社会保障体系进行大规模的调整，其改革的范围涉及劳动法、劳动市场政策、社会保险、失业扶助、社会扶助等众多方面。引导并主持改革的是在时任德国首相施罗德的倡导下所组建的"劳动力市场现代服务委员会"；其负责人为大众公司人力资源部主管彼得·哈茨。因此，世人又将这一改革称为"哈茨改革"（Hart-Refprm）。改革分几个层面与阶段来实施。首先，政府根据劳动力市场现代服务委员会所做的报告《劳动市场服务的现代化》（2002年8月），开始转变政府职能，减少政府对于劳动力市场的行政干预，对劳动市场实施积极服务型政策，并强化职业培训，建立失业者服务中心。同时，政府根据报告内容，开始着手修订法规制度，出台新的政策。例如：

2003年修订劳动人员派遣法，扩大就业范围。2004年将联邦雇用厅改为联邦劳工局，将各地区的劳动事务所改为雇用工作机构，以加强就业指导。2005年鉴于由失业而引发贫困人口激增及造成财政紧张的现实，加大了社会福利改革的力度，废止了"失业扶助"，重新创立了"求职者基本保障制度"，由此而促进了就业率的回升。

其次，联邦政府对于失业人员在一定的时期内提供失业补贴，如果补贴期满后仍未摆脱失业，甚至陷入长期失业的人，则根据劳动政策继续提供失业扶助。不过，1990年德国统一之后，由失业补贴转为领取失业扶助金的人剧增，2004年达到200万人。失业扶助的给付金额以社会保险为基准而定，根据从业时期的基本工资，按照一定比例（替代率）算出。如1984年的替代率为56%，有抚养家属者为58%；1994年由于经济下滑，替代率下降为53%，有抚养家属者为57%。由于给付金额与失业前的工资挂钩，因此领取人之间的差额很大。进入2000年之后，由于经济不振，财政紧张，联邦政府决定废止失业扶助制度，取而代之实行最低生活保障制度。

同时，为了减少失业人口，缩小贫困群体，除了联邦政府制定并实施《求职者基本保障》制度之外，各地区自治体为了扩大就业范围，提高就业率，纷纷独自制定就业支援政策。其内容与劳动行政就业援助不同，主要是为有就业能力的人员提供生活上的支援，使其能够尽快重新就业。因此，援助的对象包括不同年龄段的各类群体，援助的方式也是多层次的、阶段性的，尤其是重视援助与福利服务的有机结合。

另外，德国提供就业援助的主体，除了联邦政府与各地方的自治体之外，大都为就业岗位的提供者，其中包括许多企业财团、慈善组织与福利服务团体，形成了德国最大的失业救助产业，其从业人员高达200万，相当于汽车制造业、建筑业、采矿业、钢铁业、渔业、飞机制造业及能源行业的从业人员数量的总和。这种失业救助与提供就业融为一体的德国福利模式，在世界上可谓是独具特色。而这一特色的形成，关键取决于德国的社会福利与职业训练的有机结合。

社会福利服务的目的与主要内容，就是通过调查、咨询、洽谈、建议、帮助等手段与程序，为福利服务利用者解决困难，使其能融入社会享有有尊严的生活。这在解决就业疑难问题上，显得卓有成效。社会福祉工作人员（我国称之为"社工"）可为失业者在就业动机、选择职业、规避生活风险等方面提供建议与解决方案；对失业人员进行心理疏导，并为其联系及斡旋新的就业岗位。同时，为了提高就业的可能性，社会福祉服务还需要与职业训练相结合。在接受社会扶助的群体当中，未经过职业训练或职业技能落后于时代的人居多。若不经过职业训练提高从业能力与资质，这部分人很难适应企业的竞争环境，达到企业所要求的高效率性与高生产性。因此，福祉服务与职业训练的有机结合，不仅解决了失业人员的心理障碍，还为失业人员的再就业提供了专业知识与专业技术的支援。社会福祉工作人员以就业为课题，与服务利用者面对面地展开洽谈，从当事者的整体生活中寻找支援点，根据不同阶段来提供切合实际的支援方案，以提高其就业欲望，为其提供职业训练与就业机会。

第 六 章

法国：全民参入型的福祉模式

欧洲社会保障与社会福祉体系的形成与发展，虽因国家之不同而有所差异，不过，其早期社会保障与社会福祉模式，大致可归结为两种：一种是德国的"俾斯麦模式"，另一种是英国的"贝弗里奇模式"。俾斯麦模式是以国家、雇主、雇员为三位一体，以强制缴纳职业义务保险金而构成社会保险基金。保险金按工薪收入比例缴纳，其享有的保险待遇与职业、职务挂钩，上缴的保险金由地方机构与雇主、雇员共同管理。其保险范围，除雇员本人之外，还包括雇员的家属。而贝弗里奇模式则以国家为社会保障之主体，其保障涵盖全体社会成员，社会保障所需资金主要来源于国家税收，并由国家统一管理，社会成员皆可享有社会保障。这两种模式各具特色，难分伯仲。而法国的近代福祉模式则介于二者之间，它既吸取了德国模式之经验，又兼有英国模式的某些特点，形成了具有法国特色的社会保障与社会福祉体系。概括地说，法国社会福祉模式是属于全民参入的多元化福祉；它重视社会连带（或为：社会团结协作）关系，所有社会成员既是社会福祉的提供者，同时又是社会福祉的利用者。其社会保障与社会福祉体系的特征表现为：社会连带与全民参入，由此构成了法国社会福祉的多样化与多元化。

第一节 福祉传统与改革创新

若追溯法国社会福祉的形成历史，可上溯到中世纪（5—16世纪），其社会救济与社会扶助活动，如同其他欧美国家一样，主要依赖于以基督教为代表的宗教团体所实施的慈善救济事业。其救济的对象为：生活陷入贫困境地的弱势群体；其救济的方式为：由教会与宗教团体及财力殷实的慈善家提供钱物、建造流行病患者隔离设施、成立乞丐收容所与综合救济院，用以救济收容生活贫困者、病人、老年人、残疾人等。

　　进入 18 世纪之后，随着产业革命的兴起，农民大量涌入城市，而资本主义结构性矛盾所带来的周期性经济危机、通货膨胀、倒闭失业，造成了社会贫困人口的激增。以往由慈善组织所实施的济贫救助，犹如杯水车薪，难济于事。由于产业工人、下层市民、无产阶级的绝对贫困引发了社会动荡，劳资纠纷与工人运动风起云涌，导致了社会要求国家制定新的救助政策的呼声日益高涨。在此背景下，法国国王路易十六于 1789 年 5 月下令召开三级会议，建议在会议上讨论增税、限制新闻出版和民事刑法等问题。此建议与社会现实背道而驰，故遭到第三等级①代表的强烈反对。1789 年 6 月 17 日第三等级代表宣布成立国民议会，准备制定宪法。不过在宪法尚未制定之时，7 月 14 日便爆发了巴黎市民武装起义，从而引发了法国大革命。大革命的主要目的就是：废除君主专制制度，取消教会和贵族的特权，取消社会等级；主张社会公平与自由平等。大革命期间所发表的著名的《人权和公民权宣言》（Déclaration des Droits de l'Homme et du Citoyen，后简称《人权宣言》），在第 1 条中明确地向世人宣布："Les hommes naissent et demeurent libres et égaux en droits. Les distinctions sociales ne peuvent être fondées que sur l'utilité commune."（人生而自由，在权利上一律平等。社会区别只能建立在共同利益的基础之上）；在第 2 条中又规定："Le but de toute association politique est la conservation des droits naturels et imprescriptibles de l'Homme. Ces droits sont la liberté, la propriété, la sûreté, et la résistance à l'oppression."（任何政治结社的目的，都在于维护人的自然的、永恒的权利。这些权利就是自由、财产、安全和反抗压迫。②）在大革命与《人权宣言》的影响下，1790 年 6 月，法国

---

① 第一等级是教会僧侣，第二等级是世袭贵族，第三等级是市民阶层。
② 《人权和公民权宣言》，2018 年 8 月 29 日，搜狗百科（https://baike.sogou.com/v10493.htm?fromTitle = Déclaration + des + Droits + de + l%27Homme + et + du + Citoyen），译文为笔者所译。

制宪议会废除了亲王、世袭贵族、封爵头衔,并重新划分政区,成立了大理院、最高法院、建立了陪审制度。制宪议会还没收教会财产,宣布法国教会脱离罗马教皇统治而归国家管理,实现政教分离。①

1793年7月,以罗伯斯庇尔为代表的激进政治团体雅各宾派②执政以后,颁布了新的宪法(又称"雅各宾宪法"),新宪法秉承《人权宣言》之精神,并对新宪法开篇处所引用的《人权宣言》做以修改,宣布"社会的目的就是要实现共同的幸福",并明确地规定"公共救济是神圣的义务。社会有义务使遭受不幸的市民得以生存,有义务给予工作,或对无法工作的人提供保障及生活方法"。该宪法的这一条款,从福祉学的角度来看,它是现代社会福祉的最基本的理念之一。不过,令人遗憾的是,这部共和制的民主宪法,由于战争而未能付诸实施。不过,雅各宾宪法所包含的资产阶级民主精神与国家负有义务保障国民生存、就业权益,对贫困阶层进行救助的原则,对于法国近代社会保障体系的建立,产生了深远的影响。

进入19世纪,随着产业革命的进展,法国贫困阶层不断扩大,劳资关系日趋紧张,解决贫困与实施社会济贫与救助已成为法国社会的主要问题。为了缓和阶级对立与社会矛盾,法国资产阶级开始主张"连带主义"(solidarism),所谓"连带",是由法语"Solidarité"翻译而成的日语词汇,原意为"团结"或"互助"。虽然龚永芳先生对此词的翻译提出异议③,本人亦同意其观点,不过该词作为特定的学术用语,在我国学术界已被援用,故本文仍使用日语汉字词汇"连带"一词。法语"Solidarité"源于法律术语的"连带关系",该词早在十七八世纪就已经被使用。19世纪在法国社会主义运动的影响下,"连带关系"转化为"连带主义",即以实证主义哲学为理论基础,强调在集体内部由人与人的相互扶助而形成一种连带关系,这种连带关系是由社会成员的相同与相异的需要所产

---

① 《法国大革命》,2018年8月29日,搜狗百科(https://baike.sogou.com/v6564.htm?fromTitle=法国大革命)。

② 雅各宾派是法国大革命时期参加雅各宾俱乐部的资产阶级激进派政治团体,成员大多数是小业主。

③ 龚永芳:《社会连带主义之谬》,《理论界》2011年第4期。

生的共同与分工而构成的，只有通过人与人之间的合作，结成连带关系，方能满足其共同或不同的需求。连带主义理论的创始人莱昂·狄骥（Léon Duguit）、埃米尔·迪尔海姆（E. Durkheim，又译为：涂尔干、杜尔凯姆），以及早期空想社会主义思想家夏尔·傅立叶（Charles Fourier）、昂利·圣西门（Saint-Simon）等人，都曾在其著作中涉及这一概念。其中，倾尽毕生精力研究社会秩序的社会学家埃米尔·迪尔海姆通过对社会现实的调查，从调整社会关系与谋求社会安定的角度出发，提出了著名的"有机连带论"（solidarité organique）。他在1893年出版的博士论文《社会分工论》中指出："人类社会有两种连带关系：机械连带与有机连带。机械连带是建立在相同的价值判断、共同的社会约束、对共同传统的尊重之上的；它就像分子构成结晶体一样，个人被并入一个大的单位；它主要存在于只有简单劳动分工的社会中。有机连带是建立在专业和劳动分工的高度发展、各个社会成员和社会群体的相互依赖之上的；它就像有机体一样，个人、群体是有机整体的一部分；它主要存在于现代文明社会中。"[①] 埃米尔·迪尔海姆意在说明：人置身于现代文明社会之中，无法独立生存，社会成员与社会群体相互依赖，高度发展的社会分工将人与人有机地结合在一起，形成一种连带关系，个人与群体都是这种连带关系的组成部分。他认为：传统社会靠"机械性的连带关系"来维系，这种连带关系建立在相同的价值观、信仰、习俗及相似的谋生手段，即"同质"的基础之上，人们因"同质"而结成纽带，形成连带关系；而近代社会由于社会分工之不同，造成了人们在思维观念、意识信仰上的差别，传统的共同意识与连带关系被高度的社会分工制所取而代之，社会分工使每个人在劳动与生活中需依赖于他人及群体。分工制使整个社会像有机体一样，由分子组成聚集体（结晶体），每个社会成员都为社会整体服务，同时又不能脱离整体。分工是现代文明社会之纽带，所以称之为"有机连带"。这种"连带主义"观念，不仅为法国的社会福祉事业发展奠定了理论基础，而且在建立近代社会保障体系过程中起到了至关重

---

① 胡兴建：《"社会契约"到"社会连带"——思想史中的卢梭和狄骥》，《西南政法大学学报》2004年第2期。

要的作用。正因如此,法国将社会连带关系视为社会的最高原则与社会规范的基础,认为贫困阶层的救助必须在社会连带关系的框架内,由国家介入而进行调整,国家需要保护与加强这种连带关系。

继埃米尔·迪尔海姆之后,1896 年法国诺贝尔和平奖的获得者莱昂·布尔茹瓦出版了《连带主义》一书,将连带主义思想融入法国社会福利制度改革之中,主张在现有的社会制度框架之内,建立起各种社会保险与连带互助等社会保障制度。他认为:"古典政治经济学的学说以及以此为基础的个人主义理论代表了大自然的法则,但是,人类社会的这一经济属性却无法代替人类对道德、公正的追求,而连带主义理论则正好反映了人类社会的这一需求。连带主义理论就是人类社会领域的联合规律。连带理论试图从理论上确立每个社会成员的权利与义务关系,从而建立整个人类社会的规则。"[①]

在考察法国社会福祉演进历程时,除了上述"连带主义"之外,法国的社会主义乌托邦设想亦应得到注目。著名的空想社会主义家夏尔·傅立叶曾经针对资本主义制度的弊端,提出了构建"和谐社会"与和谐制度的设想,所谓"和谐社会",就是由社会成员结成社会基层组织,即"法朗吉";每个"法朗吉"由 1620 人组成。为了消除阶级对立,劳动者和资本家都可将自己的资本入股,但人人都必须参加劳动,劳动成果(产品)以劳动、资本、才能为标准,按照一定的比例进行分配。实现城乡、工农、脑体劳动相结合,生产、分配、消费相结合,劳动、学习、生活相结合。妇女将获得完全解放,城乡差别和对立也将消失;儿童从小得到良好的劳动、智力和审美教育。妇女与男子完全平等地参加生产劳动和社会活动。空想社会主义思想家们所追求的实现乌托邦社会,以及废除私有制,消灭阶级差别,共同劳动,平均分配产品,建立社会平等的思想,既对马克思主义学说产生了深刻的影响,又与现代社会福祉理念密切相关,可谓是一种理想的福祉社会状态。遗憾的是:这一理想,因超越了社会发展阶段,不切合社会实际,又因不主张废除私有制,否

[①] 于蓓:《对莱昂·布尔茹瓦连带主义思想及其影响之初探》,《法国研究》2018 年第 4 期。

定阶级斗争和暴力革命，只是靠宣传、示范等温和手段来谋求实现理想和谐社会，故在法国及后来的美国屡试无果。不过，时代发展至今天，空想社会主义所遵循的原则与追求的理想，经过社会革命与社会变革，可以说在某些方面已经得以实现。

19世纪末，受到连带主义与空想社会主义的影响，在激进共和派的主导下，法国的社会福祉事业取得了较大的进展，开始征收累退税，实施住宅卫生保健政策，并在德国社会保险制度的影响下，法国设立了包括疾病、工伤事故、残疾、老年等在内的社会保险制度。从19世纪末到20世纪初，在社会保障与社会福祉方面，法国相继颁布了一系列法律法规，例如：

1893年颁布实施《免费医疗援助法》；

1898年颁布实施《工伤保险法》；

1904年颁布实施《儿童援助法》；

1905年建立了失业保险制度及患病老人义务救济制度；

1910年颁布了《工人与农业劳动者退休金法》；

1913年颁布了《孕妇援助法》，建立起孕妇救济制度。

上述法律的制定与实施，形成了法国现代社会保障制度的雏形。不过，当时的法国与英国、德国相比，在社会保障的构建上仍显得十分落后。20世纪前半叶，法国开始扩大社会扶助范围，尤其是第一次世界大战之后，法国借鉴德国俾斯麦所创立的社会保险模式，于1930年制定了《社会保险法》。该法将疾病、生育、工伤、老龄、死亡作为事故保险，强制企业雇主必须加入。不过，法国在这一时期所制定的社会保险中，并没有将失业保险给付加以制度化。与此相比，1932年制定的《家庭补贴法》不仅涵盖了家庭补贴的众多方面，而且规定：除了公务机构和铁路部门供职以外的其他行业，雇主有义务为贫困的雇员建立补偿其家庭支出的补贴制度。《家庭补贴法》颁布的背景在于：从19世纪末到20世纪初，为了应对社会的少子化与人口减少，法国的一些企业按照惯例已经实行了对拥有子女的工人家庭实施补贴，《家庭补贴法》正是在此基础上而形成的。该法强制性要求所有的工商企业必须加入，对雇员家属必须落实各项补贴措施。《家庭补贴法》体现了具有法国特色的连带主义精神,后来发展成为在国际社会享有盛誉的家庭补助制度,对欧洲各国产生了很大的影响。

除了《家庭补贴法》之外,1932 年法国还创立了《社会工作者国家资格认定制》(社会工作证照制度),确立了社会工作的标准及从事社会工作所需资格与资质,以此来规范社会福祉服务工作。1935 年法国通过了《社会扶助法》,规定了救助范围与救助标准,对社会扶助进行了法律上的界定。

第二次世界大战之后,以崇尚自由与浪漫、讲究艺术品位、追求生活舒适而著称的法国人,虽具有法国大革命取缔等级观念,谋求自由平等,主张连带主义的传统,然而在福祉事业的重建上,与战时便开始谋划重建社会保障的英美相比,不能说是起步晚,政策滞后。

如本书第三章与第四章所介绍的:早在 20 世纪 30 年代初期,美国为了应对经济危机,缓和社会矛盾,平息民众的不满,新当选的美国总统罗斯福开始推行新政。其新政其主要内容可归结为三大要点:(1)复兴(Recovery);(2)救济(Relief);(3)改革(Reform);救济成为新政的一大课题。1933 年 5 月,在罗斯福总统的主导下,美国国会通过了联邦紧急救济法,成立了联邦紧急救济署,将各种救济物质与救济款拨发给各州。翌年又实施了"以工代赈"政策,为失业者提供重新工作的机会。1935 年以来,在罗斯福总统的主持下,美国联邦政府先后制定了《社会保险法》《全国劳工关系法》《公用事业法》等一系列法律法规,确立了养老金制度、失业保险制度,对退休工人、失业者、妇女幼儿、残疾人提供社会保障,并建立急救救济署,为生活困难者与弱势群体发放救济金。这些法律法规与政策措施为战后的社会福祉事业的发展奠定了基础。而英国在"二战"尚未结束的 1941 年,便由贝弗里奇出任部际协调委员会主席,负责调查社会保障问题,制定新的社会福利制度。翌年 11 月,贝弗里奇领导部际协调委员会撰写了一份内容详尽的福利改革报告,即《贝弗里奇计划》(Beveridge Plan),为英国重建社会福利体系制订了一套较为完整的计划。英国政府根据贝弗里奇报告,于 1944 年发表了《社会保险白皮书》,其后开始制定一系列与社会福利相关的法律法规,并于 4 年后的 1948 年,宣布正式建立福利国家。

与英美两国相比，法国战后福祉事业起步稍晚的主要原因在于："二战"期间，法国虽然于1939年秋季对德宣战，不过，由于准备不足，加之统治阶层内部腐朽，指挥混乱，士气低落，结果由贝当元帅同德国于1940年6月22日签订的投降协定，导致了法兰西第三共和国的覆灭。而后，在流亡海外的戴高乐将军的领导下，抵抗运动迅速发展，并在同盟国与法国共产党的配合下，终于在1944年8月25日收复了巴黎，解放了全国。可是战时的法国，流亡海外的临时政府以抵抗德国占领为第一要务，尚无暇顾及战后社会福祉的重构问题。1945年随着欧洲重建工作的推进，恢复生产，救济难民，改革社会保障体系，为所有的社会成员提供最基本的生活保障，成为欧洲各国的主要政治课题。受同盟国英美社会福祉事业发展的影响，1945年被誉为"法国社会保障之父"的皮埃尔·拉罗克，在多年从事社会保障工作的经验基础上，终于提出了《拉罗克计划》（Laroque Plan）。该计划主张：取消战前社会保险在适用范围与保障水平等方面所存在的差别，提倡以全体国民为对象，建立统一的社会保障制度，并将社会扶助、社会福祉服务作为社会保险的补充部分而加以实施。1946年9月法国颁布了《法兰西第四共和国宪法》，重申了1789年《人权宣言》所规定的各项公民权利和自由，还规定了男女平等权、劳动就业权及在法定范围内的罢工权等，并宣布实行社会保障。在这一背景下，1953年11月29日，国民议会通过了《décret du 29 novembre 1953》（即1953年11月29日法令，其内容主要是社会救济与扶助），该法的革新点在于：实现多种救济的现代化，减轻地方财政负担；明确了缺乏生活能力者、老年人、残疾人、儿童享有被援助权，并将援助划分为"法定性援助"（aide legal）与"选择性援助"（aide facultative）。所谓"法定性援助"，就是根据受援助者的贫困程度，经由认定委员会审核确认后，决定援助给付额度；其财源由国家、区、省与市镇村分担。在市镇村设置社会福祉事务办公室（Bureau des affaires sociale），负责组织社会援助与社会福祉活动。所谓"选择性援助"，是由社会保障金库及非营利市民社团组织"Associations"（协会）参与福祉运营，负责调配资源，提供与福祉相关的服务。这种选择性援助由市镇村为主体，负责策划开展老年人居家福祉服务及促进儿童课余文体娱乐活动。承担社会福祉服务的工作人员，不仅限于社会福祉事务办公室的职员，还包括由"Associations"派遣的员工与社会工作志愿者。此外，《décret du 29 novembre 1953》还保留了原有的各类行业保险，保险资金不足部分由国家财政予以补贴，并扩大了保险的覆盖面，力图使劳动者及其家属通过社会保险来抵御或减少因失业而带来的各种风险。该法的颁布标志着法国开始正式建立起社会保险与社会保障制度，国家通过立法来保障国民应享有的社会福祉权益。此后，为了进一步完善社会保障制度，1956年法国议会在1945年颁行的《社会保障法》的基础上，又通过了《社会保障法典》。这部法典规定：法国所有的合法居民皆无差别地、平等地享有医疗保健服务的权利；所有居民包括外国人，无论是否享有社会保障，只要能证明自己长期居住在法国，都有权享有医疗保险。为了确保资金来源，法典根据社会成员的职业类别，按照企业、雇主、雇员的收入比例，强制征缴一定数额的社会保障金与医疗保险金；并在农村设立社会互助保险基金，以此来减轻政府的财政压力。这种带有"连带性"与"互补性"的社会保障与社会医疗保险体系，不仅包括劳动人员本身，还涵盖其家属。同时，为了进一步扩大社会扶助范围，法国还颁布了《社会行动与家庭法典》（code de l'action sociale etdes familles），并于1958年颁布了新的宪法。由于法典及新宪法的颁布，法国在这一时期扩大了济贫与扶助对象的范围，加强了对残疾人、露宿街头的贫困者的扶助力度，并使住房补贴制度化，设立了住宿更新中心，以及对老年人的物质援助实现日常化。此外，还实施了对留守家属的补贴制度及社会保险费的支付代替制度。

　　进入20世纪六七十年代，法国进一步推进社会福祉改革，决定将养老年金、医疗保险、家庭补贴等分别设立，使之各具金库，实行财政独立核算；在实施国民皆入保险原则的同时，调整财政，将家庭补贴制度适用于全体国民，以此来提高社会保障的水平。同时，在这一时期，法国还成立了社会福祉委员会，以解决老年人、残疾人、年少劳动者、移民中所存在的孤立、孤独及生活不适应等问题；并根据社会福祉服务需求日益增多的趋势，调整社会福祉发展方向，采取措施来弥补福祉服务上的不足。为了解决老龄化问题，法国于1962年公布了拉罗克的《老龄问题研究委员会报告》（la rapprt d'une commission d'étude des problèmes de vieillesse présider par p. laroque），该报告分析了社会在养老福祉方面所存在的问题，主张不能将老年人与社会隔离开来，而应使老年人参与社会，融入社会，并提倡在设施养老的同时，积极推进居家养老。其后，于1975年又颁布了《残疾人指导法》（Loi d'orientation en faveur des personnes handicapées），规定了对残疾人实施教育、培训、职业指导是国家应尽的义务，国家有责任为其提供资金保障。同时，为了规范医疗机构的设立与运行，法国还颁布了《社会和医疗机构法》（Loi relative aux institutions sociales et médico sociales），规定以省民生部门为主体，负责调整社会医疗制度，将老年人社会福祉设施与医疗部门进行整合，加强老年人的照护与医疗，并为了培养福祉服务人才，设立福祉从业者培训所等。不过，70年代后期，由于受到经济危机及国际上对福祉社会进行重新审视等影响，法国政府由扩大社会福祉转为强调民众生活自立，并降低了社会保障费用的财政支出。

从80年代到90年代，由于受到经济危机的影响，政府财政紧张，加之，老龄化问题严峻，失业人口的大量增加，社会保障经费已显得捉襟见肘，法国政府不得不调整政策，以应对社会贫困人口增加，解决社会福祉经费不足等问题。1983年由于实行地方分权制，国家掌控的社会福祉权限全面移交给地方政府，并且为了扩大与加强地区"社会福祉中心"的职能，于1986年1月16日颁布了《la loi n 86-87 du》（第86-87号法律）。由于该法的颁布，地区社会福祉中心机构的工作范围不仅限于社会救助与支援，还包括社会上各类生活不适应者、外国人劳工、需要保护的儿童、生活贫困者等。同时，为了缓和财政经费紧张，各地方政府采取了政府与民间相结合、共同经营社会福祉的方针，以实现全社会参与的、带有综合性的社会福祉（action sociale global）。这种综合性社会福祉，以全体公民为对象，从预防的角度出发，为了提高每个公民的日常生活质量，根据地区生活特点，营造开放性的、可以灵活对应的福利设施，并加强居家福祉服务。在实行这一政策时，强调要促进左邻右舍之间的团结连带关系（solidarité de voisinage），鼓励所有公民积极参入社会，融入社会（insertion sociale）。这种建立在传统观念上的"连带"与"参入"形成了法国现代社会福祉的一大特色。

除了实行综合社会福祉之外，80年代末期，为了救济扶助不断增加的失业人员，法国制定了以失业人员为对象的"最低收入安置制度"（revenue minimum d'insertion，RMI）。

RMI的援助对象主要是长期失业人员、残疾人，以及迄今为止被排除在社会保障之外的人员。RMI不仅保障公民的最低收入，还对生活上不能自立的人员实施职业培训，要求在拿到雇佣契约为止，在领取最低生活给付的同时，必须接受职业培训。进入90年代之后，由于经济增长缓慢，失业与雇用、少子与高龄的社会问题日趋严峻，社会保险的财政赤字不断增大，为了摆脱这一困境，法国政府出台了新的税收政策（Contribution sociale généralisée，CSG），CSG从劳动所得、资产所得中征收，以此来充填"家属给付""老龄人最低收入保障""照护给付"及低收入者的医疗费用。不仅如此，为了减少财政赤字，1995年11月法国总理朱佩向国民议会提出了社会保险改革方案。方案提出：要面向全社会增加征收税金，削减医疗保健开支，修改疾病社会保险筹资方式，将疾病社会保险缴费方式转为征收所得税方式，改变长期以来社会保险入不敷出的现象；主张通过税收来扩大资金来源，增加企业雇主与雇员的社会保险缴纳额度，将疾病社会保险缴费基数从以前的工资性收入扩大到全部收入（还包括股票、债券、存款利息、房地产出租收入及其他利润等）；并提出扩大课税范围，控制医疗费用支出，改革支付管理制度等建议。朱佩的社会保险改革方案公布不久，便引起了法国民众的强烈不满，各地工会组织了大规模的罢工游行，对法国社会与经济造成了极大的震荡。

进入21世纪之后，失业与就业问题并没有得到根本的解决，贫困人口比例有增无减，尤其是单亲家庭及拥有子女三人的家庭的贫困率高达20.7%，生活水平落差不断加大。为了缩小差别，从2009年6月起，法国开始实施《积极互助收入制度》（le revenu de solidarité active，简称：RSA，或译为：积极连带收入计划），以此来取代"最低收入安置制度"及"单亲补贴"（API）制度。《积极互助收入制度》属于新建立起的社会扶助体系，旨在鼓励失业人员通过参与社会劳动来获得收入，不能不工作而享受社会公共救济。该制度的倡导者"团结反贫困行动委员会"的高级官员马丁·伊尔施（Martin Hirsch），将RSA的特点归结为：

(1) 参入（insertion）与就业（travail）有所不同；(2) 可以在多种体系中领取补助；(3) 重视并积极鼓励就业。参与社会工作，比固定就业的范围更加广泛，更加灵活，可以帮助安排因各种原因暂时脱离了职场，却有意愿重返社会的个人与家属重新回归社会，融入社会。政府为其提供各种扶助与补贴。享受RSA补助的标准，最初定为贫困线以下（即月收入不满524.68欧元）、年满25岁的法国公民及在法国合法居住满5年的外国公民皆可领取。2010年9月以后，法国政府又规定：凡18—24岁的公民，在法国有固定寓所，且于三年期间工作至少达到3214个小时，或至少具有两年全日制工作经历的人，皆有资格申请RSA。不过，在审批时优先照顾有子女的人员与孕妇。从2015年1月1日起，《积极互助收入制度》又根据实际情况，将连带互助标准划分为两类：(1) 基本标准，适用于无职业无工作的人员。(2) 浮动标准，适用于虽有工作，但收入低于最低贫困线的人员；根据其家庭成员构成、有无住房补贴以及实际工作收入等条件，来决定补贴的金额。补贴主要是弥补其收入与RSA制度所定的标准之间的差价，这种差价根据受补助人员的收入变化而上下浮动。2009年领受补贴的人口达到173.7万人。为了减轻政府财政压力，RSA的资金来源除了财政拨款与国民所得税之外，在RSA制度实施之前，即2008年就在全国范围内设置了对纳税人加征1.1%的RSA特别税。在RSA实行了几年之后，法国政府于2017年4月，又决定将补助标准与发放补助金的额度每3个月调整一次。

如上所述，法国的社会福祉与社会保障体系的构建，历经了漫长的岁月，经历了由传统社会救助到现代福祉的转变，时至今日，法国的社会福祉与社会保障受世界与本国经济因素的影响，仍然面临着众多的问题，仍处在不断探索与完善之中。

第二节　家庭福祉与养老福祉

家庭是组成社会的最小单位，唯有家庭享有充分的社会保障，家庭成员的生活才能得到幸福，社会才能获得平稳发展；而支撑家庭、赡养子女的父母因自然法则而终将老去，唯有老有所养、老有所医、老有所保，父母的人生才能美满，社会才能和谐。因此，一老一幼是社会保障的基本内容，亦是福祉服务的主要对象。法国现代社会保障与社会福祉事业的发展，正是以待遇丰厚的高福利家庭福祉与养老福祉而闻名于世。

首先，法国家庭福祉的优越之处，主要表现为家庭补贴制度；这一制度是建立在人性化的家庭政策（politiques familliales）基础之上的家庭生活保障制度。它主要指：政府与社会对儿童与家庭所给予的各项福利待遇，其核心是家庭补助津贴给付。这种家庭津贴补助的款项与内容，由国家政府与各个与之相关的机构部门通过协商加以确定；其业务由金库（Caisse des allocations familiales，家庭津贴基金）负责运营实施。金库作为公共部门，不仅在法国社会、政治、经济、文化事业中占有极其重要的地位，而且在社会保障与社会福祉事业中发挥着举足轻重的作用。目前，法国除了国家金库之外，在地方还设有123个金库。国家金库与地方金库之运营方式：主要由政府行政人员、民间组织、家庭补助利用者、企业雇主与雇员及工会组织等按照比例选出代表，每年召开全国家庭代表大会，大会根据时代发展与社会需求，调整并制定与之相适应的家庭福祉政策与扶助措施。大会所制定的政策与措施，由各区政府（法国的区大于省）、省厅、地区社会福祉中心、福祉社会团体来共同推进实施。同时，大会组织将每年的福祉方针政策及福祉规划传达于各地方政府及家庭津贴金库，由地方政府与金库负责落实。金库不是政府行政部门，作为社会公益组织，它具有相对的独立性。此外，法国还设有"全国家庭协会联合会"（UNAF）、"法国互助会全国联合会"（FNMF）、"家庭协会地区联合会"（UDAF）等组织，这些协会组织积极推进法国的社会福祉发展与改革，对法国政府在制定福祉政策方面，具有相当大的影响力。

迄今为止，法国家庭津贴不仅种类多，而且津贴补助水准甚高。其各项制度条款的实施，完全委托于金库。诸如：婴幼儿保育·保健服务、儿童抚养教育等方面的补助措施，根据《社会行动和家庭法典》（Code de l'action sociale et des familles）的条文内容，在行政机关的管辖与监督之下，皆由金库来具体落实。其中包括制订与母子保健、孕产妇指导、哺乳幼儿保健、生活援助等相关的家庭福祉计划；实施儿童就学援助，为有子女的家庭提供住宅，维护母婴权益，执行育婴休假，保护消费者利益等等，皆为金库的职权范围，由金库付诸实施。为了解决少子化问题，法国于20世纪70—80年代，将针对多子家庭所实施的、以经济援助为主的家庭给付制度，扩展到对各类家庭实施援助。以此来促进就业及家庭的社会消费。目前，法国所实施的家庭补助津贴款项，大致可以归结如下：

（1）幼儿保育津贴（prestation d'accueil du jeune enfant）①；

（2）家庭支助津贴（Allocation de soutien familial）②；

（3）单亲津贴（Allocation de parent isolé）③；

（4）学期津贴（Allocation de rentrée scolaire）④；

（5）残疾儿童教育津贴（Allocation d'éducation d'enfants handicapé）⑤；

（6）家庭托儿津贴（Allocation de garde d'enfant domicile）⑥。

上述津贴补助适用于第一胎孩子，而生育第二胎与第三胎孩子的家庭，除以上津贴之外，还享有家庭津贴（Allocation familiale）与家庭补充津贴（Complément familial）。津贴补助至20岁为止，而且不受工资收入所限。2009年每月的基本津贴补助金额：两个孩子为123.92欧元，三个孩子为282.70欧元。若孩子数继续增加时，则递进追加津贴158.78欧元。其次，按照孩子的年龄增长而增加津贴额度。

另外，与家庭津贴补助制度相并行的还有家庭保育服务。这种服务属于儿童福祉范畴，在政府行政管辖下实施。在法国凡3岁以上的幼儿，无论其父母就业与否，皆可免费入幼儿园，其利用时间为早8点至16点，根据情况亦可延长。保育服务设施分为：婴儿保育所（1岁以下）、多功能保育所（2个月至4岁，全日制或临时对应）、短期保育所（2个月至4岁）、儿童园（2岁至6岁，全日制或临时对应）、家长运营保育所（2个月至4岁，由家长运营或参与运营）、保姆（亦称保育妈妈，属于个别保育及家庭

---

① 从第一个孩子起开始提供；津贴内含有：基本津贴、预产津贴、职业活动停止时的附加给付、雇用保姆津贴。
② 对收养抚育失去父母一方或父母双方的遗孤的家庭所实施的津贴补助。
③ 对单身孕产妇或婴儿抚养者所实施的收入补贴。
④ 对儿童入学、升学时所提供的补助。
⑤ 对抚养教育残疾儿童所提供的补助。
⑥ 对为了护理患有重病或残疾的家长休职或缩短劳动时间之际所提供的津贴补助。

保育所）。法国的学龄前教育，主要依靠幼儿园来实施。近年来，居家型保姆（须要省厅注册）受到政府鼓励，利用复数保姆所开设的家庭保育所的家庭，以及利用多功能保育所或幼儿园的家庭在不断增加。除此之外，为了丰富小学生的课余活动，法国各地区街道或学校之内还设有儿童课外活动中心，以供儿童展开丰富多彩的课外活动。中心配备课外辅导员（animateur）[①]，负责指导学生体育、读书、文化艺术活动及学习掌握电脑等现代化知识。

在养老福祉方面，法国实行多元化运营与多元化供给体制。其运营由负责社会保障与社会福利的国家政府部门、地方政府部门、地区社会福祉中心、社会公共团体、民间营利与非营利部门、联合协会等组成，通过多元化体系来调整、充实养老福祉服务。其经费供给来源，除了国家财政拨款之外，主要由年金、老龄人年金金库、社会扶助费、社会福祉活动费、扶助自立津贴、养老保险、疾病保险、医疗保险金库、家庭补助津贴、家庭津贴补助金库等构成。民间营利部门主要指企业，其经营包括兴建养老设施，提供与养老相关的福祉服务，并设有民间企业养老保险；非营利部门主要指互助组织，联合协会等。由此而形成了相互交叉，多元并存的经营体系。不过，因其结构复杂而凌乱，所以我国著名社会福利研究学者郑秉文先生在详细调查了法国社会保障与社会福利的历史演进之后，将法国的社会保障制度形象地称为"高度碎片化福利制度"。他在其著述与论文《法国"碎片化"福利制度路径依赖：历史文化与无奈选择》中指出：法国的社会保障由四大制度构成：第一是"普通制度"，覆盖所有包括工业、商业、服务业等私人部门的工薪阶层；第二是"农业制度"，覆盖所有农业经营者和农业工资收入劳动者；第三是"特殊制度"，主要覆盖公务员、职业军人、地方公共机构人员、法国铁路公司（国营）、电气煤气工作人员、矿工、海员等；第四是"自由职业制度"，覆盖所有自由职业者，如手工业者、企业家、自由工商户等。在全法就业人口中，普通制度、农业制度、特殊制度、自由职业制度这4个制度的覆盖率分别是49.20%、11.65%、18.17%和20.98%。这四个"大碎片"是由许多"小碎片"构成，大碎片里面还套着小碎片，碎片里

[①] 课外辅导员（animateur）须在规定的研修机构里进修学习后，由国家授予资格。

面还有碎片。① 郑秉文先生的分析与解读，精辟而细致，对于理解法国复杂的社会保障制度大有裨益。

综观法国的社会保障与社会福祉，其制度与体系的构成，大致可归结为3个方面，即：

(1) 社会保险（Assurance sociale）；

(2) 社会扶助（Aide sociale）；

(3) 社会行动（Action sociale）。

"社会保险"主要由国家补助与参保人按照收入比例缴纳保险金而构成。其中包括：疾病保险、工伤保险、家庭补助津贴、退休年金等。各种保险相互独立，其运营由社会保障基金组织金库（Caisse de la sécurité sociale）来承担。"社会扶助"主要包括有：医疗扶助、老年人扶助、残疾人扶助、儿童与家庭扶助；扶助对象为需要社会呵护的各类弱势群体，诸如失业人员、残疾人、家庭与儿童、青少年、老人及不能适应社会生活者等；由国家与地方卫生福利部门及地区社会福利中心负责提供各种津贴补助，以帮助其解决生活困难，促使其自立并融入社会。此外，社会扶助还包括一些预防贫困措施。"社会行动"主要指社会福祉活动，即：为陷入生活困境的个人与家庭提供各种援助（包括设施建设），可理解为提供福祉服务活动的综合体。它由社会扶助制度（Aide sociale）、社会连带制度（Ssolidarité sociale）、社会服务（Service social）三方面构成。而担当上述具体业务的部门与组织主要有如下三家：

(1) 地区社会福利中心（CCAS）；

(2) 社会保障金库（Caisse de securite sociale）；

(3) 联合协会（Association）。

地区社会福利中心主要负责统筹市镇村的社会福祉计划实施与落实。作为公共设施法人，CCAS既独立于市镇村，又在财政及运营管理等方面不同于行政机构。它不仅负责将国家制定的社会扶助方针与政策及规则等转告于利用者，同时又可以在市镇村自行筹划开展各项福祉活动。因

---

① 郑秉文：《法国"碎片化"福利制度路径依赖：历史文化与无奈选择》，2008年6月11日，爱思想网（http://www.aisixiang.com/data/19128.html）。

CCAS 有别于行政机构，所以其运营方式可以根据实际需要而灵活变通。例如：将一些福祉活动从一开始便完全委托于民间来实施，有些活动则经过公费举办后，再根据其效率与效果而逐步转为民间实施。此外，CCAS 是由当地居民参与运营的组织，不但可以积极接收募捐，而且在居家养老服务管理、经营养老设施、完善保育所与幼儿园运营、促进学前教育与课余活动等方面发挥指导作用。而地区社会福利中心的工作者，皆属于经过教育培训的专业人员。其职业与职称分为：社工（ASS）、社会家政咨询洽谈员（CESF）、特殊教育教员（ES）、特殊技术教员（ETS）、特殊教育助理员（ME）、医疗心理助理员（AMP）、工作室助理员（MA）、集体活动辅导员（Animateur social）、幼儿教育教员（EJE）、保育妈妈（Ama）等。这些专业人员分别在地区社会福祉中心、各县市的福祉事务局、社会保障金库、家政机构、托儿所、幼儿园、儿童学前教育机构、联合协会等单位的管辖与指导下，从事福祉工作，开展多种多样的福祉活动。

社会保障金库（Caisse de securite sociale），又可称为"社会保障基金"。如前所述，金库是独立于行政机构的公共社会福利部门，主要负责承担与疾病、工伤事故、老年人、家庭等相关的社会保险事务。虽接受国家政府的监督，但其运营具有独立性。各地金库有权决定将部分保险金用于社会福祉活动，并有义务将活动内容公布于加入保险或部分非加入保险的社会公民。家庭津贴金库，除了为困难家庭实施补贴之外，还大规模地承担向单亲家庭派遣生活助理人员、营建休闲设施、福祉咨询业务；而老年人保险金库的业务则包括营建养老设施，为居家养老派遣护理人员，受理健康咨询洽谈等。金库不仅遍布于法国各地，而且其经营与服务的质量堪称一流。

联合协会（Association）是根据《la loi du 1 juillet 1901》（1901年7月1日法令）而成立的非营利性的市民组织。按照法令规定：该组织由二人以上的成员，基于利益分配以上之目的，以知识与活动共有而结成的契约组织。只要 Association 向县一级政府提出申请，便可以从事福祉公益活动。不过，法令还规定：组织虽然可以自由成立，然而，其活动若无益于法，无益于社会良好习俗，无益于维护国土保全及政府共和体制，则立而无效。如果想成为能够受理捐款的公益法人，则需办理相应的手续。目前，法国 Association 的数量庞大，遍布法国各地。其中，人数最多的是福祉服务供给组织，据说人数达到百万之上。其活动包括有：体育、文化、家庭、休闲、卫生保健、环境保护等。可谓是范围广泛，活动内容丰富多彩。仅就福祉领域而言，从事福祉服务工作的协会组织成员，在儿童家庭福祉、残疾人福祉、老年人福祉，以及促进公民参与并融入社会等方面，均积极展开与实施多种多样的援助实践活动。同时，在受理社会福祉服务利用者咨询洽谈，为其提供建言建议的过程中，将利用者的社会福祉诉求反映给行政部门与社会，促使政府将社会援助需求形成制度，起到了市场主义与社会公正的调节作用。可以说，法国所提倡的实现社会连带主义理念，正是通过由凝聚了市民力量的 Association 而得到实现。

另外，由于法国家庭津贴补助种类多，支付金额高，家庭保育与养老待遇丰厚，所以社会保险给法国财政造成了很大的压力，国家不堪重负。正如郑秉文先生在分析法国养老趋势时所指出的："2050 年位于欧洲大陆的法国本土将拥有 7000 万人口，比 2005 年增加 930 万人口，其中超过三分之一人口年龄在 60 岁以上，而 2005 年只有五分之一；60 岁以上人口与 20 至 59 岁人口的比率为 7∶10，是 45 岁人口同一比率的 2 倍。严峻的老龄化必将导致现收现付的养老制度不可持续。法国养老制度财务不可持续的另一个重要原因是由碎片化导致的：不同碎片之间的待遇水平存在差距，具有攀高的趋势，不可逆转。例如，'特殊制度'的缴费水平较低，待遇水平较高，长此以往，国家不堪重负，仅以'特殊制度'覆盖的国铁公司和电气煤气公司免缴费 2.5 年计算，法国政府每年就至少需要承担 50 亿欧元的财政开支，而现有 110 万名退休者领取养老金，缴费人数大约只有 55 万人。"[①] 为了缓和财源紧张，缩小财政赤字，法国不但提高了企业雇主的保险金负担比例，而且实施征缴用于福利事业的间接税。2018 年，法国出台了《社会保险机构筹资法案》，减少并降低了部分家庭津贴补助。不过，由于法国福祉运行结构的多元化与复杂化，大

---

① 郑秉文：《法国"碎片化"福利制度路径依赖：历史文化与无奈选择》，2008 年 6 月 11 日，爱思想网（http：//www.aisixiang.com/data/19128.html）。

幅度缩减福祉开支是难以做到的。今后，法国社会福祉在改革与调整中将进一步得到发展与完善。

第三节　连带主义与社会融合

社会需求与经济发展，是推进社会福祉事业发展的核心动力；而福祉思想与福祉理念是构建社会福祉的灵魂之所在。因为福祉理念可以决定福祉事业的整体走向。法国福祉事业虽历经了传统与时代的演进，目前仍处在调整与改革之中，不过，其基本理念至今仍带有法国特色，对于法国社会福祉实践仍具有现实意义。

追溯法国社会福祉发展之历史，无论是普及型的社会保障体系也罢，还是混合碎片化的扶助制度也罢，贯穿于整个法国社会保障体系与社会福祉事业的核心理念，就是"连带主义"（solidarité Doctrine）与"参入"（insertion）及社会融合（insertion sociale）。关于连带主义的定义，在本章的第一节里已经有所介绍，在这里需附带说明的是：连带主义思想虽然始于 19 世纪末期，不过，这一思想不仅对法国近现代社会保障与社会福祉体系的构建与形成产生过深远的影响，而且至今仍具有指导意义。正如我国学者于蓓所指出的："在法国的社会政策和社会保障制度领域，连带主义具有极大的影响力。当代法国的福利制度，在设计理念、管理制度和运作执行都是受到连带主义思想的影响。可以说连带主义是法国福利国家理论的思想基础。"[1] 构成法国社会保障与社会福祉理论基础的"连带"（solidarité），其含义为：在社会与个人、地区与阶层、家庭亲属、亲朋好友、职业与分工之间建立一种相互连接的纽带关系，由相互团结与协助来构成社会保障与社会福祉的基本体系。这一基本体系的主要特征可归结为：通过社会连带关系，使所有的社会成员都成为社会福祉的提供者与利用者。社会福祉关乎于全体国民，社会连带关系是发展与完善社会福祉的基础，由社会连带关系而构成了国家政府与全体公民的共同责任与义务。因此，在研究法国社会保障与社会福祉体系时，对于

---

[1] 于蓓：《对莱昂·布尔茹瓦连带主义思想及其影响之初探》，《法国研究》2018 年第 4 期。

"连带"的理解至关重要;唯有探明其深刻的内涵,方能解析法国社会福祉所具有的特征与特色。

法国社会福祉的另一特征是"参入社会"与"社会融合"。20世纪70年代以降,随着经济的持续高速发展,法国的经济与财政实力不断增强,政府在扩大与夯实社会福祉的同时,对社会保障与社会福利待遇做了进一步的调整与改革。为了解决失业与就业问题,为了增加对于社会弱势群体的扶助力度,法国提出了"Insertion"之概念。所谓"Insertion",原意为:加入、插入、嵌入;用于社会福祉的"Insertion",主要指:由于各种各样的原因,社会上一部分人难于维持其生活,亦不能自立谋划其生计;社会不能将这部分弱势群体排除于社会之外,政府有义务通过各种社会扶助措施,为其提供经济与生活保障,帮助其恢复与社会的联系,并为这部分人积极创造重新就业及重新加入社会的机会,促使其能够自律自立,重新融入社会。法国于1975年6月30日通过的《残疾人方针法》明确提出:维护残疾人的权益,对残疾人进行职业培训与文化教育,为残疾人提供参入社会、融入社会的机会,这是法国全体公民的义务。在这一方针指导下,80年代以后,不仅限于残疾人,法国为了解决被排除社会之外的青年失业者与长期失业者重新就业问题,使其能参与社会并融入社会,采取了一系列的政策与措施。2003年针对社会排斥问题,欧盟在《关于社会融合的联合报告》中,对"社会融合"定义为:"社会融合是这样的一个过程,它确保具有风险和社会排斥的群体能够获得必要的机会和资源,通过这些资源和机会,他们能够全面参与经济、社会和文化生活以及享受正常的生活和在他们居住的社会认为应该享受的正常社会福利。社会融合要确保他们有更大的参与关于他们生活和基本权利的获得方面的决策。"[①] 法国所提倡的"社会连带"与"参入社会"的社会福祉理念,促进了"社会融合",现在已成为世界福祉先进国家的基本原则。

[①] 《社会融合》,2018年9月2日,搜狗百科(https://baike.sogou.com/v76257394.htm?fromTitle=社会融合)。

第 七 章

日本：福祉思想的起源与发展

研究社会福祉，首先要搞清社会福祉的三大要素：一是民众对于福祉的需求；二是社会团体推行的慈善事业与救助活动；三是政府制定政策与相关部门的落实。这三大要素相辅相成，而立法为其核心。唯立法，才会使得社会福祉步入正轨；唯立法，才能为福祉事业提供保障；唯立法，才能真正推动福祉事业的发展，而立法的关键又在于立法的思想与理念。

随着我国迈入老龄化社会，与养老相关的福祉事业及产业正在蓬勃兴起，其势头犹如万里海江，波澜壮阔。为了使福祉事业沿着正确轨道发展，实践先行至关重要，然理论之探讨亦不可或缺。为了搞清社会福祉事业的来龙去脉，有必要追本溯源。本章运用比较研究之方法，对中日两国古代福祉思想进行考据辨疑，通过对日本古代律令条款及原始福祉思想的剖析，力图究明其影响渊源关系；并研机综微，探赜钩深，追溯中日古代福祉思想的形成与发展。

第一节 律令制度与原始福祉思想

日本古代福祉思想的起源，若按文献记载，可上溯到公元 8 世纪，即通过律令制度的制定与确立，来摄取内含福祉要素的儒家的"礼制"与"民本思想"及佛教的慈悲精神。

早在奈良时代，仕宦之臣藤原不比等于 701 年奉旨，在《近江令》与《天武令》的基础上，开始编撰日本第一部法典《大宝律令》；其中

"律"六卷，"令"十一卷，其参照蓝本为唐朝的《永徽律》。不过，这部律令的原文已大部分亡佚，其主要条款收录于718年制定的《养老律令》，而在《养老律令》中涉及日本古代福祉思想的主要条款如下：

戶令第五　戶主條：凡戶主。皆以家長為之。戶內有課口者。為課戶無課口者。為不課戶。【不課。謂，皇親。及八位以上。男年十六以下。并蔭子。耆。癈疾。篤疾。妻。妾。女。家人。奴婢。】

戶令第六　三歲以下條：凡男女。三歲以下為黃。十六以下為小。廿以下為中。其男廿一為丁。六十一為老。六十六為耆。無夫者。為寡妻妾。

戶令第七　目盲條：凡一目盲。兩耳聾。手無二指足無三指手足無大拇指禿瘡無髮。久漏。下狂。二支癈。兩目盲。如此之類。皆為篤疾。

戶令第八　老殘條：凡老殘。並為次丁。

戶令十一　給侍條：凡年八十及篤疾。給侍一人。九十二人。百歲五人。皆先盡子孫若無子孫聽取近親無近親外取白丁若欲取同家中男者。並聽。郡領以下官人。數加巡察若供侍不如法者。隨便推決。其篤疾十歲以下。有二等以上親者。並不給侍。

戶令十二　聽養條：凡無子者。聽養四等以上親於昭穆合者即經本屬除附。

戶令十六　沒落外蕃條：凡沒落外蕃得還。及化外人歸化者。所在國郡。給衣糧具狀發飛驛申奏。化外人。於寬國附貫安置。沒落人依舊貫無舊貫任於近親附貫。並給糧遞送。使達前所。

戶令二十　造帳籍條：凡戶口。當造帳籍之次計年。將入丁老疾應徵免課役及給癈侍者。皆國司親貌形狀以為定簿。一定以後。不須更貌若疑有奸欺者。亦隨事貌定。以附帳籍。

戶令卅一　毆妻祖父母條：凡毆妻之祖父母父母及殺妻外祖父母。伯叔父姑。兄弟姊妹若夫妻祖父母父母。外祖父母。伯叔父姑。兄弟姊妹。自相殺。及妻毆詈夫之祖父母父母殺傷夫外祖父母。伯

第七章　日本：福祉思想的起源与发展　／　127

叔父姑。兄弟姊妹及欲害夫者。雖會赦。皆為義絕。

　　戶令卅二　鰥寡條：凡鰥寡。孤獨。貧窮。老疾。不能自存者。令近親收養若無近親付坊里安䘏。如在路病患。不能自勝者。當界郡司。收付村里安養。仍加醫療并勘問所由具注貫屬患損之日。移送前所。

　　戶令卅五　遭水旱條：凡遭水旱災蝗不熟之處。少糧應須賑給者。國郡檢實。預申太政官奏聞。

　　賦役令第九　水旱條：凡田。有水旱虫霜不熟之處。國司檢實。具錄申官。十分損五分以上免租。損七分免租調損八分以上課役俱免。若桑麻損盡者。各免調。其已役已輸者。聽折來年。

　　賦役令十七　孝子順孫條：凡孝子。順孫。義夫。節婦。志行聞於國郡者。申太政官奏聞。表其門閭同籍悉免課沒有精誠通感者別加優賞。

　　賦役令廿一　免䘏年徭役條：凡遭父母喪並免䘏年徭役。（原文为繁体字）

上述条款主要规定了：(1) 课税与不课税的范围与条件；(2) 对于残疾人的界定及免除课税；(3) 对于老年人与残疾人的徭役减免；(4) 对于老年人的抚恤与关照；(5) 对于家庭暴力的处置；(6) 对于鳏寡孤独、病困潦倒、羁旅患病以及对域外渡来人的安置；(7) 对于遭受自然灾害的地方实行赈济的原则；(8) 对于孝子贤孙、义夫节女免除徭役及实施奖赏；(9) 丧葬期实行一年徭役减免。

按现代视角来看，这些条款基本囊括了社会福利的大部分内容，其所蕴含的原始福祉思想，对于日本古代及近代福祉制度的形成产生了一定的影响。不过，日本古代律令制度主要是沿袭中国唐朝律令制度而制定的，其条款大部分照搬于中国古代之法典与规章。关于这一点，详见以下两国古代律令条款对照表（见表7—1），便可一目了然。

表7—1　　　　　　　　中日古代律令条款对照表

日本《养老律令》条款	中国《唐朝律令》条款
戶令第五・戶主条：凡戶主，皆以家長為之。戶内有課口者為課戶。無課口者為不課戶。不課。謂，皇親。及八位以上。男年十六以下。并蔭子、耆、癈疾、篤疾、妻、妾、女、家人奴婢。	据《通典》卷七·食货志记载：按开元二十五年户令云：诸户主皆以家长为之。户内有课口者为课户，无课口者为不课户。诸视流内九品以上官及男年二十以上（应为以下）、老男、废疾、妻妾、部曲、客女、奴婢，皆为不课户。无夫者为寡妻妾。余准旧令。《新唐书·食货志一》亦记载有："凡主户内有课口者为课户。若老及男废疾、笃疾、寡妻妾、部曲、客女、奴婢及视九品以上官，不课。"
戶令第六・三歲以下條：凡男女。三歲以下為黃。十六以下為小。廿以下為中。其男廿一為丁。六十一為老。六十六為耆。無夫者。為寡妻妾。	《通典》卷七·食货志：定令男女始生为黄，四岁为小、十六为中、二十一为丁、六十为老。……无夫者为寡妻妾。据《唐会要》记载："隋文帝颁新令：男女三岁以下为黄，十岁以下为小，十七岁以下为中，十八岁以上为丁，以从课役。六十为老。"
戶令第七・目盲條：凡一目盲。兩耳聾。手無二指足無三指手足無大拇指秃瘡無髪。久漏（下身腐烂，流脓不止的皮肤病）。下重（因阴囊肿胀等无法行走）。大隔隋（甲状腺肿大）。如此之類。皆為殘疾癈。隴。侏儒。腰背折。一支癈。如此之類。皆為癈疾惡疾。癲狂。二支癈。兩目盲。如此之類。皆為篤疾。（注：括号内的解释由笔者加）	《唐律·户令》："诸一目盲、两耳聋、手无二指、足无三指、手足无大拇指、秃疮无发、久漏下重，如此之类，皆为残疾。痴哑、侏儒、腰脊折、一肢废，如此之类，皆为废疾。恶疾、癫狂、两肢废、两目盲，如此之类，皆为笃疾。"
戶令第八・老殘條：凡老殘。並為次丁。	《名例律》规定："其残疾，既免丁役，亦非兼丁之限。"
戶令十一・給侍條：凡年八十及篤疾。給侍一人。九十、二人。百歲五人。皆先盡子孫。若無子孫。聽取近親。無近親外取白丁。若欲取同家中男者。並聽。郡領以下官人。數加巡察若供侍不如法者。隨便推決。其篤疾十歲以下。有二等以上親者。並不給侍。	《通典》卷七·食货志："诸年八十及笃疾，给侍丁一人。九十、二人，百岁三人，皆先尽子孙，次取近亲，皆先轻色。无近亲外取白丁者，人取家内中男者，并听。诸以子孙继绝应析户者，非年十八以上不得析，即所继处有母在，虽小亦听析出。诸户欲析出口为户及首附口为户者，非成丁皆不合析。应分者不用此令。诸户计年将入丁、老、疾应征免课役及给侍者，皆县令貌形状以为定簿。一定以后，不须更貌，若有奸欺者，听随事貌定，以附于实。"

续表

日本《养老律令》条款	中国《唐朝律令》条款
戶令卅二・鰥寡條：凡鰥寡。孤獨。貧窮。老疾。不能自存者。令近親收養。若無近親付坊里安隶。如在路病患。不能自勝者。當界郡司。收付村里安養。仍加醫療并勘問所由具注貫屬患損之日。移送前所。	《唐律令》户令规定："诸鳏寡、孤独、贫穷、老疾、不能自存者，令近亲收养。若无近亲，付乡里安恤。"如在路有疾患，不能处胜致者，当界官司，收付村坊安养。仍加医疗，并斟问所由，具注贯属。患损之日，移送前所。
戶令十六・沒落外蕃條：凡沒落外蕃得還。及化外人歸化者。所在國郡。給衣糧具狀發飛驛申奏。化外人。於寬國附貫安置。沒落人依舊貫無舊貫任於近親附貫。並給糧遞送。使達前所。	《唐令拾遗・户令》第十九条（开元二十五年令）的条文："诸没落外蕃得还，及化外人归朝者，所在州镇给衣食，具状送省奏闻。化外人，于宽乡附贯安置。落蕃人依旧贯，无旧贯任于近亲附贯。"
戶令卅五・遭水旱條：凡遭水旱災蝗不熟之處。少糧應須賑給者。國郡檢實。預申太政官奏聞。 賦役令第九・水旱條：凡田。有水旱虫霜不熟之處。國司檢實。具錄申官。十分損五分以上免租。損七分免租調損八分以上課役俱免。若桑麻損盡者。各免調。其已役已輸者。聽折來年。	《唐六典・尚书户部》"凡水、旱、虫、霜为灾害，则有分数：十分损四已上，免租；损六已上，免租、调；损七已上，课、役俱免。若桑、麻损尽者，各免调。若已役、已输者，听免其来年。
戶令二十・造帳籍條：凡戶口。當造帳籍之次計年。將入丁老疾應徵免課役及給籥侍者。皆國司親貌形狀以為定簿。一定以後。不須更貌。若疑有奸欺者。亦隨事貌定。以附帳籍。	《唐会要》卷八十五："诸户口计年将入丁老疾应免课役及给侍者。皆县亲貌形状。以为定簿。一定以后。不得更貌。疑有奸欺者。听随事貌定。以付手实。"
戶令卅一・毆妻祖父母條：凡毆妻之祖父母父母及殺妻外祖父母。伯叔父姑。兄弟姊妹若夫妻祖父母父母。外祖父母。伯叔父姑。兄弟姊妹。自相殺。及妻毆詈夫之祖父母父母殺傷夫外祖父母。伯叔父姑。兄弟姊妹及欲害夫者。雖會赦。皆為義絕。	《唐律疏议》卷第十四记载："殴妻之祖父母、父母及杀妻外祖父母、伯叔父母、兄弟、姑、姊妹，若夫妻祖父母、父母、外祖父母、伯叔父母、兄弟、姑、姊妹自相杀及妻殴詈夫之祖父母、父母，杀伤夫外祖父母、伯叔父母、兄弟、姑、姊妹及与夫之缌麻以上亲、若妻母奸及欲害夫者，虽会赦，皆为义绝。"

对照表中，画线的部分基本相同，不过在细节上略有差异。首先是"课户"，"课户"指纳税服役丁口的民户。《大唐武德七年定令》规定："二十一为丁，六十为老。"① 天宝三年（744年）又规定："百姓宜以十八以上为中男，二十三岁以上成丁"②，成丁后须负担课役，称为"课口""课丁"。《养老律令》则规定："十六以下为小。廿以下为中。其男廿一为丁。六十一为老。"另外"不课户"的范围包括皇亲（天皇家族）、八位以上的官员、十六以下的男子及荫子（官位世袭者）、耆、癈疾、笃疾、妻、妾、女、家人、奴婢；而《唐律》所规定的"不课户"的范围有：九品以上官员及二十以下的男子，比日本略为宽松。另外，在《养老律令》的不课户之中还包括有"蔭子"（此词源于中文，"蔭子"即"廕子"，主要指古代的世袭制度，子承父爵。凡文臣到一定的级别，其子孙都可以享有补官及俸禄的特权），而《唐律》并未标明有蔭子。此外《养老律令》不包括"部曲"与"客女"。在中国"部曲"原为军队编制及私兵之称，后又为家仆之称。《唐律疏议》卷十七解释为："奴婢、部曲身系于主。"又卷二十解释为："部曲、奴婢，是为家仆。"③而日本的"部曲"指杂耍的艺人，亦称之为"倡优"，从事者多为侏儒。"客女"在唐代属于身份较婢女略高的妇女，《唐律疏议》卷十三解释为："客女谓部曲之女，或由于他处转得，或放婢为之。"客女社会地位和所受待遇与部曲相同，一经主人放免，即成平民。④

由于国情不同，尽管有细微的差别，不过《养老律令·户令》的条款及所显示出的原始福祉思想，基本源于中国唐朝律令制度所内含的儒家的"德"与"礼"的教义。

第二节　律令的影响渊源关系

众所周知，大唐律令承袭秦汉以降之法典，尤其是隋朝的《开皇

---

① 参见（唐）杜佑《通典卷第七·食货志七》，中华书局1988年版。
② 同上。
③ 参见（唐）长孙无忌《唐律疏议·卷十七贼盗》，中华书局1983年版。
④ 参见（唐）长孙无忌《唐律疏议·卷十三户婚》，中华书局1983年版。

律》。《开皇律》是隋文帝于开皇元年（581年）针对北周刑法的繁杂苛酷，命部下高颎、郑译、杨素等人在旧律的基础上修改而成；而《唐律》则是唐朝统治者鉴于隋朝覆亡的原因在于隋炀帝的无德，及繁重的徭役与苛捐杂税，所以在制定唐律时秉承"道之以政，齐之以刑，民免而无耻；道之以德，齐之以礼，有耻且格"①的儒家思想，以"德礼为政教之本，刑罚为政教之用"②为其原则。正因如此，所以在许多条款里反映出了"以民为贵""体恤民众"的福祉思想。

这部较为完备的律令大法，随着遣唐使的派遣，大约于7世纪传入日本。当时，大和朝廷效仿中国，急于建立以天皇为中心的中央集权制国家，而全面导入中国的律令制度为其主要内容。因此，《唐律》不仅对于日本古代立法起到了至关重要的作用，而律令中所含有的原始福祉思想亦对日本社会产生了深远的影响。关于这一点，从上列的对照表中便可窥见一斑。

上述法典的制定，主要基于当时的社会现实与民众的生活。《唐律》涉及的民生规则部分，之所以较之隋朝律令显得宽松，关键是唐朝统治者鉴于隋朝覆亡的历史教训。

众所周知，隋炀帝好大喜功，其在位期间，征高句丽、开运河、造龙舟，既挥霍浪费，又暴征聚敛，使得民众怨声鼎沸，不堪重负。有诗为证：

我兄征辽东，饿死青山下。今我挽龙舟，又阻隋堤道。方今天下饥，路粮无些小。
前去三千程，此身安可保。寒骨枕荒沙，幽魂泣烟草。悲损门内妻，望断吾家老。
安得义男儿，焚此无主尸。引其孤魂回，负其白骨归！③

---

① 参见［日］吉田贤抗注《论语·为政》（新释汉文大系），东京明治书院1960年版。
② 参见（唐）长孙无忌《唐律疏议·卷一名例》，中华书局1983年版。
③ 参见《隋炀帝幸江南时闻民歌》，载《古谣谚》第90卷，中华书局1958年版。

鉴于隋炀帝的苛政与民众的生活疾苦，唐太宗李世民执政之后，首先着手制定律令大法。他召令长孙无忌、房玄龄等人参照隋律，以"宽简""平允"和"画一"为原则，对隋朝《武德律》加以修订，于贞观十一年（637年）正月颁布了《贞观律》。时隔十四年之后，唐高宗又于永徽二年（651年），令长孙无忌、李勣等人对《贞观律》加以修订，完成新撰律十二卷，史称《永徽律》。翌年，为了使朝廷官员准确地理解、运用新律，唐高宗又令长孙无忌等人对《永徽律》进行了逐条逐句的疏证解释，以阐明律条文义；并通过问答形式剖析内涵，说明疑义，撰成《律疏》三十卷，于永徽四年颁行。这部《律疏》史称《永徽律疏》，后来称作《唐律疏议》。

《唐律疏议》在总结唐以前各代王朝的立法经验及司法实践的基础上，将儒家学说作为立法的理论依据，以伦理道德为立法之根基，使律令更趋于合理化与系统化，以此来缓和社会矛盾，使之成为调整各方面社会关系的主要工具。而社会福祉思想，主要体现在《户婚律》《名例律》等条款之中，因为这些条款规定了课税与不课税的条件、土地所有权、赋役与减免条件、男女婚姻与赡养父母等内容。这些内容在日本《养老律令》中，则涵括在"户令"之中。

律令的条款内容是根据现实生活而制定的，而现实生活与民生民意又为立法之本。《养老律令》的制定，除了摄取《唐律》之外，在一定程度上反映了日本上古社会的现实生活。在日本第一部诗歌总集《万叶集》之中，除了山上忆良所作的因反映民众生活困苦而驰名于世的《贫穷问答歌》之外，尚有大量反映服徭役与戍边之苦的民歌，其中，田边福麻吕所作的《见死人作歌一首》便是其中一例。

狭小内篱墙，拽扯凉麻桑。娇娇贤淑妻，巧手缝作裳。白衣带未解，三重绕尸囊。赋役受煎苦，瘦骨嶙岣殇。遥望故乡远，念妻与高堂。东国闻鸡鸣，神御坡惶惶。风霜衣正寒，蓬头乌发鬟。问君乡何处？问君家何方？君默无声响。壮士天涯旅，此处孤卧僵。

（《万叶集》卷九·第1800首·译诗为笔者所译）

身为造酒官的田边福麻吕，行至箱根山间，见役夫横尸于路旁。死者饱受徭役之苦，生活饥寒交迫，骨瘦嶙峋，其状惨不忍睹。歌人遂起怜悯之心，故吟成此歌。

按照日本古代律令：16 岁以上男子要纳税、服徭役。丁分为正丁（21 岁至 60 岁），次丁（61 岁至 65 岁），少丁（17 岁至 20 岁）；正丁要每年赋租（田 1 段 120 步要上缴稻 2 束 2 把，次丁减半），庸（每年到都城服劳役 10 天，亦可交庸布 2 丈 6 尺代替，次丁减半），调（缴纳一定数量的地方土特产品，次丁减半，少丁为 1/4）及杂徭（每年在地方服徭役 60 天，次丁减半，少丁 1/4）。除此之外，为了备荒每年还要缴纳粟米，从乡村里 50 户里抽出 2 人到朝廷服杂役 3 年，每户出 1 人交替服兵役 1 年。① 由此可见，日本古代民众的负担不可谓不重。

《养老律令》因承袭《唐律》，对社会的弱势群体（老弱病残、鳏寡无亲者），在课税、服徭役等方面，实施了一定的减免措施，不过，社会现实依旧十分严峻。因为日本古代在引进与吸收中国律令制度上，基本上是以照搬为主，所以律令条款与日本当时的社会现实有着较大的差距。

公元 7 世纪中叶，日本根据大化改新，开始正式实行"班田收授法"即"班田制"。为了实行班田收授，首先要编定全国的户籍。户籍除了详细登记姓名、年龄、受田额、家属关系、人口数、疾病、贫富等级之外，还规定了课税的条件，即：凡六岁以上公民，由朝廷授予口分田，男子二段（一段为 120 步，约 1983.4 平方米），女子为男子的三分之二，官户奴婢与公民相同，家人、私人奴婢则授予公民的三分之一。这种效仿中国的班田制在 8 世纪之后，由于贵族阶层和朝廷官吏营私舞弊，利用掌管班田之权大量侵占公田，不断扩大私有庄园，导致了班田制的崩溃。同时，租庸调的沉重负担，造成了大部分农民因无法承受，而纷纷抛弃户籍与口分田。贫苦农民与游民大量增加，以及其后所爆发

---

① 参见［日］山口博《古典でたどる日本サラリーマン事情》（以古典诠释日本上班族境况），PHP 研究所 1988 年版，第 21 页。

的白村江之战①，由于倭国与百济联军的惨败，使得日本朝廷不得不征调大量人员轮流前往九州一带戍边，由此造成了农民的背井离乡，引发了社会的不满，可谓是民怨鼎沸。这种状况不仅如实地反映在了《万叶集》的防人歌之中，同时也说明了律令制度的规定与社会生活现实之间所存在的落差。

另外，日本上古时代的婚姻形态属于"通い婚"（走访婚），即：男女相会于"歌垣"（类似于敖包相会或歌儿会），女方占有主动权，能否走访，须征得女方母亲同意，男方晚来晨归，不具备固定的家庭形式。因此，《养老律令》中的户婚律的部分条款内容与实际情况也不尽相符。而且，由于婚姻形态、家庭构成之不同，所以中日两国在家庭观念与伦理道德上的认识也是大相径庭。关于这一点，笔者曾在拙著《日本上代恋爱与中国古典》②一书中进行了详细的考证，这里不再赘述。

尽管如此，我们从上述日本古代律令制度中仍然可以窥见日本古代对于弱势群体的体恤与关照（即：老弱病残、妇女孺子、鳏寡孤独、贫穷而不能自立者，可以免除苛捐杂税，在遭受自然灾害时，由朝廷实施赈灾）以及所采取的措施等，这都反映出了在中国古代律令制度的影响之下，日本上层社会所萌发的原始福祉思想。不过，日本古代的济贫与救助的主体是"近亲"，无"近亲"者，则由"坊里""村里"来负责照顾。这一源于"水稻生产共同体"的传统思想与习俗，对近代日本福祉思想的形成产生了一定的影响。

第三节　思想基础"和"与"礼"

早在公元 604 年（日本推古天皇 12 年），据传由圣德太子制定了《十七条宪法》，其中的第 1 条就明确提出："以和为贵，无忤为宗"；在第 4 条中又规定："群卿百寮，以礼为本。其治民之本，要在礼乎，上不

---

① 公元 663 年 8 月始，唐朝、新罗联军与倭国、百济联军展开激战，其结果，倭国与百济联军的战船全部被焚毁，数万日军被杀或溺死，以倭国、百济联军大败而告终。由于海战的爆发地点为白江口（今韩国锦江入海口），所以史称"白江口之战"，又称"白村江之战"。

② 参见孙久富《日本上代恋爱与中国古典》，东京新典社 1996 年版。

礼，而下非齐。下无礼，以必有罪。是以，群臣有礼，位次不乱。百姓有礼，国家自治。"

首先"以和为贵"一语来自于孔子《论语·学而第十二》。孔子曰："礼之用，和为贵。先王之道，斯为美。小大由之，有所不行。知和而和，不以礼节之，亦不可行也。""无忤为宗"的"无忤"，早在《周书》里就有其用例："善处人间、与物无忤"①；《晋书》亦有"若推之于物则无忤，求之于身则无尤。万物理顺，内外咸宜"②之记载。

孔子所讲的"礼"即《周礼》③，是指奴隶社会的典章制度和道德规范。只有用"礼"才能达到"和"；所谓"和"，即是"调和、和谐、协调"之意。孔子认为：先王的治世之道的关键在于"礼"，所以要求庶民须做到"非礼勿视，非礼无听，非礼勿言，非礼勿动"④。而关于"无忤"的用例，则意在说明：要善于处理人间关系，不逆于事物之常理，便可做事无过失，唯顺应万物之理，方能内外皆适宜。唐人李延寿在所撰的《北史》里说："光宽和慈善，不忤于物，进退沉浮，自得而已。"⑤即强调"宽厚慈善，不违背世间常理，才能做到进退沉浮自如，怡然自得"。

圣德太子所提倡的"以和为贵"，有其深刻的历史背景。7世纪在关于是否引进佛教的问题上，日本朝野上下形成了意见对立的两大派别，其斗争甚是残酷，许多僧侣遭到杀戮。加之，为了争夺皇位，屡屡发生诛杀与讨伐事件。圣德太子为了治理混乱之政局并安抚黎民百姓，故在《十七条宪法》的第1条中规定："以和为贵"与"无忤为宗"。他所讲的"和"是"和解"与"不逆反"之意，而汉字的"和"是由"咊""龢"字转换而来。"龢"字，最早出现于卜辞，被认为是一种吹奏乐器。因乐器要合音调，故用于"和谐、协调"之意。因此，《说文解字》解释

---

① 参见（唐）令狐德棻等撰《周书·苏亮传》列传第38卷，中华书局1971年版。
② 参见（唐）房玄龄等撰《晋书·挚虞传》，中华书局1974年版。
③ 参见（汉）郑玄注、（唐）贾公彦疏、彭林整理《周礼注疏》，载《十三经注疏》，上海古籍出版社2010年版。
④ 参见［日］吉田贤抗注释《论语·颜渊》（新释汉文大系），东京明治书院1960年版。
⑤ 参见（唐）李延寿编《北史·崔光传》第32列传，中华书局1974年版。

说:"龢、调也",段玉裁注之曰:"正六律、龢五声、杂八音、养耳之道也。"① 以调和音调为原意的"和"字,在《说文解字》里解释为:"和、相应也",《广雅》解释为:"和、谐也"②,《广韵》解释为:"顺也,谐也,不坚不柔也。"③ 即:"和"字为"相顺、调和、顺应、适度"之意。儒家经典《尚书·尧典》便有"协和万邦"④ 之语,《易经·乾卦》里则有"保合太和"之思想。由此可见,圣德太子的"以和为贵"的"和"与孔子所说的"和"的意思与其出发点不尽相同。

孔子所倡导的"和为贵"的"和",以"礼之用"为前提,其目的是达到"三才(天地人)之道"的最高境界,即:以"天地之和"获万物之繁茂;以"人间之和"来确立社会秩序与调节人际关系。因此,中国古代称"天道之和"为"太和",称"地道之和"为"中和",称"人道之和"为"保和"。儒家经典《中庸》将"中和"解释为:"喜怒哀乐之未发,谓之中。发而皆中节,谓之和。中也者,天下之大本也。和也者,天下之达道也。致中和,天地位焉。万物育焉。"⑤ 即:因喜怒哀乐之情尚未发起时的精神状态不偏不倚,所以称作"中",喜怒哀乐之情发而皆顺从节度之时则称作"和"。"中"为支撑天下摄理之大本;"和"乃支撑天下正确节度之达道。实践"中和"便天地安定而不起祸灾,万物得以健全生长。由此可见,儒家的"和"是有其思想内涵的;同时,这一思想内涵也为现代社会所提倡的健康福祉奠定了思想理论基础。

另外,构成儒家所倡导的"和为贵"的核心是"礼";而"礼"的根本是"仁"与"德"。如前所述,"仁与德"的内核为"孝、弟(悌)、忠、恕、礼、智、勇、恭、宽、信、敏、惠"等内容,是构建家庭关系与国家政治关系的基本,亦含有古代福祉思想之要素。孟子将"仁"字解释为"仁者爱人",即"仁慈者要关爱他人,要有慈善之心,惟此,才

---

① 参见(汉)许慎撰,(清)段玉裁注《说文解字注》,上海古籍出版社1981年版。
② 参见(清)王念孙《广雅疏证·释诂三》,中华书局2004年版。
③ 参见(清)陈彭年、丘雍编修《宋本·广韵》,中国书店1982年版。
④ 参见曾运乾注,黄曙辉校《尚书》,上海古籍出版社2015年版。
⑤ 参见[日]赤塚忠译注《中庸·第一章》,载《大学·中庸》(日本新释汉文大系),1967年。

能协调人与社会的关系，才能除却'苛政猛于虎'之弊"。这与福祉思想源于"慈善"如出一辙。

圣德太子在《十七条宪法》的第6条中亦讲到"仁"，即"无仁于民。是大乱之本也"；视"对民众不施与仁政为天下大乱之根本"。不过，日语"仁"字的古训为："めぐみ"，即"惠、恩惠、惠泽"之义。圣德太子虽然受到儒家思想的影响，提倡"仁"，但是并没有具体解释儒家"仁"字的丰富思想内涵。日本上代文献《日本书纪》中的"德"字亦是如此。笔者曾在《日本上代文学与儒家思想——关于"德"字的理解与运用》[①] 一文中，就中日两国在上古时代所使用的"德"字的含义之不同做过详细考证，说明了中日两国虽然皆使用汉字，然字的含义有所不同，在这里恕不赘述。

圣德太子在《十七条宪法》中，将"礼"视为"治民之本"，可见其对"礼"的重视程度，也可窥视到他认为"礼"是国家政治运营的关键之所在。然而，圣德太子对于如此重视的"礼"不仅在《十七条宪法》，就是在其他言论中亦未做过具体的解释。因此，日本古典文学大系《日本书纪》的注释者，在卷第二十二的头注（位于页上端的注解）中列举了出典之后，解释说："与这些儒家典籍的不同之处，就是在于他并没有阐述（和）与礼之间的关系。"[②] 据此，可以认为《十七条宪法》所使用的"礼"，并不伴随"礼"的思想，它只不过是一种概念而已，用头注的话说就是："宪法以儒教为门面，其实'佛教思想浓厚'；用日本学者的话说就是：日本吸收的是中国的礼仪，而并非是礼的思想。"[③]

中国古代的"礼"大致可以分为形而上与形而下两个部分。形而上是指以经书《周礼》《仪礼》《礼记》三礼为中心，将礼的思想加以理论化，并把儒家所倡导的"仁"与"德"放在核心地位。形而下是指各种

[①] 参见彭广陆、孙久富等编《中日语言文学研究》，学苑出版社2016年版，第51—66页。
[②] 参见［日］坂本太郎、家永三郎等校注《日本书纪》，东京岩波书店1979年版。
[③] 荒川紘在其论文《仁与礼——心与形的教育学》（刊于日本《東邦学誌》第39卷第2号）中指出："日本人一直是重视礼的民族，因而像遵照礼之形式的茶道那种礼的做法得以传播。……不过，虽然强烈关心形式，却不喜欢形而上学式的理论，不愿意探求超越具体形式的原理。"

礼仪做法，作为礼的思想的外在形式而设立。这两者互为表里构成了中国古代的礼的系统。

第四节　儒学与佛学之影响

　　日本古代律令制定所体现出的福祉思想，除了沿袭中国古代律令制度之外，亦受到了儒家的礼制、仁政思想及佛教慈悲思想的影响，可谓是"儒"与"佛"交相辉映。

　　如前所述，儒家思想的核心是"仁"，即"仁者爱人"；它是封建社会政治、伦理道德的最高理想与行动准则。为了实现"仁"，须要由"礼"来规范人的行动，而中国"礼制思想"形成于西周时期，其集大成者是《周礼》，亦称作《周官》。周礼分"礼"和"乐"两个部分。礼的部分主要对人的身份进行划分和社会规范，最终形成等级制度，乐的部分主要是基于礼的等级制度，运用音乐来缓解社会矛盾；前者是所有制度的基础和前提，后者是制度运行的形式和保障。同时，"礼"也是一种道德规范，引导人们向善和自律。礼乐文明更强调通过礼教，使社会规则转化为人的自律与道德尺度；通过知礼、守礼，以达到社会与家庭的和谐。因此，《唐律疏议·名例律一》规定："德礼为政教之本，刑罚为政教之用，犹昏晓阳秋相须而成者也。"[1]

　　除此之外，儒家所提倡的"孝道"亦是重要的道德标准。尊老爱幼、孝敬父母、赡养老人是中华民族的优良传统，是社会和谐的基础，也是家庭伦理道德的具体体现。因此，孔子说："君子务本，本立而道生。孝弟（悌）也者，其为仁之本欤！"[2] 即：孝悌（赡养父母、尊敬长辈）是"君子之道""仁之根本"。孟子也说："孝子之至，莫大乎尊亲。"[3] 汉代许慎在《说文解字》中对于"孝"的解释为："善事父母者"如出一辙。汉代的礼学家戴圣沿袭《周礼》，在他所著的《礼记·祭统》里对"孝"

---

[1] 参见（唐）长孙无忌《唐律疏议·卷一名例》，中华书局1983年版。
[2] 参见[日]吉田贤抗注释《论语·公冶长》（新释汉文大系），东京明治书院1960年版。
[3] 参见（清）焦循撰《孟子正义·万章上》，中华书局1987年版。

与"礼"的关系进行了详细的说明:"凡治人之道,莫急于礼。礼有五经,莫重于祭。夫祭者,非物自外至者也,自中出生于心也;心怵而奉之以礼。是故,唯贤者能尽祭之义。贤者之祭也,必受其福。非世所谓福也。福者,备也;备者,百顺之名也。无所不顺者,谓之备。言:内尽于己,而外顺于道也。忠臣以事其君,孝子以事其亲,其本一也。上则顺于鬼神,外则顺于君长,内则以孝于亲。如此之谓备。唯贤者能备,能备然后能祭。是故,贤者之祭也:致其诚信与其忠敬,奉之以物,道之以礼,安之以乐,参之以时。明荐之而已矣。不求其为。此孝子之心也。祭者,所以追养继孝也。孝者畜也。顺于道不逆于伦,是之谓畜。是故,孝子之事亲也,有三道焉:生则养,没则丧,丧毕则祭。养则观其顺也,丧则观其哀也,祭则观其敬而时也。尽此三道者,孝子之行也。"[1]

这段带有封建迷信色彩的文章用现代话来说就是:在治理百姓的道法之中,最重要的就是"礼"。礼有吉、凶、宾、军、嘉五种,其中最重要的便是祭礼。祭礼,并不是出于外界的强迫,而是发自于内心的自觉行动。春夏秋冬,季节变换,人们触景生情,不由得会想起过世的亲人,这种感情的表达就是祭之礼。所以只有贤者才能理解祭礼的意义。贤者的祭祀定会得到鬼神所赐予的福,不过,此福非俗世间所说的福,贤者的福是"备"的意思。何谓"备"?"备"就是要按理行事,做到无所不顺,这就叫"备"。忠臣要侍奉国君,孝子要侍奉双亲,忠孝都源于顺字。对上则顺从鬼神,对外则顺从君长,对内则顺从双亲,唯此才叫作"备"。唯有贤者才能做到"备",能做到"备"才能得到鬼神赐福的祭。所以贤者的祭祀,就是要尽诚尽忠,要供奉祭品,要行之以礼,和之以音乐,稽之以季节。祭祀时要虔诚纯洁地进献时物,并不存心要神保佑赐福。这才是孝子举行祭祀时的心情。孝子的祭祀,是用来完成对父母生前应尽而未尽的供养和孝道。所谓孝,就是这种供养和孝道的积蓄。一个顺字贯穿于父母的生前和身后,这才叫作孝的积蓄。所以孝子的侍

---

[1] (汉)郑玄注、(唐)孔颖达等正义:《礼记正义》,载《十三经注疏》第63卷,中华书局1980年版。

奉父母不外乎有三件事：第一件是父母生前要竭诚赡养，第二件是父母亡后要依礼服丧，第三件是服丧期满后要按时祭祀。从赡养上可以看出子女是否孝顺，从服丧上可以看出子女是否哀伤，从祭祀上可以看出子女是否虔诚与按时祭奠。此三件事都做得很好，才配称作孝子的行为。按照儒家学说，"孝"不仅指赡养父母，还要顺从父母，继承父亲的遗志，也就是孔子所说的"事父母几谏，见志不从，又敬不违，劳而不怨"①，"父在，观其志；父没，观其行；三年勿无改于父之道，可谓孝矣"②。这种顺从父母，赡养老人的"孝"的思想扩展到社会层面，就是福祉，即为老年人提供福祉服务。

除了孝道之外，中国自古以来就主张"三世同堂，家丁兴旺"，喜欢几代人共居于一处。因此《唐律·户婚》规定："诸祖父母、父母在而子孙别籍异财者，徒三年。"所谓"别籍异财"，就是指：如果儿女子孙与父母、祖父母分家另立门户，分别蓄财，要受到处罚，判三年徒刑，并规定："诸子孙违犯教令及供养有阙者，徒二年。"也就是说：违背父母教令，不赡养父母者亦要被判刑二年。日本效仿中国《唐律令》，在《养老律令·名例律》中也规定："祖父母、父母生时别籍异财者处徒刑二年，于父母丧期嫁娶者处徒刑二年，闻父母之丧匿不举哀者处徒刑二年，诈称祖父母、父母之死者处徒刑一年半。"不过，尽管中国孝的思想在《养老律令》中有所体现，然而，孝道思想在日本上古时代并未渗透到社会的深层，从日本上代文献《古事记》《日本书纪》里所记载的事实来看，违反孝道思想的例子不在少数。关于这一点，在中国学者王家骅所著的论文《儒家思想与古代日本人的"孝"道》③里多有考证，在此不再赘述。

日本对于孝道思想的引进与摄取，当始于平安时代；一些关于"尽孝"的故事主要记录在《日本灵异记》《今昔物语集》等古典文学作品之中。不过，这类作品主要取材于佛教与中国的《孝子传》，着力宣扬的

---

① ［日］吉田贤抗注：《论语·里仁》，载《新释汉文大系》，东京明治书院1960年版。
② 同上。
③ 王家骅：《儒家思想与古代日本人的"孝"道》，《日本学刊》1992年第2期。

是佛教的因果相报思想。关于这一点,吴彦与金伟的论文《今昔物语集的孝子谭》① 做了详细的考证,可资参考。

不过,笔者认为日本对于孝道思想的本土化,当在江户时代。随着朱子学与阳明学的传入,研究儒家思想的风潮再度兴起,其中具有代表性的人物是中江藤树。他在其名著《翁问答》② 中强调"孝的本体论",认为孝道思想是形而上的亲子关系,它是建立在人与太虚的宇宙观之上,其精神实质可以用"全孝"来加以概括。"全孝"主要表现在三个方面:一是伦理性;二是宗教性;三是尊德性。伦理性强调爱人、敬人。此种"爱敬"之心始于爱父母,孝顺父母的赤子之心。宗教性则强调"人由父母所生,而究其根源则来自于太虚。孝顺父母为人伦之根本,祭父母就是间接地祭天,由此来唤醒了人们对天地神明祭祀的自觉性"。中江藤树把日常生活中对人的爱敬和对父母的孝顺称为"小孝",把"严父配天"的孝行称为"大孝"。只有用孝顺父母之心来祭拜天地,才能称得上"大孝"。这种将孝与宗教相结合,以孝配天的思想,虽然受到了中国古代"以德配天"思想的影响,但也不乏有创新之处,其创新之处就在于将孝道思想归结为形而上的亲子关系;将孝道的精神实质归结为上述的"三性"。而中江藤树所说的三性之中的"尊德性",强调的是:要通过自身修养来行孝道,唯此才能做到"明明德"③ 和"致良知"④。这说明了中江藤树在孝道论里糅合了朱子学与阳明学。

中江藤树的孝道本体论,对其后的日本产生了较大的影响,尤其是他躬身践行,为侍奉寡母而弃官归家,成为当时践行孝道之美谈。

不过,日本江户时代的忠孝与中国古代的忠孝相比,忠的色彩更加浓厚。中国自古虽有"忠孝不能两全"之说,不过,为父母尽孝之例,则数不胜数。以传说孔子所著的《孝经》为嚆矢,西汉刘向编辑的《孝子传》,元代郭居敬编录的《二十四孝》,谢应芳的《龟巢集·二十四孝赞》,清代吴正修作的《二十四孝鼓词》,以及《日记故事大全二十四

---

① 吴彦、金伟:《今昔物语集的孝子谭》,《文学与文化》2010 年第 3 期。
② 参见[日]中江藤树《翁问答》(文库本),东京岩波书店 1989 年版。
③ 袭用《礼记·大学》之语,即"大学之道,在明明德,在新民,在止于至善"。
④ "致良知"即指王阳明的知行合一。

孝》《女二十四孝》《男女二十四孝》等皆为劝孝之籍，我们可以从这些书籍中窥见中国人的忠孝观。

　　反观日本，尤其自镰仓时代起，随着武士政治地位的上升，武士文化开始盛兴，而武士的首要职责就是要绝对服从和效忠于藩主。所谓"武士道精神"，就是宣扬忠君侍主，要求武士做到"名、忠、勇、义、礼、诚、克、仁"；将保护维持"名誉"排列为第一，将"仁"排在了最后。这与儒家所崇尚的"仁、义、礼、诚、克、名、忠、勇"正相反。为了名誉，为了效忠主人，武士不惜以"切腹"的方式，来实现其所谓的"武士美学"。因此"忠诚"与"名誉"构成了武士道的核心价值观，而表现这一价值观的代表之作就是《忠臣藏》。江户时代的木偶剧净琉璃及歌舞伎《忠臣藏》，皆以赤穗事件（即发生于元禄时代的47名武士为主人雪耻复仇的事件）为题材，演绎了忠诚效主与不惜以命相抵的武士精神。与此相比，宣扬孝敬父母的作品却不多见，反倒出现了弃老于山中之现象。日语将此称为"姨捨"，"姨"中文意为"祖母"。平安时代的和歌集《古今和歌集》中便有"瞻见更级弃婆山，吾心难以得慰藉，夜空一轮皎月圆"（卷十七·杂歌上·878）之歌，后来又繁衍出许多文艺作品。再观日本当代社会之现状，青年人婚后便远离父母独立生活，赡养老人观念淡薄，老年人大都入住养老院等，这恐怕与日本"孝"轻于"忠"的传统不无关系。

　　日本的原始福祉思想，除了受到上述儒家思想与中国古代律令制度的影响之外，还受到了佛教"慈悲"思想的影响。早在公元6世纪，佛教典籍从中国经朝鲜传入日本。7世纪初，圣德太子便在《十七条宪法》中强调：全体臣民要"皈依三宝"，所谓"三宝"，就是佛、法、僧。而后，他又撰写了《三经义疏》，即《胜鬘经义疏》一卷、《维摩经义疏》三卷、《法华义疏》四卷。有的日本学者认为：日本的佛教福祉思想的源头在于《三经义疏》，因为《三经义疏》的主旨在于疏解佛教思想，宣扬佛教的"大慈大悲"与"布施"精神。所谓"大慈大悲"，主要指"普度众生，对一切众生伸出慈爱之手，为苦恼者排忧解难，为贫困者施以救济，为病患者施以医药治疗"；所谓"布施"，就是"以己财事分布与他，掇己惠人"。① 佛教的布施是菩萨行中最重要的行为，居六波罗蜜（布施、持戒、忍辱、精进、禅定、智慧）之首。布施分为三种：一是财布施（以金钱、物品去帮助穷苦者，改善他们的生活，或出资捐款印刷各种善书，经典劝化度人，以改善众生的心性）；二是无畏施（对痛苦的人，用温暖爱心加以安慰，遇人困难，施与援手解难，使受苦受难者心中得到平安，没有恐怖感。如对寺庙佛堂等，献出劳力清扫维护；或对毁谤正法者，能以无畏精神伸张真理感化之）；三是法布施（以自己所学，领悟的佛法真理，向世人宣说，使众生同沾法雨，转迷成悟）。布施的核心在于"慈悲"。所谓"慈悲"，就是施利乐与众生，见疾苦而生慈悲；以"人溺己溺，人饥己饥"的精神布施所能，使苦人得乐，迷者受益。

除了布施之外，佛教教义中还有"四摄法""四无量心""福田"等规定。这些规定之中都含有众多的福祉因素，正是这些因素构成了日本佛教福祉思想的基础。圣德太子开设的四院："悲田院""疗病院""施药院""敬田院"。奈良时代末期，僧侣行基巡游各地，架桥拓田，开设"布施屋"等活动，乃至于平安时代的著名僧侣最澄的"国利民福"，空海的"四恩"都是基于佛教的慈善理念与社会民众的需求，从而构成了日本古代福祉思想的另一个特征。佛教的福祉思想，不仅对日本古代、中世、近世，乃至于近代的福祉事业产生了深远的影响，而在现代的社会福祉领域里仍然发挥着重要的作用。

综上所述，日本古代福祉思想，主要体现在律令制度的确立过程之中，因摄取中国古代律令制度，从而受到了儒家"民本思想"的影响。此外，在日本古代的社会慈善事业主要受到佛教的影响，而佛教典籍的翻译又主要依据中国的佛学汉典。因此，日本古代福祉思想的形成与发展，皆与中国有着密切的关系。本章仅就其影响渊源关系进行了简单的梳理，以搞清其来龙去脉。因资料有限，难免挂一漏万，尚望方家指正。关于日本战后福祉事业与福祉教育的发展经纬，将在下章里详叙。

---

① 参见（隋）慧远《大乘义章》第12卷，载《大正新修大藏经》第45卷，新文丰出版社1983年版。

第 八 章

1945年以来日本福祉事业及其教育的形成与发展

第一节 福祉的发展轨迹与立法

日本第二次世界大战后,尤其是进入老龄化社会以来,福祉事业之所以取得了快速发展,其关键因素可归结为六点:(1)社会需求;(2)效仿欧美;(3)理论引导;(4)法律护航;(5)国民关注;(6)政府调整。亦可将其发展划分四个阶段:起步阶段;发展阶段;调整阶段;现实阶段。下面按照这四个阶段加以概述。

一 起步阶段

道家《太上感应篇》说:"祸福无门,惟人自召。因果报应,如影随形。"[①]

众所周知,日本发动的侵略战争不仅给中国以及亚洲许多国家造成了深重的灾难,也使自己的国家变成了一片废墟。战争刚刚结束后的日本,可谓是千疮百孔,满目疮痍。美军的轰炸使得日本的主要城市变得残垣断壁,2000多万日本人无家可归,许多工厂企业遭到毁灭,国家财富损失了三分之二,到处是衣衫褴褛,饥饿不堪的人群,而且国民精神颓废,目光迷茫。美国历史学家赖肖尔在《赖肖尔所见到的日本》一书中写道:"对于大多数日本人而言,战败使得士气彻底崩溃,对于未来充

[①] (宋)李昌龄注:《太上感应篇》,中央编译出版社2016年版。

满了迷茫。"[1] 日本无赖派文学的旗手坂口安吾出于对战争的反省，主张"堕落论"。他说："生存吧，堕落吧！人需要在正确的堕落之道上堕落到底，只有这样才能发现自我，救赎自我。"[2] 当时，许多日本知识分子常引用杜甫的诗句"国破山河在"来慰藉落魄之心情。

在上述社会与思想混乱的状况下，当时的日本还谈不上社会福祉，日本学者将这一时期（1945—1959）的社会救助称为"社会事业"。木村忠二郎在《社会福祉事业法的解说》中指出："虽然尚未成熟，不过已经显示出了一种势头，那就是要将积极增进福祉也包括在其目的之中。"[3] 因此，日本学者所说的"社会事业"，可以认为是日本战后福祉事业发展的初级阶段。而这一阶段的社会事业主要是指接受国际援助[4]，以及在 GHQ（驻日盟军司令部）的主导下实施各项战后体制改革。这些改革主要包括：

（1）制定和平宪法，使日本由军国主义体制改为非军事的民主国家。

（2）通过民主选举，实行多党制的议会制度。

（3）健全法律法规，使各项事业有法可依。

（4）解除党禁和报禁，让媒体在社会中发挥监督作用。

（5）解散财阀，建立了资本和经营相对分离的新体制。

（6）通过农地改革，基本上消灭了寄生地主及其土地所有制。

（7）推行教育改革，实行中小学义务教育。

（8）改革中央集权的教育行政体制，实行与地方自治相适应的地方分权制，通过教育开发人才资源，来为日本经济的腾飞奠定人力基础。

尤其值得注意的是，和平宪法第 25 条明确规定了"国家必须在所有生活层面上，努力提高及增进社会福祉、社会保障及公共卫生"。[5]

---

[1] 《赖肖尔所见到的日本》，林伸郎译，德间出版社 1967 年版。

[2] ［日］坂口安吾：《堕落论》，刊于 1946 年 4 月《新潮》第 43 卷第 4 号。

[3] 参见［日］木村忠二郎《社会福祉事业法的解说》，东京时事通信社 1951 年版。

[4] 1946 年至 1951 年，由 GARIOA（占领地域救济资金会）向日本提供救济资金，由联合国国际儿童紧急基金提供牛奶、衣服用品，并由国际复兴开发银行提供融资。

[5] 参见 1946 年《日本国宪法》第 3 章第 25 条，转引自《社会福祉小六法》第 3 页，密涅瓦书房 2017 年版，译文为笔者所译。

通过和平宪法的实施与社会改革，伴随着经济的恢复与国民生活的大幅度改善，人们开始关注与自身利益密切相关的社会福祉问题。1950年小山进次郎撰写了《改订增补·生活保护法的解释与运用》[①]；同年，竹中胜男撰写了《社会福祉研究》[②]，1954年孝桥正一撰写出版了《社会事业的基本问题》[③]；1956年冈村重夫撰写了《社会福祉学·总论》[④]，在这部著作里，冈村将生活者置于社会福祉的核心地位，阐述了民众生活的四条基本原理：社会性、现实性、全体性、主体性。从社会学的角度探讨了社会福祉问题。

上述有关社会福祉的论著，虽然在某种程度上受到美国社会福祉论的影响，不过这种理论上的引导，在促使国家与社会对于福祉事业的认识上起到了很大的作用。

日本战后社会福祉事业之所以能够得到循序渐进的发展，法律的制定起到了至关重要的作用。唯法律法规的制定，为推动日本福祉事业的顺利发展，建立了强有力的保障。

1945年底，日本内阁会议通过了《生活贫困者紧急救助纲要》，1946年联合国司令部发布了《关于社会救济的备忘录》，提出了国家责任（由国家承担救助责任）、公私分离（不得将国家保护生活穷困者的责任转嫁于民间设施与机构）、消除歧视（日本政府对贫困者要一视同仁）、人人平等（对贫困者要一律平等对待）、补充供给（对于防止生活贫困所必需的救济支付额，尽量不予以限制）等原则，规范了社会救助事业。

1950年根据《关于社会救济的备忘录》所阐述的原则，日本政府又制定了《生活保护法》（最新修改于2015年）。这部法律在总则中明确规定："国家对陷入生活贫困的所有国民，根据贫困的程度进行必要的保护。在保障最低限度生活的同时，帮助其提高自立的能力。"[⑤] 并明确提

[①] 参见［日］小山进次郎《改订增补·生活保护法的解释与运用》，中央社会福祉协议会1951年版。

[②] 参见［日］竹中胜男《社会福祉研究》，东京关书院1950年版。

[③] 参见［日］孝桥正一《社会事业的基本问题》，密涅瓦书房1954年版。

[④] 参见［日］冈村重夫《社会福祉学·总论》，柴田书店1956年版。

[⑤] ［日］《社会福祉小六法》，密涅瓦书房2017年版，第222页，译文为笔者所译。

出：所有的国民只要符合该法律所规定的条件，皆可无差别地平等地受到该法律的保护。与此同时，在救济扶助范围上共设有八类：一是生活扶助；二是教育扶助；三是住宅扶助；四是医疗扶助；五是介护（老人护理）扶助；六是生育扶助；七是兴业扶助；八是丧葬祭祀扶助。扶助的原则为：根据须救助者的需要，或单项支付扶助金，或并项支付扶助金。除此之外，对每项扶助内容做了详细的规定，例如：在生活扶助条款中规定了"为了使贫困者维持最低限度的生活，为其提供衣食及其它日常生活必需品"；在教育扶助条款中规定了"提供义务教育所必需的教科书及其他学习用品"；在医疗扶助条款中规定了"对于不能维持最低限度的生活者，提供诊察、医药、治疗、手术及居家护理等方面的援助"；在介护扶助条款中规定了"对于不能维持最低限度生活而需要介护的人，在福祉用具、改修住宅、入住设施介护、预防介护等方面提供援助"；甚至在婴儿出生扶助条款中详细规定了"分娩护理及助产、分娩前与分娩后的处置、提供脱脂棉、纱布及其它卫生用品"等。不仅如此，这部法律还详细规定了实施扶助的部门、职权范围、实施扶助的具体办法及扶助保护设施的营建与运营规则。[1]

另外，因为战争造成了大量的孤儿、流浪儿、失足少年，所以战后不久，儿童问题显得尤为严重。日本政府于1947年颁布了《儿童福祉法》，这是日本首次将"福祉"一词作为法律名称而使用。在这部法律中，首先明确了儿童福祉的理念，即："所有儿童，皆应遵循有关儿童权利条款之精神，应得到良好的抚育，生活上应得到保障，受到爱戴，受到保护，使其身心能够得到健康成长，并谋求使其能够自立，享有与其它福祉相同的受到保障的权利。"[2] 该法律还详细规定了国家及地方公共团体组织应承担的抚育儿童的责任，以及对残疾儿童的援助措施等，开创了制定儿童福祉法律之先河。其后，为了进一步落实这部儿童福祉法律，日本于1951年又颁布了《儿童宪章》。这部宪章开明宗义："儿童应该享有作为人的尊严；儿童作为社会成员之一应该受到重视；应该在良

---

[1] ［日］《生活保护法》，载《社会福祉小六法》，密涅瓦书房2017年版，第223—224页。
[2] 同上书，第416页。

好的环境中得到抚育。"① 该宪章在如何保障儿童权益方面,规定了以下 12 项条款:

(1) 所有儿童都应得到身心健康的成长、抚育,其生活须得到保障。

(2) 所有的儿童在家庭里都应得到正确的抚爱与知识和技术的培养。对于无家庭的儿童,须提供与之相同的环境。

(3) 所有的儿童都应得到适当的营养、居住、衣服被褥;在疾病与灾害中应该受到保护。

(4) 所有的儿童都应受到与之个性和能力相适应的教育,引导儿童自主地履行作为社会一员的责任。

(5) 引导所有的儿童热爱自然,尊重科学与艺术,培养其道德情操。

(6) 须确保所有儿童的就学权利,并为其提供完备的教育设施。

(7) 所有的儿童都应获得职业指导的机会。

(8) 要充分保障所有的儿童在其所从事的劳动中,不得妨碍其身心的发育,不得使其丧失受教育的机会,不得影响其生活。

(9) 为所有的儿童提供良好的娱乐场所与文化设施,保护其脱离恶劣环境。

(10) 保护所有儿童不受虐待、役使、放任及其他的不正当的对待。对犯错误的儿童要予以适当的保护与教育。

(11) 所有的儿童在其身体行动不便,或精神机能不健全之时,须施与治疗、教育及保护。

(12) 引导所有儿童以爱心与诚挚而相互团结,作为优秀国民贡献于人类和平与文化事业。②

战后短短六年,能制定如此详细的《儿童福祉法》与《儿童宪章》,不能不说是日本社会的一大进步。在《儿童宪章》之后,日本于 1949 年制定了《残疾人福祉法》③。该法律的重点放在了如何处理大批退役残疾军人回归社会的问题上,确定了为残疾人的自立与参与社会经济活动提

---

① [日]《社会福祉小六法》,密涅瓦书房 2017 年版,第 284 页,译文为笔者所译。
② 1951 年颁布的《儿童宪章》,载《社会福祉小六法》,密涅瓦书房 2017 年版,第 284 页,译文为笔者所译。
③ [日]《残疾人福祉法》颁布于 1949 年 12 月 26 日,最新修改于 2016 年。

供援助。该法律最新修改于 2016 年。

上述《生活保护法》《儿童福祉法》《残疾人福祉法》，当时被称为"福祉三法"。这些法律的制定与颁布，为日本战后构建社会保障与社会福祉体系奠定了基础。

1951 年日本政府又颁布了《社会福祉事业法》（该法经过几次修改，不断完善，最新修改于 2016 年，现为《社会福祉法》）。该法律在总则第 1 条中，明确地规定了社会福祉的目的在于："保护利用福祉服务的人的利益，在谋求推进地方福祉的同时，确保社会福祉事业能够得到公正透明、公平合理的实施，以及谋求以福祉为宗旨的事业得到健全地发展，以利于增进社会福祉。"[1] 在第 2 条中，将社会福祉事业分为两类：第一类是指公共性较高的社会福祉事业，按照《生活保护法》《儿童福祉法》《老人福祉法》《残疾人福祉法》《卖春防治法》的条款规定，由国家、地方公共团体所实施的与之相关的福祉救助、扶助措施，及提供综合性福祉服务，经营各类福祉服务设施等；第二类主要是指：对生活困难者，在其所居之处为其提供衣食及其他日常生活必需品，或提供为此所需的费用；受理与生活相关的咨询；对于生活贫困者自立支援法所认定的贫困者实施就业训练；对儿童福祉法所规定的残疾儿童的入托、接送、咨询等提供帮助；对正常儿童的生活自立、课后活动、健康保育及对所有哺乳婴儿家庭所实行的家庭访问提供支援，并包括对助产设施、保育所、儿童福利设施、儿童家庭支援中心的经营管理，以及受理与增进儿童福祉相关的洽谈咨询事务。另外，还包括寡妇福祉法所规定的日常生活援助措施、老人福祉法所规定的居家养老介护、为老年人提供的各类服务事业[2]等，内容甚为详尽。

为了顺利落实上述法律，日本在各个县市设立了社会福祉主事（相当一干事）、福祉事务所、社会福祉法人等，使战后的社会福祉事业的发展有了法律制度上的保障与实施细则。同时，为了营造居民参与社会福

---

[1] ［日］《社会福祉法》，载《社会福祉小六法》，密涅瓦书房 2017 年版，第 16 页，译文为笔者所译。

[2] 同上书，第 16—17 页。

祉活动的平台，日本还成立了社会福祉协议会（简称社协）。另外，以战前社团组织"日本社会事业协会""全日本民生委员联盟""同朋援护会"等为核心，1951 年成立了中央社会福祉协议会，1953 年转为全国社会福祉协议联合会，进而于 1955 年发展成为全国社会福祉协议会。在此之后，都道府县以及市町村也相继成立了地方社会福祉协议会。这些协会的建立与恢复，推动了福祉法律法规的落实。

二 发展阶段

自 20 世纪 50 年代后期起，直到 70 年代，日本摆脱了战后的混乱与贫困，步入了经济发展的快车道，每年的经济增长都高达两位数。1961 年日本制订了《国民所得倍增计划》，6 年后的 1967 年便提前实现了这一目标。1968 年日本的 GNP 超过西德与英国，跃居世界第二位。国民整体工资的大幅度提高，社会物质生活的富裕，使日本国民自誉为："一亿国民皆中流（中产阶级）。"另外，随着电冰箱、洗衣机、吸尘器、电视机等家电耐用消费品以及家用轿车的普及，给生活带来极大的方便，促进了消费生活水平的跃升，同时也带来了许多弊端。

首先伴随着经济的高度增长，日本社会演变成了疯狂追求工作业绩，管理高度严格的社会。各个企业公司之间，乃至于企业公司内部的竞争日趋激烈，甚至出现了为争取工作业绩而不顾身体健康的"猛烈社员"，意为"工作狂"或"拼命三郎式的员工"，使得员工在体力上与精神上不堪重负，产生了大量难以适应的人群。同时，由于企业一味地追求利润，造成各地空气污染，河流水质污浊等公害事件频发，进而造成了"水俣病"①、"疼疼病"②的蔓延，严重地危害了人们的健康与生命安全。而且，由于行政处理滞后，加之造事企业的不负责任，引起各地民众的愤怒，纷纷提出诉讼；而政府的应对不力，又酿成了事件解决上的长期拖延。另外，因森永公司所生产的奶粉，由于砷的含量过度，引发了全国

---

① 水俣病是食入河水中被化学汞污染的鱼、贝类所引起的中毒而患的一种综合性疾病。因 1953 年首先发现于日本熊本县水俣湾附近的渔村而得名。

② 因三井金属矿业的废水排放造成污染，是日本富山县神通川流域多发的一种疾病。患者疼痛难忍，不断叫喊"疼、疼"，由此而得此病名。

范围的中毒事件①，加上酞胺哌啶酮等药品的中毒②，以及米糠油事件③等，严重地损害了民众的健康。这些事件的发生与公害一样，都是由于企业一味地追求利润，行政部门采取优先发展经济的政策所造成的。与此同时，人口过度地集中于大都市，造成了地价上涨，住房紧张，社会资本的调配跟不上人口的增加；而家用汽车的普及又使得交通事故频发。加之，农村地区人口减少，过疏化现象加速，互助组解体，甚至出现了被称为："三ちゃん農業"（音译三跄农业），即老头、老太太、儿童种地的现象，农业开始呈现衰落现象。

在上述背景下，国民对社会福祉的呼声日益高涨，促使国家明确发展目标，即：经济发展的目的在于实现国民的福祉，在于创建"福祉国家"④。在此之后，日本政府根据社会的呼声与民众的要求，开始进行调整，其调整措施主要体现在法律法规的制定。日本政府于1958年重新修改了《国民健康保险法》，1959年又颁布了《国民年金法》。在此基础上，为了保障国民收入，日本建立了全民皆享受保险、年金的制度。不过，虽然制定了这些最低限度的生活保障法律，但是在保障国民收入，使全体国民皆能享受社会福祉方面，还显得十分不足。其不足之处与政府采取的补救措施，主要表现在如下几个方面。

（一）关于智障患者的待遇与护理

对于不满18岁的智障患者，日本政府套用儿童福祉法，而对于18岁以上的智障患者，政府则无对应措施，由此而引起了智障患者家长的不满，爆发了社会运动，政府迫不得已于1960年制定了《精神薄弱者福祉法》，即现行的《智障患者福祉法》。该法律不仅规定了国家、地方公共团体及国民负有照顾智障患者的责任与义务，并要求各都道府县必须成

---

① 1955年日本森永集团在加工奶粉过程中使用了劣质磷酸钠并混入了砷，使得饮用奶粉的婴儿在神经、内脏上严重受损。

② 1962年日本许多孕妇因服用酞胺哌啶酮药品，致使许多婴儿在出生前便患有畸形病。

③ 1968年日本九州一家食用油厂在生产米糠油时，因管理不善，操作失误，致使米糠油中混入了在脱臭工艺中使用的热载体多氯联苯，造成食物油污染，使得大量家禽死亡，食用人员中毒。

④ [日]岩田正美、武川正吾、永冈正己、平冈公一编：《社会福祉的原理与思想》，东京有斐阁2003年版，第98页。

立智障者更生事务所，为智障人提供各种福祉服务，以及规定了所需费用由地方政府部门支出。① 这部法律对于改变智障者的生活条件起到了极其重要的作用。

(二) 关于老年人的照顾问题

经济的高速发展虽然带来了社会的繁荣，但是并未给老年人的生活带来幸福之感。由于子女工作繁忙，家属照顾能力低下，使得全体国民对老后的生活感到不安。20 世纪 60 年代之前，只有为数不多的养老院收容照顾老人，进入 60 年代之后，老年人问题开始日趋严重，要求制定综合老年人福祉法的呼声高涨，在这种情况下，政府于 1963 年制定了《老人福祉法》。这部法律在总则的第 1 条就立法的目的指出："本法在明确有关老年人福祉原理的同时，为了保持老年人的身心健康及生活安定，制定必要的措施，以谋求老年人福祉为目的。"② 在第 2 条基本理念中规定："老年人多年以来贡献于社会的发展，而且作为具有丰富的知识与经验的长者受到尊敬。同时，老年人享受人生价值、身心健康、生活安稳的权利应该得到保障。" 在第 4 条中规定了增进老年人福祉的责任与义务，即："国家及地方公共团体有责任、有义务增进老年人福祉。" 同时，为了在社会上与民众之间扩大与加深对老年福祉的关心与理解，在第 5 条第 1 款中规定了设立"老年日与老年周"，并奖励国家与地方公共团体举办与之相符的各类活动。在第 5 条第 2 款第 1 项中，对各项老年人福祉事业进行了法律上的界定："本法律将老人居家生活支援事业称作'老人福祉事业'"，其范围包括"老人居家介护、老人节服务、老人短期入所、小规模多效能型的居宅介护、认知症对应型的老人共同生活援助及复合型服务"等。在第 2 款第 2 项至第 7 项中，详细地说明了按照《介护保险法》的规定：居家介护服务费的支付、定期巡回与随时对应型的家庭访问介护及与夜间对应型访问介护相关的地区紧密型介护服务费的支出，为老人居家入浴、排泄、饮食等所提供的介护，以及为其他日常生活所

---

① ［日］《智障患者福祉法》，载《社会福祉小六法》，密涅瓦书房 2017 年版，第 1188—1193 页。

② ［日］《老人福祉法·第一章　总则》，载《社会福祉小六法》，密涅瓦书房 2017 年版，第 704 页。

提供的方便等。① 这些福祉服务皆由厚生劳动省制定规则，各地区必须严格遵照执行。除此之外，这部法律还详细地规定了福祉措施的实施者，开设城乡福祉事务所并设所长、社会福祉主任等职，负责具体福祉事务，并规定了其职权范围及工作内容。② 到目前为止，日本全国各地的福祉事务所，共计有1247所，正式工作人员达145025人，③ 负责协调处理各项福祉事务。不仅如此，该法律对老人居家介护、养老院设施的建立标准与运营规则、入养老院的条件、各级政府部门所制订的老人福祉计划、各项开支与预算、国家开支与地方补贴等，都做了详细的规定。这部法律最新改正于2014年。该法律涵盖内容之多，范围之广，条款缜密细致，令人赞叹不已。

（三）关于"核家族化"的立法

"核家族化"是日语，意思为：小家庭化（指子女结婚后单过的家庭）。随着小家庭化的进展，出现了许多单亲家庭，甚至有些单亲家庭生活陷入困窘。为此，日本政府于1964年制定颁布了《母子福祉法》，即现行的《母子及寡妇福祉法》。

以上三法，加之战后不久制定的《生活保护法》《儿童福祉法》《残疾人福祉法》，合之为六法。这六法为日本福祉事业的发展奠定了基础。由于六法的颁布与实施，社会与国民对于福祉事业的关心愈加深入，福祉志愿者的活动受到瞩目。同时，智障与残障儿童的问题也受到社会的广泛关注，日本教育家系贺一雄在《福祉之思想》一书中提出："要让这些孩子也能沐浴社会之光"④，并倡导发展保障论。加之，残障人本身也发起了各种维权运动，这对于80年代后兴起的"老龄人与残障人⑤要享有尊严、要与正常人过同等生活的运动"产生了一定的影响。

1971年之后，日本政府开始实施《紧急修建社会福祉设施5年计

---

① ［日］《介护保险法》，载《社会福祉小六法》，密涅瓦书房2017年版，第704—705页。
② ［日］《老人福祉法》，载《社会福祉小六法》，密涅瓦书房2017年版，第704—710页。
③ ［日］社会福祉动向编辑委员会编：《社会福祉的动向·2017年》，东京中央法规出版株式会社2017年版，第23页。
④ 参见［日］系贺一雄《福祉之思想》，东京日本放送出版协会1968年版。
⑤ 我国已开始使用"残障人"，该词有残疾与身体障碍两种含义。

划》，政府与各类经济团体还投入大量资金，在全国开始大量建设与老龄人、儿童、残疾人、生活困难者相关的福祉设施。到目前为止，各类福祉设施总数高达126411所，其中，老年人福祉设施为70438所，儿童福祉设施为34462所（其中保育所为24509所），残疾人支援设施为5951所。[1] 这些设施的建立，不仅促进了福祉事业的发展，又为社会提供了大量的就业机会。

不过，由于设施的大量增加，给国民造成了设施即等于社会福祉的错觉；尤其是以残障人为对象而建设的疗养设施，造成了残障人与社会的隔离，从而遭到了质疑。

三　调整阶段

1973年度在日本国家预算里大幅度增加社会保障费，这一年被称作"福祉元年"。不过就在这一年里，发生了第一次石油危机，经济高度增长期结束，日本进入到低增长时代。经济高速发展时代由于经济整体规模增大，其中一部分投资转向了社会福祉，所以较容易地实现了福祉事业的大发展。然而，与此相比，经济的低增长带来了财政的困难，福祉事业的发展也因此而受阻。这一时期社会上要求重新审视福祉事业的呼声渐高，为此，日本开始摸索用较少的费用来发展社会福祉的办法与方向。其中之一，就是"日本型福祉社会论"。这一主张，提倡日本传统的相互扶助精神，欲以此来解决社会福祉问题。不过，这种主张严重地脱离了现实。在高度发达的现代社会里，福祉问题不可能由民众之间的互助而得到解决，而且这种将社会福祉的责任转嫁给个人及家属的主张，在社会福祉的援助对于国民的生活必不可缺的现实情况下，完全失去了说服力。不过，正因为这种主张在日本社会还有一定的市场，所以它在某种程度上制约了福祉服务事业的发展。[2]

进入70年代中期，为了维护保障人权，联合国相继制定了国际妇

---

[1] ［日］社会福祉动向编辑委员会编：《社会福祉的动向·2017年》，东京中央法规出版株式会社2017年版，第31页。

[2] ［日］岩田正美、武川正吾、永冈正己、平冈公一编：《社会福祉的原理与思想》，东京有斐阁2003年版，第100页。

女节、国际儿童节，相继出台了一些措施。1981年所制定的国际残疾人年，为残障人参与社会提供了契机。在这一背景下，日本社会开始对以设施为中心的养老福祉提出了质疑，而对居家养老福祉的关心开始增强。

随着经济低增长的持续，老龄化的社会问题日趋严峻，加之财源的枯萎，社会普遍认为有必要再度重新审视社会福祉事业的发展。由此，改变战后社会福祉框架的主张开始蔓延，社会开始呼吁福祉改革。

1990年，日本政府基于重视居家养老的福祉服务，重视地方市、町、村对于福祉的管理运营，对与社会福祉相关的法律进行了大幅度的修改。

日本政府虽然在1987年颁布了《社会福祉士及介护福祉士法》，实现了长期以来悬而未决的职业资格化的问题，不过，进入90年代，由于泡沫经济的破灭，造成了福祉设施内工作人员的严重短缺，作为应对之策日本政府于1992年制定了《社会福祉事业法》，对社会福祉设施职员的离退休补贴做了部分调整，并颁布了《福祉人才确保法》，加速推进福祉服务人才的培养，各大学开始纷纷建立福祉学部及福祉专业。

另外，在财政困难的情况下，政府紧缩生活保障费，减少领取保险金的人员名额，由此引发了饿死事件，以及因保险费的问题而造成了诉讼、法庭裁判事件的频发，原告胜诉的案例接连不断。为了对应这种高龄化社会的进展，政府出台了《推进高龄人保健福祉十年战略》（号称"黄金计划"），扩充了老年人的福祉服务。

除此之外，据统计1989年全国婴儿总出生率仅为1.57，社会少子化问题的严重性超出了预想。为此，政府提出了：不应该将育婴的责任全部推托给家庭，要朝着以社会福祉为支撑的方向发展。在这一认识下，日本政府开始实施"天使工程"，建立育婴支援系统。

随着尊重老年人、残障人的尊严，使其融入社会，成为社会成员的理念逐步成为社会的共识，为了弥补原有法律的不足，1993年出台了《残障人基本法》。此外，以被福祉排除在外的精神残疾人为对象，将《精神卫生法》改为《精神保健法》，进而于1995年又将其改为与精神保健及智障残疾人福祉相关的法律，即《精神保健福祉法》。

四　现实阶段

20世纪80年代末，泡沫经济造成了社会大繁荣的假象，一时间财政充裕，福祉事业由此获得了较大的发展。可是好景不长，随着泡沫经济的破灭，经济陷入停滞状态，一部分企业相继破产，财政急剧恶化。政府为了应对这一变化，强调要对日本的特殊经济结构进行改造，主张有必要放宽管制，对中央集权式的行政结构进行改革，推动地方分权而治。

在这一背景下，社会开始关注市民参与的福祉事业，以阪神大地震为契机，舆论强调志愿者参与救灾的必要性。由此，1998年政府制定了《特定非营利活动促进法》（NPO）。同时，社会上出现了许多由财团与民间企业所提供的福祉服务，这不仅促进了社会福祉服务的多样化与多元化，同时也形成了新的产业链条，在某种程度上拉动了经济的发展，成为经济增长的新亮点。

如今，社会福祉基础构造的改革正在进行之中，日本政府在大幅度修改与福祉相关的法律的同时，正在摸索构建新的社会福祉框架。这主要体现在如下几个方面：

（1）政府增加财政预算，2016年度厚生劳动省福祉预算财政总额为：303110亿。这些费用主要分配在生活扶助、医疗、养老介护、年金、儿童保健、残疾人扶助等方面。

（2）进一步夯实社会福祉的基盘，规范国家福祉机构与自治团体的组织运营与行政运营，明确社会福祉法人的性质与职责，加强对福祉服务设施的管理，明确社会福祉主事、社会福祉士、介护福祉士、精神保健福祉士的工作性质与工作内容，确保福祉人才的培养与培训。

（3）明确生活保障基准与保障范围，根据国民生活的实际状况及物价、消费动向等，来稳妥地实施生活保障措施，使之更趋于科学化与合理化。

（4）加强老年人社会福祉，进一步落实介护保险制度，将介护的重点放在居家养老上；扩展与充实对于认知症患者及家属的援助，提高认知症患者的医疗及生活质量。

（5）增加儿童培育与育婴的援助措施，进一步确保贫困儿童救助、防止虐待儿童、母子保健等政策的贯彻实行等。①

综上所述，日本战后社会福祉的发展，主要以社会现实问题为依据，以社会需求为导向，政府根据社会需求而不断地出台政策与措施，使得社会福祉事业在改革发展中不断完善。目前由于财政紧张，日本福祉事业正处于新一轮的改革之中，虽然关山重重，不过其发展经验，尤其是经济高度发展时期所出现的问题与对策，以及在解决老龄化与少子化社会问题上所采取的政策与办法，值得我国借鉴，亦值得我们进行深入的探讨与研究。

第二节　福祉教育的形成与发展

众所周知，教育为立国之本，福祉事业亦是如此。日本在福祉教育事业上已经先迈出了一步，并且成绩斐然。我国学者张晓霏曾撰写《日本福祉教育事业探析》② 一文，该论文详细地介绍了日本学者重田信一、大桥谦策、平川毅彦等人对于福祉教育事业的定义，并对日本福祉教育进行了梳理，对了解日本福祉教育的来龙去脉，有一定的参考价值。本章不同于该论文之处，在于将考察的重点放在福祉教育立法上，根据立法内容，对日本战后福祉教育事业的发展与特点做以概述，以资我国今后在发展福祉教育上做以参考。

一　福祉教学体系之建立

最近30余年来，日本随着高龄少子化的社会问题日趋严重，社会对福祉服务人才的需求越发强烈。日本的福祉教育事业，正是在这一时期取得了飞速的发展，建立了较为完整的福祉教育体系。

据日本文科省公布的统计数据显示：日本全国的大学总数为782所，其中福祉系统的大学为262所，设有福祉学部的大学及短期大学共计有

---

① 参见［日］社会福祉动向编辑委员会编《社会福祉的动向·2017年》，东京中央法规出版株式会社2017年版。

② 张晓霏：《日本福祉教育事业探析》，《西南交通大学学报》（社会科学版）2011年第5期。

394 所，占大学总数的一半以上。此外，福祉专门学校（专科）为 271 所，福祉系统高中 119 所。另外，国家指定的保育士培养设施 641 所学校，社会福祉干部培养设施 43 所，社会福祉士培养设施 65 所，介护福祉士培养设施（各类学校）高达 487 所。[①]

由此可见，日本对于福祉教育的重视程度，以及社会对于福祉的广泛需求。这种需求主要基于以下 7 个方面：

（1）为了应对老龄化社会，需要大批社会福祉工作人员与老人介护、康复理疗技术人员。

（2）由于泡沫经济的破灭，造成了经济低迷，国民整体收入水平有所下降，民众寄希望于经济的回升与平稳的发展，并通过社会福祉的调整来保障或维持工薪待遇。

（3）国际经济的发展与国内行业间的竞争日趋激烈，部分大企业面临着转型与转产，中小企业陷入困境，由此造成了失业率的增高与终身雇佣制的崩溃。由于许多企业减少正式职工比例，大量雇用合同工与非正式员工，造成了职业上的不安定与从业人员的心理压力，社会需要通过福祉政策来确保职业的安稳。

（4）收入的减少与物价的上涨，造成了家庭生活开支的紧缩与生活负担的加重，社会需要通过福祉政策的调整，来确保国民的生活水平不至于大幅度下降。

（5）通过社会福祉政策来确保全体国民继续享受医疗保健待遇。

（6）通过增加母婴福祉、儿童福祉、抚育补贴等，来鼓励生育，缓解社会少子化问题的困扰，保障教育生源与教育水平。

（7）人们关注社会福祉，希望增加了解并参与社会福祉，民间希望增加与福祉合作的机会。通过丰富社会福祉内涵，来增加文化娱乐的机会。

上述七大方面的需求，为日本福祉事业与福祉教育事业的发展带来了前所未有的机遇与广阔的前景。社会对于福祉服务人才的需求，可用

---

① 参见［日］社会福祉动向编辑委员会编《社会福祉的动向·2017 年》，东京中央法规出版株式会社 2017 年版。

"求之若渴"来加以形容。

战后日本福祉教育之所以取得了飞速的发展，除了上述社会需求之外，政府立法与教育机构的推动起到了关键性的作用。

众所周知，日本先于我国进入到老龄社会，早在20世纪70年代日本65岁以上老龄人口总数为733万人，80年代为1071.9万人，90年代为1522.1万人，进入21世纪之后增至2539万人。另据日本总务省最新统计：2017年65岁以上的人口高达3513万人。[①] 老龄人口所占的比例，在发达国家中位居最高。为了对应老龄化社会的严峻现实，以及在全国范围内出现的养老问题，日本政府于1995年便颁布了《高龄社会对策基本法》，1999年又进行了重新修订。该法律在开头部分首先阐明："人口结构的老龄化进展极为迅猛，在不久的将来，会达到世界前所未有的水平。与此相比，国民的意识与社会体制的对应却十分滞后，须尽早解决的课题繁多，而所剩的时间甚少。因此，面对这一严峻的现实，为了构建每位国民能够终生享受真正幸福的社会，有必要不断地重新审视改革与雇佣、养老金、医疗、福祉、教育、参与社会、生活环境相关的社会体制，使之适应于高龄化社会的进展。为此，国家及地方公共团体自不必说，企业、地区社会、家庭及个人也有必要相互协助，积极地发挥各自的作用。为了搞清高龄社会对策的基本理念及明确其方向，为了以国家为首的整个社会综合地推进高龄社会对策，特制定此法律。"[②] 该法律在总则部分中首先确立了基本理念，即：

（1）必须确保国民在整个生涯中享有就业及参加各种社会活动的机会，构建公正且充满了活力的社会。

（2）国民作为构成社会的重要一员，其终身应该受到尊敬，地区社会要形成立足于自立与连带之精神。

（3）要构建国民终身能够享有健康、生活充实的富裕社会。

---

① 《人口推计［平成30年（2018年）12月确定值，令和元年（2019年）5月概算值］(2019年5月20日公表)》，2019年5月29日，日本总务省网（http://www.stat.go.jp/data/jinsui/new.html）。

② ［日］《高龄社会对策基本法》，载《社会福祉小六法》，密涅瓦书房2017年版，第702页。

为了实现上述基本理念，该法律规定了国家、地方公共团体应承担的责任与义务及国民应付出的努力。在实施大纲里明确了法制上应采取的措施，规定政府每年必须向国会报告高龄化的状况及对策的落实情况。在政策的具体实施上，该法律在第二章中，详细地规定了就业与所得、健康与福祉、学习与参加社会的关系，提出了改善生活环境、推进调查研究、反映国民意见的要求；在第三章中规定了政府设高龄社会对策会议机构，并就会议机构的设置与其掌管的事务及组织形式等制定了规则。

正是在上述老龄化社会急剧进展，在政府积极对应与立法的引领下，日本福祉教育事业于20世纪90年代起迎来了大发展的时期；各地纷纷组建福祉大学或在大学里增设福祉学部、大学院、开设福祉及福祉学专业，培养大批的社会福祉士、介护福祉士、精神保健福祉士及福祉研究人员，以满足老龄化社会的需求。同时，许多地区还建立了福祉专科学校，为各地养老机构培养输送介护福祉技师。2005年从事福祉介护服务工作的人员为328万，随着介护保险制度的建立及残疾人福祉制度的改革，福祉介护服务在质量与规模上都取得了较大的提高与发展，与1993年相比从业人员增加了4.6倍，尤其是从事养老福祉工作的人员与1993年的17万相比，2005年增加到197万人，约是1993年的12倍。[①] 不过，由于国家对于福祉从业人员的要求甚高，学生毕业后，尚须经过国家考试方能就业，因此其就业率并不算高。加之，福祉领域，尤其是介护工作的辛苦，工作环境与条件及工资待遇偏低等问题，出现了高离职率的现象，造成了人才的流失。

二 政府规范福祉教育

2017年日本政府为了提高福祉服务人员的整体素质，使福祉工作与介护工作更加规范化，修改了1987年制定的《社会福祉士及介护福祉士法》，在该项法律中设定了从业人员必须达到的标准。在该法的第一章

---

① 《为了谋求确保从事社会福祉事业人员所采取的有关措施的基本方针》，载《社会福祉小六法》，密涅瓦书房2017年版，第66页。

（总则）第 1 条中，首先明确了该法的设置目的，即："此法律以确定社会福祉士及介护福祉士的资格，谋求其业务的规范与准确，增进社会福祉为目的。"在第 2 条中将"社会福祉士与介护福祉士"的职业解释为：（1）具备专业知识与技术，受理身体上或精神上患有障碍，或者由于环境上的原因不能正常维持日常生活的人的商谈与咨询，为其提供建议、指导、福祉服务，或负责与提供医师及其他保健医疗服务的机构和其他相关者进行联系及调整，并实施其他援助的从业人员为"社会福祉士"；（2）具备专业知识与技术，对于因身体上或精神上患有障碍而影响日常生活的人，根据其身心状况进行介护（在医生的指示下，进行吸痰等维持日常生活所需要的护理），并且对于介护人员与被介护人进行相关指导的工作人员为"介护福祉士"。在第二章与第三章中明确规定了社会福祉士与介护福祉士的资格认定，即：通过国家考试，其合格者才能具备工作资格。考试每年一次，由厚生省大臣主持。同时，参加考试人员必须具备考试资格，社会福祉士的考试资格细分为 12 项，主要内容为：参加考试人员，必须是根据学校教育法而设置的大学（不包括短期大学）的学生，必须修满由文科省与厚生劳动省的省令所规定的有关社会福祉的课程并已经取得毕业证书，以及由厚生省所认定的具备同等资格的人员才能参加考试；对于在大学修满省令所规定的基础课程而毕业的学生，以及其他具有同等资历的人员，必须符合厚生劳动省省令的规定，必须在文部科学省大臣及厚生劳动省大臣所指定的学校，或都道府县知事所指定的培训设施里进修六个月以上，使其掌握作为社会福祉士所必备的知识与技能，方能获得参考资格。而非福祉专业的大学毕业生要想参加社会福祉士国家考试，则须在政府指定的培训设施里进修一年以上；短期大学（仅限于三年学制）的学生则须修满指定科目，并在政府指定的培训设施里从事咨询援助工作一年以上，才能参加考试。而介护福祉士的参考资格，则更侧重于具备实践经验，要求参考人员须在培训机构里实习工作 1—2 年，在掌握介护福祉知识与技能后，才能应试。可见参考资格审定之严格。

除此之外，《社会福祉士及介护福祉士法》对于考试机构的设置、考试事务规则与章程、考试官员的任免、开始工作记录、考试手续费的缴纳等，都做了详细的规定，使得任何人在考试上都无法作弊。

进入 90 年代后期，随着老龄化与少子化的社会问题日趋严重，养老与介护人才的短缺，部分大学的学生入学率下降，日本各个大学开始加速福祉专业的创建。而在福祉学部、福祉学校如雨后春笋纷纷建立的过程中，日本政府为了规范福祉教育，文科省与厚生省于 2008 年 3 月颁布了《确定关于社会福祉科目的省令》，并于 2011 年又颁布了对该省令的修改案。该省令详细地规定了各大学及福祉教育机构在培养社会福祉士及介护福祉士时，须开设的基本课程与主要课程：

"一、须在以下科目中选修一门课程

1. 人体构造与机能及疾病
2. 心理学理论与心理上的援助
3. 社会理论与社会系统

二、现代社会与现代福祉

三、社会调查与福祉

四、洽谈商量的基础与专门职业

五、洽谈商量的理论与方法

六、地区福祉的理论与方法

七、福祉行政财政与福祉计划

八、福祉服务的组织与经营

九、社会保障

十、对高龄人的支援与介护保险制度

十一、对残疾人的支援与支援残疾人自立制度

十二、对儿童及家庭的支援与儿童·家庭福祉制度

十三、对低收入者的支援与生活保障制度

十四、医疗服务

十五、须由下列科目中选择一项科目

1. 就业支援服务
2. 权益的维护与成年后的关照制度
3. 回归社会保护制度

十六、通过洽谈商量实施援助的练习

十七、洽谈援助实习指导

十八、洽谈援助实习"①

省令除了规定上述科目之外，还详细地规定了实习练习科目的学时数等，凸显了福祉教育的主要目的是应用于社会、实践于社会。

由上述科目的设置来看，社会福祉教育源于对社会弱势群体的援助而形成发展起来，它不单单是老年福祉，还囊括了儿童、妇女、单亲家庭及对残障人的扶助等内容。

除此之外，为了援助智障及精神障碍与老年认知症患者，日本政府于1997年颁布了《精神保健福祉士法》②，在该法律条款中规定了《精神保健福祉士资格考试》的实施细则。

不仅如此，凡是毕业于福祉大学及福祉专业的学生，要想成为社会福祉士、介护福祉士，除了经过所在大学的专业考试及论文答辩之外，皆须经过国家考试，唯合格者方能从事福祉工作；其考试之难，被日本家长戏称为"鲤鱼跳龙门"。为此，许多大学福祉学部及福祉专科学校专门设立了"考试对策委员会"，以帮助学生取得国家认定资格。

日本各福祉大学与大学、短期大学中的福祉学部，以及福祉专科学校在其创办过程中，不断调整，逐渐形成了自己的办学方针、办学理念与办学特色。不过就总体而论，日本福祉教育的宗旨在于培养学生的"爱心"或称之为"福祉心"（即社会奉献精神、事业心），传授从事福祉服务工作所必备的专业知识。这种专业知识根据学科的教育目标分别而定。同时，各大学、短大及专科学校又按照文科省的规定，并根据社会需求、招生情况等，不断地调整办学方向与课程设置。例如：日本福祉大学创建于1957年，其前身为"社会事业短期大学"。该大学1969年设立了大学院（研究生院）社会福祉研究科修士课程，开始招收修士（硕士）生。1996年开设社会福祉学博士课程，之后，经过不断调整，于2007年又增设了福祉经营博士课程、人类环境情报博士课程、国际社会

---

① 《确定关于社会福祉科目的省令》，载《社会福祉小六法》，密涅瓦书房2017年版，第143—145页。

② 《精神保健福祉士法》，载《社会福祉小六法》，密涅瓦书房2017年版，第146—148页。

开发博士课程及与之相关的硕士课程。从学部构成来看，日本福祉大学共有8个学部，分别为：

（1）社会福祉学部（下设社会福祉学科）。

（2）健康科学部（下设康复理疗学科与福祉工学科，专业有理学、疗法学、作业疗法学、介护学、健康情报、无障碍设计）。

（3）儿童发达学部（下设儿童发达学科与心理临床学科，专业有保育、学校教育、心理临床、残疾儿心理）。

（4）国际福祉开发学部（下设国际福祉开发学科）。

（5）看护学部（下设看护学科）。

（6）体育科学部（下设体育科学科）。

（7）经济学部。

（8）福祉经营学部（属于电信教育，下设医疗·福祉经营学科）。

另外，修士（硕士）与博士的专业课程设置，以理论研究与现场实习、考察为主，其教育目标在于培养福祉研究人员与高素质的福祉服务人才。

再以更为著名的日本东北福祉大学为例，其学部的构成情况为：

（1）综合福祉学部（下设社会福祉学科、产业福祉学科、社会教育学科、福祉心理学科、情报福祉学科）。

（2）儿童科学部（下设儿童教育学科）。

（3）健康科学部（下设保健看护学科、康复学科、医疗经营管理学科）。

（4）综合经营管理学部（下设产业福祉经营管理学科、情报福祉经营管理学科）。

另外，该大学的大学院（研究生院）设有综合福祉学研究科，博士课程主要为社会福祉学专业，硕士课程主要为福祉心理学专业。可谓门类齐全，基本上囊括了福祉学所需的专业课程，而且课程配置与安排上既丰富多彩，具有多样化的特点，又科学合理、严谨缜密。

其他大学福祉学部的专业组成与课程设置大同小异，大都以老年福祉、儿童福祉、残疾人福祉、介护福祉、康复理疗为主，基本上囊括了福祉所需的专业。不过，各个学校都各具特色，有的侧重于理论研究，有的侧重于实践；其课程设置既切合实际又丰富多彩，其教师队伍皆由福祉领域的专家、学者组成。

另外，关于福祉学的研究方法。在战后福祉教育的早期阶段，福祉学作为社会学、经济学、法律学、教育学、医学护理、心理学等先行科学的应用领域而起步，因此，其研究方法基本上是袭用或参照这些先行领域的研究方法而形成的，只不过福祉学更为重视实践，以对应实践过程中所遇到的问题为主线，经过战后70余年的发展，目前已经形成了横跨众多学术领域的福祉学独自的研究体系与研究方法，形成了雄厚的师资力量，并取得了丰富的研究成果。同时，近20余年来，由于福祉教育体系的不断完善，各大学在专业教师的录用上，须经过教授会的严格审查，绝不存在以钱买职的现象。因此，日本从事福祉教育的教师不仅具有深厚的理论功底，且具备丰富的实践经验，对于学生的指导可谓是既细致入微，又耐心周到。

尽管如此，目前由于社会少子化问题严重，日本各私立大学，尤其是名次较低的大学所开设的福祉学部，皆面临着生源不足的问题。许多大学为了招生，不得不每年前往海外（主要是中国、韩国、东南亚各国）举办各类说明会，以便充填学生的定额，确保文科省所提供的助成金。尽管通过招收海外留学生，部分地解决了生源问题，然而，随之而来的是语言问题与管理问题。大多数留学生在本国只学习掌握了简单的日语会话，语言基础甚浅，而福祉专业不但专业性强、学问术语较多，而且须将所学的知识与技能应用于临场实践，所以造成许多留学生在听课、记笔记、课题发表、撰写论文、答辩，以及在福祉与介护实习等方面，都存在着众多的困难。为了解决这些困难，笔者认为：高等教育机构所组建福祉专业，在加强理论学习与实践的同时，必须重视外语教育，唯在国内奠定较强的专业语言功底，才能在派遣留学生上取得事半功倍的效果。

为了加速我国福祉事业的发展，尤其是为了应对我国老龄化社会所出现的福祉·介护服务人才短缺问题，笔者认为：我国高等教育机构应迅速组建大批的福祉专业，而在福祉教育体系尚未形成之际，大量派遣留学生仍然是一条快捷之路。

综上所述，日本福祉教育经过近 70 年的发展与调整，已经形成了较为完整的福祉教育体系，具有雄厚的师资力量，尤其是近 20 余年，日本的福祉教育取得了飞速的发展，培养了大批的福祉专业研究人才及从事福祉工作的员工，积累了丰富的经验，值得学习与借鉴之处甚多。

第 九 章

日本的老年人介护与介护立法

第一节 "介护"的含义与概念

首先,"介护"一词是日语的汉字词汇。随着我国养老事业的兴起,中日两国在该领域的交流不断深入,"介护"一词作为专业名词,如同"经济""社会""哲学"等近代由日本传入的"日式汉字词汇"一样,已经移植于我国。目前,或者直接使用该词,或者将该词翻译为"护理""照护",在我国养老业界已开始广泛使用。不过,"介护"一词的原意与中文的"护理""照护"有着微妙的区别,而正确理解"介护"的含义,对于我国养老领域的从业人员有着重要的意义。

"介护"一词的"介"字,在中文里属于象形文字,甲骨文为" "，是指事字,在"人"的四周加四点指事符号,表示裹在身上的护革,即连在一起的铠甲片。早在我国第一部诗歌集《诗经》里便有"驷介旁旁"①"舍尔介狄"②等用例。《说文解字》将该字解释为:"介,画也。从八,从人。人各有介。"意思为:介字属于画（象形）,其字形采用"八、人"是会意,表示人们各有其界限。不过,"介"作为动词,它的意思为"居中","位于两者中间,起到联系、连接的作用";含有"媒介""中介""介入""介和（调解,说合）"之意。其用例有:"士无介

---

① 《诗经·郑风·清人》。
② 《诗·大雅·瞻卬》。

不见，女无媒不嫁。"① 除此之外，"介"字还有"帮助""佐助""凭借""依靠"等含义，如："介尔景福"②、"介人之宠，非勇也"③、"凡所介贰，皆有卓绝之称"④ 等，皆属于其用例。再看"护"字，其繁体字为"護"，是形声字，意思为保卫、保护、爱护、袒护、救助等。

日本人熟知两字的含义，故将这两个汉字合在一起，组成了"介护"一词。其意思为：通过媒介、介入、介和来达到帮助、佐助、救助之目的。日本人认为："介护"的"介"字，就是"媒介"的"介"，所谓"介护"就是"将自己媒介化的一种技术。……需要介护的不只是老人，我们需要将众多的人作为媒介才得以维系生活，在相互依存的关系网之中才能得以生存。"⑤ 从这种意义上来讲，介护是人与生俱来不可或缺的行为，所有的社会成员皆须依靠媒介来经营自己的生活，人们皆生活在相互依存的关系网之中。所谓"生活自立"是需要条件的，它受年龄等各种因素的影响，尤其是当老年人失去青春活力的时候，更需要依赖并置身于相互依存的关系网之中，通过介护者来保障老后的安康生活。因此，在日常生活中，只有将自己很好地媒介化，才能使他人变为自己的"媒介"。从这个意义上讲，"介护"的优劣与介护水平的高低，既取决于介护者，更取决于受介护者本人。介护的关键在于一个"介"字，唯有通过"介"才能将"彼"与"己"，主观与客观有机地联系在一起。将此概念运用于养老福祉上，其含义根据日本出版的《完全图解·新介护》一书的解释，⑥ 可整理归结为以下几点：

（1）介护就是为老人营造生活，生活的主体是老人，以媒介（介护者）为手段或契机，激发老人的潜能与生存机能，使老人由患者变为正常的生活者；为老人寻找生活乐趣，帮助老人从事其想做之事，使老人

---

① 《孔丛子·杂训第六》。
② 《诗经·大雅·既醉》。
③ 《左传·文公六年》。
④ （唐）常衮：《咸阳县丞郭君墓志》，见《全唐文》卷四百二十·常衮（十一）。
⑤ 参见［日］三好春树《介护的大误解》，讲谈社2012年版，第96页。
⑥ ［日］大田仁史、三好春树等编著：《完全图解 新介护》，讲谈社2015年版，全面改订版第38页。

再度成为生活的主人公，这就是介护所追求的总体目标。

（2）介护就是为老人重新建立相互依存的生活关系网，通过开展结伴、集会、各种娱乐爱好活动，使老人重新燃起生活的欲望；通过人与人的交流获得正能量，从而激发潜能，克服老年心理障碍，以减少或战胜各种身心疾患。

（3）介护是由家属与介护工作者之间的连带关系而构成，家属是介护的主角。对于老人来说，家属是精神与心灵的慰藉之所在，是介护的当事者，而不是介护保险的消费者。良好的家属关系是介护的基础。同时，介护的社会化首先要落实于家庭与街道基层组织，家庭与街道基层组织的相互配合，以及街道基层组织的积极援助是优化介护服务之根本。

（4）介护工作人员必须具备崇高的职业道德，必须怀有大爱之心，克服权威主义、行政管理主义、拜金主义，必须努力使自己成为老年人的依靠与行动的拐杖，必须成为老年人与社会交流的"媒介"。为此，介护者首先要使自己媒介化，即熟练掌握介护知识与技能。

（5）介护不同于医疗护理，医疗护理的对象是病人，医疗护理的目的是通过医疗护理手段使病人恢复健康；而介护的对象是老年人，由于老化而引起的各种身体障碍，单凭医疗看护则无法对应，而介护是把握每位老人的身心状况，根据每位老人的不同需求，为其营造适合于本人状况的生活。因此，介护的目的就是通过介护手段使老年人能享有尊严地过正常人的生活。

（6）老年人的生活受到身体机能、精神与心理、生活环境三大要素的影响，介护者为了使老年人能够过上正常人的生活，需要通过介护手段（即：A 准确把握老人的身体机能状况；B 为老人营造良好的生活环境；C 帮助老人激发潜能与生活欲望）来进行调节，使老人具有基本的生活行动（饮食、排泄、入浴等）能力。

（7）介护由一整套的科学知识与介护技术、技能所构成，介护者必须经过专业教育与专业培训及临场实践，通过国家资格考试，合格者方能从事该项工作。

（8）日本为了规范介护福祉教育，由政府颁布法令来确定其教育内容。其课程设置除了"介护的基本知识、沟通交流技术、生活支援技术、介护过程、介护综合演习、介护实习"之外，还要开设"发育与老化之理解、认知症之理解、障碍之理解、身与心的结构、人的尊严与自立、人际关系与交流、社会之理解"等科目。日本各福祉大学与福祉学部皆根据政府所规定的科目来配备教员，实施完整的介护专业教育。

综上所述，"介护"一词，由中国古汉语中的"介"字与繁体字的"護"字结合而构成；该词兼有"媒介""介入""中介""介和""佐助""爱护""救助"之意。而身体的自然老化与老年性身体障碍，并非医疗护理所能解决；在日常生活中，通过"介护"的技能与手段，激发老年人的潜能，恢复老年人的行动能力，使老年人重新融入社会，成为生活的主人公，这才是"介护"的真正含义。因此，介护不同于医疗护理，将日语"介护"翻译为"护理"或"照护"，则不能涵盖"介护"的所有含义。而且，日本将介护作为老年福祉的重要内容，在专业教育上积累了丰富的经验，并形成了完整的教育体系与教学内容。值得我国借鉴与参考。

第二节　介护课题与对应

纵观日本战后社会福祉，尤其是近 40 余年老年人福祉事业的发展历程，如何应对老龄化社会的严峻性与缓解少子化问题，是日本社会福祉的主要课题。众所周知，日本以长寿而闻名于世界，男女平均寿命高达84 岁以上，而如何照顾日益增多的生活上不能自理的老年人，是日本政府与社会深感头痛的一件大事。前几年，日本媒体不断曝光：由于年迈子女长期照顾耄耋卧榻或患有认知症的父母，身心俱疲，精神不堪重负，旷日已久，孝心耗尽，终于发生肉体虐待，乃至于采取非常手段同归于尽……

日本老龄化社会问题始于 20 世纪 70 年代，当时 65 岁以上的老龄人口占总人口的 7% 以上，以后年年递增，到 2017 年 1 月，日本 65 岁以上的老年人口已占人口总数的 27.7%，预计到 2020 年将增至 29.1%，在发达国家中居于首位；而新出生的人口降至 94.1 万人，双双创下历史新高。由于核家族化（子女结婚后组成单过家庭）的进展，独自生活的老年人与无子女家庭的大量增加,以及家庭妇女工作机会的增多,扶养老人的意识观念发生了变化,造成了虐待老人事件的频发,使得许多日本国民一想到老后生活便忧心忡忡,深感不安。老年人的介护问题成为社会普遍关注的焦点之一。加之,随着少子化问题的日趋严重,不仅增加了社会保障领域里正在工作着的一代人的负担,而且引发了国力与经济的衰退,带来了老年人介护与儿童教育等众多的社会问题。70年代之前,日本有关老年人的介护制度存在着一些缺陷,这主要表现在:

(1) 福祉服务的种类、提供服务的机关设施等,全部由行政部门来决定,老年人不能按照自己的意愿进行选择。

(2) 老年人福祉与老年人医疗相互分离,造成了办理利用手续繁杂及利用者费用负担上的不均,从而使老人不能享有综合性的服务。

(3) 福祉服务的适用范围狭窄,仅局限于不能得到家属或亲属抚养照料的老年人。

(4) 对于需要介护服务的老年人,以医疗护理代替介护,主要以入住医疗设施来实施护理援助,而以护理为主要目的长期入住普通医院则造成了医院床位紧张,使得针对患者的医疗服务受到影响,而且医疗设施也不能得到有效的利用。

70年代之后,需要介护的老人不断增加,普通医院不仅床位有限,而且专门从事介护工作的人员短缺,大批老人的入院必然影响到医院的正常工作与运行。因此,改革介护制度,将老年人福祉与老年人医疗制度进行整合,创立具有日本特色的介护保险体系,满足日益增加老年人的介护需求,成为社会的普遍呼声。

另外,在居家养老方面,由于日本国民大都希望退休之后,能够继续生活在已经居住了多年的家中,起码要在生活上感到习惯、对周围的环境怀有亲切感的区域之内,所以居家养老型服务在日本深受欢迎。1979年日本全国社会福祉协议会编辑出版了《居家福祉服务之战略》[①]一书,引发社会的关注。在这一时期,除了以往制度上所规定的家庭服

---

① 日本全国社会福祉协议会编:《在宅福祉サービスの戦略》(译为《居家福祉服务之战略》),日本全国社会福祉协议会1979年版。

务员派遣业务之外，还展开了短期保健业务、日间服务业务。这在当时被称为"居家养老三大支柱"。进入80年代之后，流行于西方的养老新观念"Normalization"①开始渗透到日本社会，人们更加期盼退休之后能够生活在原来的居住地，对于居家养老更为关注。

80年代末，日本厚生省发布了《推进老龄人保健福祉十年战略》（通称"黄金计划"）。这一战略的主要内容是：自1990年起到2000年，花费十年的工夫，搞好与老年人相关的保健福祉服务基本建设。其中具体包括有：根据科学论证来推演并预测出十年期间的利用人数，按照利用人数逐年营建老年人福祉设施、老年人保健设施，安排家庭介护人员，设置日间服务中心等。

进入90年代，在近代福祉事业（济贫法）的发祥地英国，为了有效地开展社区老人福祉服务，开始实施《国民保健服务及社区护理法》。几乎在同一时期，日本亦开始推进以居住地为中心的社会福祉服务，并且为了使养老与老年人福祉服务更加规范化，对原有的《老人福祉法》进行了大幅度的修改，并重新确立了"福祉八法"，即：在原有的《儿童福祉法》、《残疾人福祉法》、《精神薄弱者福祉法》（现行的《智障者福祉法》）、《老人福祉法》、《母子及寡妇福祉法》的基础上，新增设了《社会福祉事业法》（现为《社会福祉法》）、《老人保健法》、《社会福祉·医疗事业团体法》（现为《独立行政法人福祉医疗机构法》）。法律的修改，不仅明确了居家福祉服务的定位，而且将老人入住养老设施的审核决定权，由都道府县下放到市町村（町村相当于中国的乡镇）基层行政组织，并规定了社会基层组织（市町村）到1994年4月为止，必须负责制订"老年人保健福祉计划"，以此来调整、充实以地区为主体的福祉服务。同时，为了进一步落实十年战略规划，1994年由厚生省牵头召开了"高龄社会福祉展望恳谈会"，会后形成了一份座谈纪要，题为《21世纪之展望——面对少子·高龄化社会》。在这份纪要里，首先阐述了老龄化社会的进展远远超出预想，调整充实老年人保健福祉服务势在必行。同时，

---

① 意为"正常化生活"。即：在养老模式上，打破以往将老人送入养老院过孤独生活的做法，尊重老年人的自我决定权，使老年人能够融入社会，过正常化生活。

纪要还将世界福祉模式大致划分出 3 种类型：（1）以国家保障为中心的高福祉·高负担型；（2）以自助为主的低福祉·低负担型；（3）介于两者之间的中间型。纪要提出日本应该努力实现具有日本特色的福祉模式，这种模式就是"根据公民的实际情况，进行恰如其分的资源配置组合，既要由政府恰当合理地支付补贴，又要由本人适当合理地负担福祉服务费"。会议认为，这种福祉模式最容易得到日本国民的共识。

鉴于恳谈会所提出的建议，以及实施《推进老龄人保健福祉十年战略》五年之经验，1994 年由都道府县级地方政府，将市町村级行政部门依据《老年人福祉法》与《老年人保健法》所制订的计划汇总成册，向政府递交了一份《老年人保健福祉计划》。政府根据这份计划，对五年前制定的十年战略进行了重新审视与大幅度修改，并结合新的目标，包括创新事业等在内，重新制定了《新老龄者保健福祉推进十年战略》（通称"新黄金计划"）。新黄金计划在推进过程中，又根据日本社会的变化与实际情况进行了不断的调整，增加了一些新的服务项目，而其重点则放在了介护服务基础建设的整合与配备之上。这主要是因为 75 岁以上的老人逐渐增多，尤其是为了护理患有疾病，生活上不能自理的老人，需要大量的介护人员。1997 年 12 月日本政府颁布了《介护保险法》，确立了介护保险制度。

《介护保险法》在第一章总则第 1 条中表明：设立"该法律的目的在于谋求提高国民的保健医疗水平及增进福祉。伴随着年龄的增加，身心发生变化，由此而引发疾病，其状态需要介护。对于在入浴、排泄、饮食等方面需要介护援助的老年人，以及在机能训练及疗养管理等其他医疗方面需要照护的老年人，为了使这些老年人能够享有尊严，并根据其能力，使其能够维持自立的日常生活，需要提供必要的保健医疗服务及福祉服务，并支付与之相关的经费补贴。为此，遵循国民共同体的理念，设立介护保险制度，制定与保险补贴相关的必要事项"。在第 2 条第 3 款中规定"必须考虑根据被保险者的身心健康状况及所处的环境等，按照被保险者的选择，由各类事业者或设施来提供综合性的、高效率的、恰如其分的保健医疗服务及福祉服务"。其介护保险事业所需的费用"由国民遵循共同体的理念公平负担"，并在第 3 条第 2 款中规定"关于介护保险的收入与支出，市町村及特别行政区须按照政令规定设立专项会计"，以防资金乱用现象发生。同时，该法还规定了国家及地方公共团体的职责，即："国家为了介护保险事业能够得到健全与顺利的发展，要制定与之相关的各项政策与措施"；"都道府县级的地方政府必须提出必要的建议与切实可行的援助措施；国家及地方公共团体为了使被保险者尽可能在居住习惯的区域里，根据其能力，使其能够维持自立的日常生活，要努力采取并实施与保险支付相关的保健医疗服务及福祉服务，要采取措施来预防落入需要介护的状态，或减轻需要介护的程度及防止其恶化；要采取措施支援被保险者在居住地区能够自立地维持日常生活，要努力谋求使医疗与居住相关的措施能够有机地结合起来，实行综合性的推进"。与此同时，为了推进介护福祉事业的发展，该法律还规定了国民应尽的努力与义务；医疗保险公司必须提供的协助，以及介护保险与介护标准，介护设施的管理与运营，介护的具体内容与实施办法等。介护保险制度的确立，主要解决了以下几个问题。

（1）确立了介护保险制度的保险者为最贴近国民生活的基层行政单位市町村。在此基础之上，由国家、都道府县、医疗保险者、年金保险者等组成多层次的结构，来支撑市町村所开展的介护保险事业。

（2）将介护从医疗保险中分离出来，医疗要制定与治疗目的相吻合的制度，要以实施包括医疗提供体制在内的，带有综合性的医疗制度改革为前提。

（3）须由民间事业者与非营利组织等多种服务供给主体的参与来提高服务质量，谋求经费使用的效率化。

（4）将老龄者自身定位为被保险者，要求被保险者在可承担的范围内负担保险费与服务利用费。

（5）被保险者的范围定为40岁以上的国民。因为人到40岁以后，患初期老年认知症与脑卒中（中风、脑出血）而需要介护的可能性增高。此外，自己的双亲年事已高，有可能需要介护，所以设立介护保险制度可以减轻家属的介护负担。

（6）介护保险制度将65岁以上的老人定为第一类被保险者，将40岁以上65岁以下并加入医疗保险的人定为第二类被保险者。二者区别对待，其保险费用的计算与征收方法亦有所不同。第一类被保险者所负担的保险金专门用于本人所享受的介护服务；以市町村基层组织为单位，根据接受介护服务的程度与标准来计算保险金的多少。因为 65 岁以上的老年人一般都享有年金（养老金），所以保险金的征收在原则上是从年金中扣减。与此相比，第二类被保险者所负担的保险金属于连带保险，它不仅要用于自己所接受的介护服务，还要对年迈的双亲所接受的介护服务做社会性的支援，所以这种保险金的征收不是按照每个人居住地所属的市町村，而是由全国按照统一的单价来计算。此外，与 65 岁以上的老龄人相比，40 岁以上 65 岁以下的被保险者大都属于未退休人员，一般来说按照工作范围与工作区域来征收保险金可以提高效率，所以这部分人的保险金，由医疗保险者作为医疗保险费来征收。

（7）关于保险金的支付范围。第一类被保险者无论其原因如何，只要是陷入相当于要介护的状态时，便可以进行保险支付；而第二类被保险者的要介护状态只限于初期与晚期认知症、脑血管疾患、由老化而引发特定疾病时，方可进行保险支付。

（8）设定保险金额度。65 岁以上的被保险者的保险金，根据其负担能力而征收。原则上由各市町村按照工资收入的高低层次来设定定额保险金（减轻低收入者的负担，同时高收入者的负担金额按其所得而定）。2014 年 6 月根据修改后的介护保险法，低收入者的负担得到了进一步的减轻，保险金的征收额度与范围也细分为 9 个层次，使得保险金的缴纳与支付更加缜密。

除了上述 8 点之外，介护保险法还对需要介护服务的被保险者采取认定措施，对保险支付的内容与原则、介护服务的种类、介护报酬、预防介护服务支援、各项介护服务标准与要求等，都做了极为周密详细的规定，使日本的介护服务事业发展做到了有法可依、有章可循。不仅如此，该法自颁布以来，根据社会现实情况的变化而几度修改，使其各项规定更加贴近国民的生活，更加行之有效。

第三节　系统的建立与管理

　　日本在确立了介护保险制度之后，开始调整并建立介护服务体系，加强对于介护工作的管理。首先按照介护法的规定：介护的保险者是市町村及特别行政区，保险者在谋求运用介护制度的同时，还要在该自治体区域内负责邀请实施各种介护保险支付的服务事务所加入运营，负责担任介护服务基础建设工作。各种服务事务所只要具备法人资格，从业人员达到基本标准，遵守事业运行规则与基准，便可得到都道府县知事的认可及批准成立。为了有效地落实介护保险制度，各自治体的行政部门要整合资源，调整与配备多元化的服务供给体系，使介护服务的利用者（被保险者）可按照自己的意愿来选择服务程序。同时，为了帮助被保险者更好地选择适合于自己的服务，日本在介护保险制度里导入了"介护管理"项目。其职责与作用在于：使需要介护支援的人能够恰如其分地利用好介护服务，接受需介护者的委托，制订居家服务计划。为了确保按照计划提供介护服务，各事务所负责与提供服务的行业部门进行联系与协调。为了使被保险者尽可能地居住在家里继续维持生活，专门设有"介护支援专门员"一职，由专职人员来具体负责担任居家介护服务工作，使利用者能够更有效地接受介护服务支援。

　　在养老福祉领域里，日本除了使用"介护"一词之外，还使用"ケアマネジメント"一词。所谓"ケアマネジメント"来自于英语的"Care management"，即"护理管理"。在西方，"护理管理"原来是指患有精神障碍的人在脱离设施看护后，为了援助其所在地域的生活而采取的支援办法。美国将此称为"案例管理"，英国则认为"管理的对象不是案例（人），而是人所需要的护理"，所以称为"护理管理"。目前，世界卫生组织将其定义为："护理管理是为了提高人们的健康水平，系统地利用护士的潜在能力和有关的其他人员或设备、环境以及社会活动的过程。护理在患者的治疗过程中是一个重要的环节，护士既是医疗的提供者又是医疗的协调者。在护理过程中，产生了大量的护理信息，护理信息是医院信息系统的重要内容,它包括科学技术信息、为诊疗服务的业务信息和护理管理的信息。"[1] 日本将"护理管理"纳入老年介护领域,并将其编入介护保险制度。其护理管理的主要特征在于:单凭老人自己的能力无法解决与满足多种需求,以这类老人为对象,以其需求为中心,通过"护理管理"这一窗口来调配获得必要的社会资源。社会资源分为正式与非正式两类,正式社会资源包括有:地区团体与组织、法人组织、行政、企业等;非正式的社会资源包括有:家属、亲戚、近邻居民、友人与同事、志愿者等。[2] 为了对有护理需求的老人施与更有效的援助,须要将正式与非正式的社会资源有机地结合起来,以此来满足老人的多种需求。日本所实施的"护理管理"的主要特点如下:

(1)按照介护保险制度,受经过需要介护认定的被保险人的委托,制订居家服务计划,按计划实施护理援助服务。

(2)尽量收集护理服务利用者的详尽的生活信息情报,通过掌握的情报来分析其需求,即"课题分析"。服务需求不是由管理人员站在专门职业的立场上单方面而定,要与服务利用者进行良好的沟通与交流,准确地掌握需求的内容。在课题分析阶段,为了保证信息情报收集工作的准确性,可以有效地利用各类数据评价表格。

(3)制订计划。掌握服务利用者的需求,调查服务受阻的原因,经过课题分析来制订护理目标,按照其目标来制订能够满足各项需求的服务支援计划(居家服务计划)。在制订护理与介护的计划过程中,管理人员要向服务利用者提供大体的护理方案,然后通过与服务利用者的沟通与协商,再度制订能够充分反映利用者意愿的、切合实际的正式计划。

(4)护理计划的实施。护理管理人员,通常被称作"服务中介者"或"服务实施者"。为了使护理计划所设定的各项服务与服务援助能够得到切实的实施,由管理人员负责委托服务提供者或机关,并协调服务利

---

[1] 参见 2019 年 6 月 2 日搜狗百科"护理管理"条(https://baike.sogou.com)。
[2] 参见山县文治、柏女灵峰编《社会福祉用语辞典》(第 9 版),密涅瓦书房 2017 年版,第 71 页。

用者与服务提供者之间的关系。

（5）检测监察工作。在实施护理计划之后，要检查计划是否得到有效的落实，这便是监测工作。监测的内容包括：A 确认目标是否得以实现；B 监察引进的服务是否按照计划而提供；C 监察确认利用者的需求是否有所变化。通过检测、监察来防止各种配置失误的现象，在发生问题时，督促相关部门重新进行课题分析，修改护理计划。

将上述程序一体化，实施统一管理，是日本介护与护理工作的特色之一。护理管理以市场需求为导向，使护理工作更趋于制度化、科学化、规范化。从而解决了不同层次、同时在几方面需要护理服务的老年人，分别委托不同机构来提供服务的现象。充分发挥护理管理的作用，使得护理服务利用者只要通过护理管理，便可得到各种所需的服务与援助。同时，在明确利用者需求的前提下，通过护理管理可以准确地与社会资源对接，防止服务利用上的漏洞与重复，实现了护理管理的一体化与服务的多元化。

另外，实行护理管理的关键，还在于培养高素质的人才队伍。日本将该领域的从业人员称为"介护支援专门员"。为了提高护理管理水平，日本在福祉大学与福祉学部的专业与课程设置上，一般都设有护理管理专业，开设护理管理专门课程，同时日本还出版了大量的教材，使得护理管理工作日趋完善。

2006 年，随着介护保险制度的改革，日本创立了地区支援事业体系，设立了地区综合支援中心，其业务内容主要包括：

（1）介护预防（预防落入要介护状态）。

（2）综合洽谈·支援事务（负责掌握地区老龄者实际状况，承担与介护之外的生活支援服务进行调整等事宜）。

（3）维权事务（防止虐待老人）。

（4）综合性、持续性的管理事务（由介护专业人员针对困难事例提供帮助，创建地区服务援助网等）。

上述措施的实施，不仅使介护援助专门员在保险支付框架内可以安排护理计划，进行有效管理，还可以对入住与退出养老院、居住养老院与等候入住养老院的老人实施援助，并能结合保险费支付以外的资源，来应对与避免放弃介护、虐待老人、使老人孤立于地区之外等各种困难事例的发生。因此，护理管理工作的本质就是根据利用者的需求来调配社会资源，帮助服务利用者能够自立，提高老年人的生活质量。2011年，日本已经完成了护理管理的普及工作，目前正在继续提高护理管理的水准。

第十章

中国古代的荒政与救助事业

第一节 古代福祉思想之嚆矢

我国社会福祉的源头,应上溯到古代的荒政制度,所谓"荒政",就是指:历代朝廷所实施的赈灾济民之政策,用以维持帝王的统治与政权的延续。关于荒政的内容,下节将予以介绍,在这里先追溯一下荒政政策的思想基础,即中国古代福祉思想之滥觞。

早在春秋时代,哲学家管子就主张君王要厚待于民的观点。他在《治国》篇中指出:"凡治国之道,必先富民。民富则易治也,民贫则难治也。奚以知其然也?民富则安乡重家,安乡重家则敬上畏罪,敬上畏罪则易治也。民贫则危乡轻家,危乡轻家则敢陵上犯禁,陵上犯禁则难治也。故治国常富而乱国常贫。是以善为国者,必先富民,然后治之。"意思说:凡治国之道,一定要先富民。民富则容易治理,民穷则难以治理。其原因何在呢?因为民富则安于乡居而重视家庭,安乡重家就会敬君上而畏刑罪,民众敬上畏罪则容易治理。民穷则畏惧乡居而轻视家庭,畏乡轻家则敢犯上违禁,犯上违禁则难以治理。故而,善于治理的国家常常是富庶的,秩序混乱国家则常常是贫穷的。因此,善于统治国家者,必先富民,然后再加以治理。管子所阐述的治国富民之道,从现代福祉观点来看,民众生活富裕是治国的根本,亦是实现福祉社会的基础。

管子除了阐述治国之道以外,他在《五辅》篇中又指出:"古之圣王,所以取明名广誉、厚功大业,显于天下,不忘于后世,非得人者,未之尝闻。"其意思为:"古代的圣王,之所以能够取得盛名,受到广泛的赞誉;创建丰功伟业,彰显于天下,为后人所不忘,关键在于得到人民拥护,没有得到人民的拥戴而获得成功者,从未有所耳闻。"而要想得到人民的拥护,就要行"利之之道",即"利民之道";达到"田畴垦而国邑实,朝廷闲而官府治,公法行而私曲止,仓廪实而图圄空,贤人进而奸民退,其君子上中正而下谄谀。其士民贵武勇而贱得利。其庶人好耕农而恶饮食。于是财用足,而饮食薪菜饶"的状态。用现代话来说,就是让民众勤奋开垦田地,使城镇物资丰富,百姓生活殷实;朝廷安闲而官府清治,公法通行而谋私邪道受到遏止;仓库储存充实,而犯罪少监狱空落;贤人得到重用而奸臣遭到罢免辞退;君子秉持公正而鄙视阿谀谄媚;士民崇尚勇武而鄙视财利;平民百姓善于农耕而讨厌大吃大喝。这样才能使社会财富丰盈,百姓生活富庶。为了实现这种状态,管子提出了六个方面的要求,即:"辟田畴,利坛宅。修树蓺,劝士民,勉稼穑,修墙屋,此谓厚其生。发伏利,输墆积修道途,便关市,慎将宿,此谓输之以财。导水潦,利陂沟,决潘渚,溃泥滞,通郁闭,慎津梁,此谓遗之以利,薄徵敛,轻征赋,弛刑罚,赦罪戾,宥小过,此谓宽其政。养长老,慈幼孤,恤鳏寡,问疾病,吊祸丧,此谓匡其急;衣冻寒,食饥渴,匡贫窭,振罢露,资乏绝,此谓振其穷。"用现代的话来讲,就是要:(1)开辟田地;(2)建好设施住宅;(3)种树木兴园艺;(4)规劝勉励士民;(5)种好庄稼;(6)修缮好院落屋舍。管子将此6项要求或措施称为"厚其生",也就是要改善百姓的生活,使其生活富裕。为了使民众生活得到改善,朝廷(政府)要挖掘潜力,广开财源,修筑道路,疏通积滞的物产,便利于市场贸易;谨慎对待送往迎来,这就叫给民众输送财货;而疏浚积水,修筑水渠,挖通回流浅滩,清除淤滞泥沙,打通河道堵塞,细心建造渡口桥梁,这就叫作给人们提供便利;而薄收租税,减轻征役赋税,宽减刑罚,赦免罪犯,宽恕小过,这叫作实施宽大的政治;而赡养老人,慈恤幼孤,救济鳏寡,关心疾病,吊慰祸丧,这叫作救人之危急;而送衣御寒,赠食品解饥渴,救济贫困,赈济疲敝困乏之人,资助陷入绝境的贫民,这叫作振穷恤贫。管子所提出的六个方面,按照现代西方福祉理论,皆属于社会保障与社会福祉的工作内容。管子所倡导的"厚其生",在《尚书·大禹谟》中亦有记载:"帝念哉!

德惟善政，政在养民。水火金木土谷，惟修。正德、利用、厚生、惟和。九功惟叙，九叙惟歌。"意思是说："帝王常惦念于心的是：唯有怀德施政，才是善政，施政的目的在于养民。对于养民的六种生活物质水、火、金、木、土、谷应当进行调整治理；要处理好端正德行、利用好资源、厚待民生这三件利民之事，使之和谐。只要是理顺了这九件事，就应当歌颂。"由此可见，厚生利民才是政治的核心。日本主管国民生活的政府机构"厚生省"的称谓，正是源于中国的古籍。

　　管子不仅提出了上述观点，而在《入国》篇中对上述观点进一步落实到具体内容，这就是著名的"五行九惠之教"。九惠之教的内容为："一曰老老、二曰慈幼、三曰恤孤、四曰养疾、五曰合独、六曰问病、七曰通穷、八曰振困、九曰接绝。所谓老老者，凡国都皆有掌老。年七十已上，一子无征，三月有馈肉。八十已上，二子无征，月有馈肉。九十已上，尽家无征，日有酒肉。死，上共棺椁。劝子弟精膳食，问所欲，求所嗜，此之谓老老。所谓慈幼者，凡国都皆有掌幼，士民有子，子有幼弱不胜养为累者。有三幼者，妇无征，四幼者尽家无征，五幼又予之葆，受二人之食，能事而后止，此之谓慈幼。所谓恤孤者，凡国都皆有掌孤，士人死，子孤幼，无父母所养，不能自生者，属之其乡党知识故人，养一孤者，一子无征。养二孤者，二子无征。养三孤者，尽家无征。掌孤数行问之，必知其食饮饥寒，身之腌胜（瘦弱）而哀怜之，此之谓恤孤。所谓养疾者，凡国都皆有掌疾，聋盲、喑哑、跛躄、偏枯（偏瘫，半身不遂）、握递（两手屈拱而不能伸直的残疾），不耐自生者，上收而养之。疾，官而衣食之，殊身而后止（直到去世为止），此之谓养疾。所谓合独者，凡国都皆有掌媒；丈夫无妻曰鳏，妇人无夫曰寡，取鳏寡而合和之，予田宅而家室之，三年然后事之，此之谓合独。所谓问病者，凡国都皆有掌病，士人有病者，掌病以上令问之；九十以上，一日一问。八十以上，二日一问。七十以上，三日一问。众庶五日一问。病甚者以告，上身问之。掌病行于国中，以问病为事，此之谓问病。所谓通穷者，凡国都皆有掌穷，若有穷夫妇无居处，穷宾客绝粮食，居其乡党，以闻者有赏，不以闻者有罚，此之谓通穷。所谓振困者，凡国都皆有掌困。岁凶庸，人訾厉，多死丧、弛刑罚，赦有罪，散仓粟以食之，此之谓振困。所谓接绝者,凡国都皆有掌绝,士民死上事,死战事,使其知识故人,受资于上,而祠之,此之谓接绝也。"① 管子的"五行九惠之教"译成现代语如下:

所谓"九惠之教",一曰"老老",即在国都与城邑设立"掌老"之官;规定年纪在 70 岁以上的老人,免除其子女一人的征役,每年三个月享受官府所送的馈肉;80 岁以上的老人,免除其子女二人的征役,每月享有馈肉;90 岁以上的老人,免除全家的征役,每天由官府供应酒肉。此外,还要求老人的子女细作饮食,平时要经常询问老人的要求,了解老人嗜好,待老人去世之后,由君主供给其棺椁。二曰"慈幼",即在城邑和国都设立名为"掌幼"的官员,负责掌管扶幼事宜;凡士民家有幼弱子女而无力供养,或抚育子女成为家庭重负的,由掌幼安排扶助,并规定:养幼儿三人者可免除"妇征",养幼儿四人者全家可免除"征役",养幼儿五人者,由官府为其配备保姆,发给相当于两个人份额的粮食,直到幼儿能生活自理为止。三曰"恤孤",即在城邑和国都设立"掌孤"之官;规定士民死后子女孤幼,或无父母所养,生活不能自理的,由官府安排其同乡、熟人或故旧抚养。代养孤儿一人则免除一子征役;代养孤儿两人则免除二子征役;代养三人则全家免除征役。四曰"养疾",即在城邑和国都设立"养疾"之官;对身体残疾、生活不能自理的人,官府将其收养在"疾馆",供给其饮食,直到离世为止。五曰"合独",即在城邑和国都设立"掌媒"之官;男士丧妻称作鳏,妇女丧夫称作寡,由掌媒之官负责牵线,使鳏寡相配成家,并授其田宅,三年后由国家提供职役。六曰"问病",即在城邑、国都设立"掌控疾病"之官,按照君主旨意负责慰问患病的士民;90 岁以上的,每天慰问一次,80 岁以上的,两天慰问一次,70 岁以上的,三天慰问一次;一般病人则五天慰问一次。遇到病重者,要向上报告,由君主亲自慰问。因此,担任掌病的官员要经常巡视域内,以慰问病人为专职。七曰"通穷",即在城邑、国都设立济贫之官;若遇到夫妇贫困而无居所,宾客困窘而无粮食,则由"通穷"来安排救济;其所在乡里遇此情况及时报告的,给予赏赐,不报

---

① 参见(唐)房玄龄注《管子·入国第五十四》,上海古籍出版社 1989 年版。

告的，则予以惩罚。八曰"赈困"，即指赈灾。为人佣工者往往病而至死，要宽缓刑罚，宽赦犯罪之人，发放仓库粮食来救济他们。九曰"接绝"，就是对死于国事或死于战争的人，令其生前好友或故旧领受国家抚恤金，并负责祭祀他们。

由此可见，管子在治理国家的时候，十分重视民众的生活与社会福利，他所提出的五行九惠之教，在今天看来，就是一系列的社会福祉措施，比如：对老人的照顾，对养育幼弱子女的主妇的关怀，对生活饥寒交迫的孤儿及残疾人的救助，对鳏寡孤独人的抚恤，对遭受自然灾害的救济等，基本上囊括了现代福祉事业的大部分内容。另外，管子所主张的"以善为国者，必先富民"[1] 的思想，强调国家发展之根本就是要解决人们的衣食住行问题，只有人民丰衣足食，才能做到"仓廪实则知礼节，衣食足则知荣辱"[2]，而且君王对于民众要"厚其生""宽其政""匡其急""振其穷"[3] 等思想，都是现代社会福祉所应遵循的宗旨，至今仍有其借鉴意义。

管子的"五行九惠之教"，可以说在古代确立了一套比较完整的福祉思想体系与政策。不过，这一思想体系，在管子所生活的春秋时代是难以实施的，他只不过是为理想化的民生社会描绘了一幅蓝图而已。

其实，在法家思想的先驱者管子之前，儒家思想的创立者孔子就提出了："大道之行也，天下为公。选贤与能，讲信修睦，故人不独亲其亲，不独子其子，使老有所终，壮有所用，幼有所长，鳏、寡、孤、独、废疾者皆有所养。男有分，女有归。"[4] 在这里，孔子也描绘了一个理想的乌托邦世界，即：在大道施行的时候，天下为众人所共有。将品德高尚及具有才干的人选拔出来，做事讲求诚信，培养和睦气氛。所以人们不仅要奉养自己的父母，抚育子女，还要使老年人能终其天年，中年人能为社会效力，幼童能顺利地成长，使老而无妻或无夫的人、幼年丧父

---

[1] 参见（唐）房玄龄注《管子·入国第五十四》，上海古籍出版社1989年版。
[2] 同上。
[3] 同上。
[4] 参见（汉）郑玄注，（唐）孔颖达《礼记正义》，转引自《十三经注疏》第63卷，中华书局1980年版。

的孩子、老而无子的人、残疾人都能得到供养。男子有职务,女子有归宿。孔子与管子的主张及其所描绘的理想社会,并不是凭空想象而来,它是建立在西周时代所实施的社会救济与社会保障的基础之上的,是将西周社会理想化的产物。

第二节 西周社会保障与春秋的养民理念

早在西周时代,虽然没有使用"社会福祉""社会保障""社会福利"之用语,但社会救济措施与促使社会安定的扶助政策,已初见端倪。通过易姓革命而建立起的周王朝,鉴于殷纣王因沉湎酒色、穷兵黩武、重刑厚敛而导致王朝覆灭之教训,采取了保民安息之政策。这就是《周礼·地官·大司徒》所记载的"保息六政"与"荒政十二策"。所谓"保息六政"就是指"以保息养万民,一曰慈幼(保护儿童)、二曰养老(照顾老人)、三曰振穷(救助贫困者)、四曰恤贫(济贫)、五曰宽疾(免除病患者兵役)、六曰安富(安定富裕者)";所谓"荒政十二策"(郑玄注:"荒,凶年也。郑司农云:'救饥之政。'"[1]),就是荒年所实施的政策,其内容为:"以荒政十有二聚万民(防止百姓离散),一曰散利(发放救济物资),二曰薄征,三曰缓刑,四曰弛力(放宽力役),五曰舍禁(取消山泽的禁令),六曰去几(停收关市之税),七曰眚礼(省去吉礼的礼数),八曰杀哀(省去凶礼的礼数),九曰蕃乐(收藏乐器,停止演奏),十曰多婚,十有一曰索鬼神(向鬼神祈祷),十有二曰除盗贼。"[2] 中国幅员辽阔,自古至今自然灾害频发,时常出现荒年。因此,储粮备荒、仓储赈灾为历代君王所重视。《诗经·大雅·公刘》曾吟诵"笃公刘,匪居匪康。乃场乃疆,乃积乃仓;乃裹糇粮,于橐于囊,思辑用光"。意为:圣明笃厚的首领公刘,不贪图安居享受,带领民众划分疆界治理田畴,仓里储满粮食,大袋小袋装满干粮,以备远游。因此,民

---

[1] 参见(汉)郑玄注,(唐)贾公彦疏《周礼注疏》,转引自《十三经注疏》第42卷,中华书局1980年版。

[2] 同上。

众和睦团结,人人面带荣光。不仅如此,贤明的公刘还"相其阴阳,观其流泉。其军三单,度其隰原。彻田为粮",即意为:观察土地阴阳风水,勘明河水与泉流,组织军队分三班,勘察湿地开渠沟,整备田地种粮食。可见周的部落首领公刘之所以被歌颂,关键在于他重视农业,积极储备粮食。民众有丰足的粮食,生活上有所保障,才会和睦,才会其乐融融。

在农业上,西周封建制社会虽然较之殷商的奴隶制社会有所发展,不过生产力水平仍然低下,为了抵御自然灾害,储粮备荒、以盈补缺显得十分重要。周王朝为了仓储赈灾,专门设立了"仓人"之职。所谓"仓人"即"掌谷仓者"。据《周礼·地官·司徒》记载:"仓人掌粟入之藏,辨九谷之物,以待邦用。若谷不足,则止余法用。有余,则藏之,以待凶而颁之。凡国之大事,共道路之谷积,食饮之具";"遗人掌邦之委积,以待施惠。乡里之委积,以恤民之阨;门关之委积,以养老孤;郊里之委积,以待宾客;野鄙之委积,以待羁旅;县都之委积,以待凶荒。凡宾客、会同、师役,掌其道路之委积。凡国野之道,十里有庐,庐有饮食;三十里有宿,宿有路室,路室有委;五十里有市,市有候馆,候馆有积。凡委积之事,巡而比之,以时颁之。均人掌均地政,均地守,均地职,均人民、牛马、车辇之力政。凡均力政,以岁上下。丰年,则公旬用三日焉;中年,则公旬用二日焉;无年,则公旬用一日焉。凶札,则无力政,无财赋,不收地守地职,不均地政。三年大比,则大均"。其意思为:"仓人负责掌管储藏收入的谷物,分辨九谷的种类,以备国家之所用。如果谷物不足,就减少节省支用;若有盈余,则加以储藏,以备荒年救济之用。凡国家有大事,提供道路以堆积所需的谷物和饮食";"遗人负责掌管国家储备粮草,以待向民众施以恩惠;乡里储备粮草,用以救济民众中贫困之人;门关储备粮草,用以抚养老人与遗孤;郊里储备粮草,用以供给宾客;村野储备粮草,用以接待羁旅之客;县都储备粮草,用以备荒。凡有接待宾客、会同、征伐、劳役等事,掌管道路所需的粮草。凡是国都中与野外的道路,每十里设有庐,庐中备有饮食;每三十里设有住宿,住宿之处设有路室,路室有粮草储备;每五十里有集市,集市有候馆,候馆有粮草准备。凡有关储备粮草之事,要加以巡视查核，按时颁布有关储备粮草的政令"。与此相关，周王朝还设立了"廪人""舍人"之职；廪人负责"掌九谷之数，以待国之匪颁、赒赐、稍食。以岁之上下数邦用，以知足否，以诏谷用，以治年之凶丰。凡万民之食，食者人四鬴①，上也；人三鬴，中也；人二鬴，下也。若食不能人二鬴，则令邦移民就谷，诏王杀邦用。凡邦有会同、师役之事，则治其粮与其食。大祭祀，则共其接盛"。其意思为："廪人负责掌管谷米数量，以备国家分发群臣俸禄，救济民众或恩赐，发给（庶人在官者）食粮所用。依据年成的好坏来计算国家的开支，以了解足与不足，禀报上级使用谷物的原则，根据原则来制定荒灾之年与丰收之年的用谷标准。凡民众吃粮，每人每月四鬴是上等年成；每人每月三鬴，是中等年成；每人每月二鬴，是下等年成。如果每人每月食量不足二鬴，则令国中饥民迁徙到产谷物多的地方，并告诉君王减少国家开支。凡国家有会同、征伐、劳役之事，就置备所需的粮食；如有大祭祀，就提供所取用的祭粮。"舍人则负责"掌平宫中之政。分其财守，以法掌其出入。凡祭祀，共簠簋、实之、陈之。宾客，亦如之"。其意思为："舍人负责掌管宫中用谷物粮食之政务，将粮食分配给宫中各官府的职员，按制度掌管粮食的支出与退还。凡有祭祀活动，供给簠簋（古代盛食物器具），盛上饭，加以陈列。接待宾客亦如此。"由此可见，周王朝极其重视粮草的储备工作，为了救荒、济贫、扶助老弱眷属，不仅建立了仓储制度，而且还安排专职人员进行管理。司马迁在《史记·周本纪》里记载了周武王命贤臣南宫括"散鹿台之财，发钜桥之粟，以振贫弱萌隶"，即：命令南宫括散发鹿台仓库的钱财，发放钜桥粮仓的粮食，赈济贫弱的民众，以此来巩固政权，并鼓励民众要"慎之劳，劳则富"②，即要通过劳动去致富。

西周时代所实行的"保息六政"与"荒政十二策"，涵盖了社会救助的层次与社会保障的基本内容。不过，到了春秋及春秋战国时代，礼乐制度崩溃，继而群雄争霸，造成了社会秩序的紊乱，《周礼》一书所记载的这些社会保障制度已经无法实施。由此，儒家、法家、墨家、道家的

---

① "鬴"为古代容器，一鬴大约是 1000 立方寸，相当于六斗四升的容量。
② （汉）戴德：《大戴礼记·武王践阼第五十九》，山东友谊出版社 1991 年版。

先哲们鉴于战乱所带来的生灵涂炭、民不聊生、朝不保夕的现状，提出了"养民也惠"①、"守望相助"②、"廉爱交利"③、"民惟邦本"④ 等以人为本的思想，道家的创始人老子也提出"施恩布德，世代荣昌"⑤ 的观点。这些思想为后来的济民救灾与社会保障奠定了理论基础。

第三节　中国古代荒政制度的演变与缺陷

春秋以降，秦王朝所实施的荒政政策、⑥ 汉王朝所实施的各项仓储制度，⑦ 唐宋以来所实施的居养制度⑧，明清时代所实行的灾害救济措施、雨雪粮价奏报制度、灾情勘报制度、灾蠲制度⑨，包括仓储、粥厂等备荒、赈灾制度，以工代赈的政策以及对特殊群体的优抚制度，尊老敬老政策，养济制度，育婴制度等，构成了中国古代社会保障的基本框架。尤为重要的是，中国古代的社会救灾活动与社会保障事务，基本纳入了法律规范的范畴。例如，明太祖即位之初，不仅宣布了"鳏寡孤独废疾不能自养者，官为存恤"⑩ 的原则，还将其贯穿于国家法律之中，《大明律》明文规定："凡鳏寡孤独及笃废之人，贫穷无亲属依倚，不能自存，所在官司应收养而不收养者，杖六十；若应给衣粮官吏克减者，以监守

---

① 参见［日］吉田贤抗注释《论语·公冶长》，东京明治书院1960年版。
② 参见（清）焦循撰《孟子正义·文公章句上》，中华书局1987年版。
③ 参见李小龙译注《墨子·兼爱》，中华书局2007年版。
④ 参见《夏书·五子之歌》，载李民、王健译注《尚书》，上海古籍出版社2004年版。
⑤ 参见老子《道德经》，安徽人民出版社1990年版。
⑥ 指为了应对灾荒所采取的措施，如重视农业生产，法令规定："耕织致粟帛多者复其身"（转引自司马迁《史记·商君列传》，兴修水利工程，建立完善的粮食储存制度，实行临灾赈济，移民就食等政策，并通过"纳粟拜爵"来进行灾后救济。
⑦ 指粮食储备制度。汉代重视粮食储备，为此建立了严格的谷物入仓手续、储存保管、校检及安全保障制度。参见邵正坤《论汉代国家的仓储管理制度》，《史学集刊》2003年第4期。
⑧ 指居家养老。据（宋）宋敏求编《唐大诏令集》（中华书局2008年版）记载：老人"八十以上各赐米二石，绵帛五段；百岁以上各赐米四石，绵帛十段；仍加版授，以旌尚齿"；《唐律令·户令》规定：给居家老人配备侍工"凡庶人年八十及笃疾，给侍丁一人，九十给二人，百岁三人"。（转引自（唐）长孙无忌《唐律疏议》，中华书局1983年版。）
⑨ 指古代荒政制度，即救灾制度。
⑩ 参见（明）姚广孝监修《明太祖实录》第34卷，上海书店出版社1990年版。

自盗论。"① 而《大清律》则承袭了《大明律》的条款。除此之外，明清两朝还颁布了大量有关社会保障的"事例"，如"尊高年""养幼孤""恤孤贫""收穷羁""安节孝""恤薄官"等。

由此可见，中国古代的社会保障是以人本思想为主线，制定与福祉相关的律令条款的目的在于：维持封建王朝的统治及保持社会安定，是由朝廷所主导的一种抚民政策。它不同于西方国家源于宗教的慈善、博爱的社会救灾济贫活动，经过近代工业革命而演变成的社会保障制度。由于社会体制与近代化过程上的时间差异，中国古代所实行的安民政策，最终未能发展成为近代的社会福祉与社会保障制度。

与之相比，源于1601年英国伊丽莎白女王颁布的《济贫法》的西方社会救济事业，经过大工业革命时代的社会变革，逐步进化为现代的社会福祉与社会保障制度。两者之间的差异主要在于：封建社会的桎梏束缚了中国社会的发展，而西方产业革命带来了西方社会结构与社会体制的变化。同时，在近代吸收西方文明的过程中，由于思想与方针上的偏差，导致了维新变法的失败，延误了社会体制的转变。

众所周知，近代西方的炮舰政策撬开了中国的大门，列强的入侵使中国沦为半殖民地半封建国家。在近代西学东渐的过程中，以及在对待西方近代文明的引进上，中国洋务运动所持的"中体西用"的方针与邻国日本明治维新所主张的"和魂洋才"的口号，在本质上有着根本的区别。所谓"中体西用"的"体"，是指沿袭中国的封建制度，以传统的思想、文化体系为根基；所谓"用"，是指引进并应用西方先进的科学和技术。然而，在政体思想不变的前提下引进科学技术，其结果只能是"舍源求流，无时得源。舍本求末，无时得本"②，自然不会解决根本问题。

反观与我国一海之隔的日本，经过近代明治维新的变革，在"和魂洋才"的口号下，推行"脱亚入欧""富国强兵"政策，使其在较短的时间内完成了由封建体制到资本主义、军国主义体制的转变，跻身于世界列强之行列。由于变革的不彻底性与变革指导思想上的荒谬，最终导

---

① 参见（明）刘惟谦等撰《大明律》，法律出版社1999年版。
② 参见《文始经》，中国社会出版社2005年版。

致重蹈列强之覆辙,穷兵黩武,对外侵略,给亚洲乃至于世界带来了深重的灾难。不过,从另一个角度上来看,日本之所以能在短期内获得较快的发展,关键取决于摄取外来文明的态度。日本近代所提倡的"和魂洋才"的"魂",泛指一种民族精神,是形而上的概念。《说文解字》将"魂"解释为"阳气也";《易经·系辞》曰:"游魂为变";《论衡·纪妖》解释为:"魂者,精气也。"西方认为:"魂(希腊文为psuchê,原意是指气息或呼气),是不可视的非物质的存在,是看不见摸不着的东西,它不是制度,不是思想体系,它不会束缚人的手脚。"正因为"魂"与"体"有着本质上的区别,所以日本以抽象的民族精神来对待吸收外来文化,在摄取西方思想与体制上采取了拿来主义。不过,这种拿来主义并不是原封不动的照搬,而是结合日本的社会需求,结合日本自然与文化风土所进行的一种再创造,这种创造产生了日式的经营管理模式,产生了日式的"茶道",日式中餐,日式西餐等。日本战后的社会福祉事业的形成与构建仍然如此,即在吸收西方社会福祉制度与福祉思想的基础上,经过"接地气"与本土化的过程,形成了具有日本特色的社会福祉制度与福祉理念。关于这一点,请参见前述第八章。

如今,我国40余年的改革开放之所以成功,之所以取得了世界瞩目的辉煌业绩,关键在于改革开放的前提是"思想解放",打破一切束缚,大胆引进,大胆吸收,通过细致咀嚼,不断改革创新,最终消化成为本土化;而经过这一程序所产生出来的结果,就是"有中国特色的社会主义"。有中国特色的福祉社会之构建,仍然要遵循这一程序,仍然要走这条路。

第十一章

佛教的慈悲与佛教福祉思想

第一节 慈悲与福田

首先，佛教的慈善救济事业，源自于佛教的慈悲观念。印度的大乘佛教自东汉年间传入中国以来，其教义强调以"慈悲"为本，提倡：佛陀与众生"平等性智"，无出身、贵贱、种族、国家之差别，主张：因果报应、戒杀放生、慈航普度、自觉觉他、以救度一切众生为本怀，通过修炼、积善而往生于极乐净土。正如《大智度论》所记载的"大慈与一切众生乐，大悲拔一切众生苦"。[①]"大慈"就是使一切生命体感到快乐；让一切生命体脱离痛苦。这与当代的社会福祉思想可谓是"不谋而合"。佛教把"贮功德、示福田[②]、普度众生、救苦救难"作为其基本的理念与修行准则，而社会福祉则是以辅助弱势群体为其出发点，二者殊途同归。由于在古代佛教贴近平民百姓的生活，故而能博得人心，在亚洲得到广泛传播。

自佛教于东汉年间传入中国以后，为实现佛教教义的慈善事业与济贫善举便于各地兴起。这种慈善活动主要包括旱时祈雨、灾时布施、难时禳福、扶贫济困、赈灾济民、施药治病、扶孤助残等一系列善行。在灾荒或战乱年代，各寺院普遍实行的施粥、施衣、施药、施棺，以及使寺院成为救济扶助弱势群体的避难所等善举，体现了佛教"普度众生，

[①] 参见鸠摩罗什译《大智度论》第27卷，载《释初品·大慈大悲义》第42卷，上海古籍出版社1991年版。

[②] 参见（曹魏）康僧铠译《无量寿经》上卷，上海佛学书局2007年版。

行善积德"的慈善观念与宗旨。在佛教所实施的善举之中,"福田广种"① 的信念与思想对于社会影响较为深远。"福田"的"田"即含有"生长"与收获之意,"福田"的梵语为:pun! ya-Ks! Etra,即"可生福德之田"。凡敬侍福田(佛、僧、父母、悲苦者),皆可收获功德与福报。《优婆塞戒经》卷第二·庄严品第十二记载有:"菩萨施时观二种田。一者福田。二贫穷田。菩萨为欲增福德故施与贫穷。为增无上妙智慧故施与福田。为报恩故施与福田。生怜愍故给施贫穷。舍烦恼故,施与福田;成功德故,施与贫穷。增长一切乐因缘故,施与福田;欲舍一切苦因缘故,施与贫穷。"② 意思是说:菩萨在布施之时,要观察两种"田",一是福田,二是贫穷田。因菩萨欲增长福德,所以布施贫苦之人;为了增长无上妙智慧,所以布施福田;为了报恩德,所以布施福田;因为心生怜悯,所以救济贫穷;为了舍弃烦恼,所以布施福田;为了成就功德所以布施贫穷;为了增加一切快乐因素,所以布施福田;为了舍离一切痛苦因素,所以布施贫穷。

由此可见,佛教所提倡的布施福田、救济贫穷、广施善缘,其目的在于:追求实现因果报应,唯多做善事,怜生济贫,方能成就功德。这与近代西方福祉源于宗教慈善事业如出一辙。

第二节　救济与施舍

佛教的"福田思想",主要源自于《佛说诸德福田经》③。这部由西晋沙门法立、法矩共译的佛学经典,收录于《大藏经》之中,篇幅不长,内容浅显易懂,主要讲的是"福德果报"。在这部经典中,佛祖释迦牟尼号召"广施七法"。所谓七法就是:"一者兴立佛图、僧房、堂阁;二者果园、浴池,树木清凉;三者常施医药,疗救众病;四者作坚牢船,济

---

① 指"积德行善,多做善事,布施众生"。
② (北凉)昙无谶译:《大正藏》,2019 年 3 月 29 日,大藏经网(http://www.dzj.fosss.org/1488)。
③ 《佛说诸德福田经》,载《大藏经》第 0683 部,2019 年 3 月 29 日,佛弟子文库网(http://www.fodizi.net/fojing/yinguo/6041.html)。

渡人民；五者安设桥梁，过渡羸弱；六者近道作井，渴乏得饮；七者造作圊厕，施便利处"；并在"偈颂"中以诗的形式归结为：

> 起塔立精舍，园果施清凉。
> 病则医药救，桥船度人民。
> 旷路作好井，渴乏得安身。
> 所生食甘露，无病常安宁。
> 造厕施清净，除秽致轻悦。
> 后无便利患，莫见秽恶者。
> 譬如五河流，昼夜无休息。
> 此德亦如斯，终得升梵天。①

其中心意思是讲：营造静寂清凉的环境，施药救助病患之人；周济平民百姓，施舍广大众生。如具有此等善德，就可以升入梵天净土。其实，这些都属于原始的社会公益事业，不过，佛教所提倡的做公益事业，其目的是得到福报。在另一首"偈颂"中明确地提出了"上福田"就是要以"慈泽润枯槁"，以"德勋济苦患"的思想。其"偈颂"如下：

> 慈泽润枯槁，德勋济苦患。
> 一果之善本，享福迄今存。
> 佛垂真谛义，蒙教超出渊。
> 圣众祐无极，稽首上福田。②

《佛说诸德福田经》是珍贵的历史文献，记载了佛教在社会公益事业中所发挥的作用。

---

① 《佛说诸德福田经》，载《大藏经》第 0683 部，2019 年 3 月 29 日，佛弟子文库网（http://www.fodizi.net/fojing/yinguo/6041.html）。

② 同上。

除此之外，另一部佛典《大智度论》①对我国古代的济贫亦产生过深远的影响。《大智度论》亦把福田分为两种：（1）以受恭敬之佛法僧为对象的"敬田"；（2）以受怜悯之贫、病者为对象的"悲田"。另外还有"三福田"（悲田、敬田、恩田）、"八福田"、"看病福田"等多种形式，但都不出"悲"与"敬"两大福田的范围。

在"悲"与"敬"的两大福田之中，以救济"贫病"与"孤老"为悲田的主要内容。《像法决疑经》中记载："悲田者贫穷孤老乃至蚁子。此二种田。悲田最胜。善男子。若复有人。多饶财物独行布施。从生至老。不如复有众多人众。不同贫富贵贱。若道若俗。共相劝他各出少财聚集一处。随宜布施贫穷孤老恶疾重病困厄之人。其福甚大。"② 文中的"布施贫穷孤老恶疾重病困厄之人，其福甚大"，讲的就是"造福于人，己亦得福"。这种主张扶助悲苦众生的思想，是佛教慈善救济事业的出发点。

第三节　济贫与赈灾

我国自古以来便是一个自然灾害与战乱频发的国家，历史学家邓云特（别名邓拓）先生曾于1937年撰写了《中国救荒史》③一书，对历代的灾荒与救荒的实况做了详尽的介绍，并指出了造成灾荒的几大因素：社会因素、苛政、战争、技术落后；分析了灾荒所造成的后果：社会变乱、人口流失、农民起义、民族战争，从而导致经济衰落、劳力锐减、土地荒废、经济破败等。2003年，李文海与夏明方二位学者组织调查搜集了大量的救荒史料，编辑出版了丛书《中国荒政全书》④，可谓是集我国研究荒政文献之大成。通过荒政的研究可以发现：在历代的救灾赈灾之中，

---

① 古印度佛教大德龙树菩萨于3世纪撰写，鸠摩罗什于公元403—404年译出，是大乘佛教中观派的重要论著，上海古籍出版社1991年版。
② 《像法决疑经》，2019年3月29日，弘善佛教网（http://www.liaotuo.org/fojing/yuanwen/164384.html）。
③ 参见邓云特《中国救荒史》，商务印书馆1993年版。
④ 参见李文海、夏明方编《中国荒政全书》，北京出版社2003年版。

第十一章 佛教的慈悲与佛教福祉思想

除了官府制定政策措施之外，民间的救助活动，尤其是佛教的济贫善施发挥了很大的作用。

如前所述，自东汉年间佛教传入中国以来，佛教寺院的济贫事业随之而兴，其内容主要包括：济贫赈灾、施药治疾、布施行善等。早在公元5世纪末6世纪初，深受佛教影响的南朝竟陵王萧子良与文惠太子萧长懋所创立的"六疾馆"，就是专门收养患病而不能自立之人，可视为带有佛教色彩的最早的慈善机构之一。据《南史·齐文惠太子传》记载："太子与竟陵王子良俱好释氏，立六疾馆以养穷人。"所谓"释氏"，即是佛姓释迦之略称，亦指佛与佛教；所谓"六疾"，就是指"寒疾、热疾、末疾、腹疾、惑疾、心疾"等各种疾病。而建"六疾馆"的目的，就在于"以养穷人"。在佛教南山律宗开山之祖释道宣所著的《续高僧传》卷二中，不但记载了北天竺僧人那连耶舍（北印度乌苌国人）于公元556年来华后"所获供禄不专自资。好起慈惠乐兴福业。设供饭僧施诸贫乏。狱囚系畜咸将济之。市廛闹所多造义井。亲自漉水津给众生"的救助贫困，接济狱囚，凿井利民的行善业绩，还记录了他"于汲郡西山建立三寺。依泉旁谷制极山美。又收养厉疾男女别坊。四事供承务令周给"，将患严重疾病的男女分别收养在坊中，令僧侣照顾其生活的慈善义举。

另据《魏书》卷一百一十四·志第二十·释老十记载："昙曜奏平齐户及诸民有能岁输谷六十斛入僧曹者，即为僧祇户，粟为僧祇粟。至于俭岁，赈给饥民。"[1]"僧祇之粟，本期济施，俭年出贷，丰则收入。山林僧尼，随以给施；民有窘弊，亦即赈之。"[2] 所谓"僧祇"，意为无量，泛指大众。北魏所设的僧祇粟制度是指：丰收之年，民众将谷物六十斛（唐制为三千六百升），缴纳于僧曹，以备赈灾济民之用；上缴谷物之户，称为"僧祇户"；所缴谷物称为"僧祇粟"。储存僧祇粟的目的，在于荒年赈灾与资助平民。当时"僧祇户粟及寺户遍于州镇"。僧祇粟作为寺院的一种制度，[3] 于战乱频发的北魏时代，在济贫救助上发挥了积极作用。

---

[1] 参见《魏书第二十·释老志》，中华书局1997年版。
[2] 同上。
[3] 缴纳僧曹公署稻谷，以备饥荒时赈济饥民之用的民户称为"僧祇户"，其所缴的谷子则称为"僧祇粟"。所谓"僧祇粟制度"，是指僧官对于缴纳粮食的管理制度。

这一制度后来演变为"长生库""解典库"等,一直延续到宋元时代。除了僧祇粟之外,南北朝时期在寺院里所设的"寺库",乃至于后来开设的"义仓""悲田坊""安乐坊""养病坊""安济坊""疠人坊[①]""福田院"等,都是佛教为了救济贫民、收容贫困者、赈灾及医疗病患者所采取的措施与设置的慈善机构。

此外,在自然灾害发生之时,由朝廷委托寺院救济灾民之事,亦不乏其例。据《北齐书·后主纪》记载:北齐武平六年(575年)大水为灾,人民饥馑,翌年正月壬辰后主下诏曰:"诏去秋已来,水潦人饥不自立者,所在付大寺及诸富户济其性命。"不仅如此,隋唐时期的信行法师在长安城内化度寺所创立的"无尽藏院",以及唐朝设立的"悲田院",宋代设立的"福田院""居养院",清朝设置的润族田等,都是以济贫救灾,布施老弱病残,居养鳏寡孤独之人为其宗旨。佛教寺院住持为了践行大慈大悲的教义,在日常生活中亦以周济贫民为其善行。《释氏通鉴》卷四中记载有:"释僧诠精练三藏,化洽江南。性好檀施,周瞻贫乏,居无缣币。屡造金像,禅礼无辍。"不仅释僧周瞻贫乏,诸如唐代的志宽、元代的志德、明代的德清等,皆为驰名于史的赈灾名僧。

灾荒之年,为了救济难民,一些寺院所设的"粥会"亦为济贫赈灾之例。据《太平御览》饮食部十七"糜粥"记载:"李搔妹曰法行,幼出家为尼,后遭时大俭,施糜粥于路。"所谓"糜粥"就是"白米粥"。《后汉书·礼仪志中》记载有"年始七十者,授之以玉杖,铺之以糜粥[②]"。佛教寺院的施粥活动,是佛教悲悯众生、解脱苦难的慈悲思想的具体体现,通过施粥来广种福田,积善行以成就功德。

古代的佛教慈善事业,在客观上讲,是一种社会公益行为,亦可以称作"社会公德";佛教的济贫赈灾活动弥补了朝廷荒政的不足,促进了社会福利与社会福祉的发展。不过,佛教慈善事业的出发点是践行"慈悲"之教义,即将"大慈大悲、普度众生、布施民众、济困救难、因果

[①] 收养麻风病人的场所。
[②] 《后汉书·礼仪志第五》,2019年4月5日,126在线阅读网(http://www.read126.cn/194c6894-51d5-4df3-a4bc-fa1282139f82!b5efbf42-a495-4096-9efb-044467422f78)。

报应、修行成佛"作为信仰与行动的准则。正如《大智度论》卷二十七"释初品·大慈大悲义"所记载的"大慈与一切众生乐,大悲拔一切众生苦"。这种源于慈悲之心的慈善事业,之所以有别于现代的社会福祉,其关键在于:佛教的慈善事业是在佛教思想与信仰之下所驱动的行事与行为,而社会福祉则是一种社会制度的体现,是构建理想社会的理论体系与实践体系,而这一体系的形成与发展,有待于近代工业革命与社会体制革命的到来。

第十二章

构建有中国特色的福祉社会

本章将以我国社会保障事业之立法为主线，参考相关资料，对新中国成立以来所推进的社会保障与社会福利事业进行一番梳理与概括，并为我国如何实现小康社会的提升，满足社会发展的不断需求，全面构建福祉社会，而提供一些参考性意见。

第一节 回顾与展望

我国的社会保障与社会福利事业亦可统称为：社会福祉事业。这一事业的构建与发展，首先始于新中国的诞生。以毛泽东同志为核心的老一辈革命家，率领全国人民经过浴血奋战，不仅缔造了中华人民共和国，而且拉开了社会保障与社会福利事业的序幕。社会主义福祉事业的最大特点在于：它根植于社会主义制度，为人民大众造福，人民政府是福祉服务的主体，人民大众是福祉服务的对象。迄今为止，若将党与人民政府所实施的社会福利与社会保障政策，视为福祉社会之构建过程，那么它的发展大致经历了如下几个阶段：一是艰难起步·基本生活保障阶段；二是风云岁月·坎坷曲折阶段；三是峰回路转·改革发展阶段；四是巨龙腾飞·调整跃升阶段；五是华夏圆梦·全面构建福祉社会阶段。下面将分别概述。

一 艰难起步：基本生活保障阶段

"福祉"一词，虽然源于中国古典，但是我国近代较少使用"福祉"

一词。取而代之的是多用"社会保障"与"社会福利"之称谓。中国的社会保障与社会福利事业与新中国的建设事业一样，是在"百废待兴"与"一穷二白"的状况下展开的。

据《1981 中国经济年鉴》[①] 所公布的数据显示：新中国成立时的国民生产总值仅为 123 亿美元，人均 GDP 仅为 23 美元，人均国民收入只有 16 美元。当时的人口为 5.4 亿，人口出生率为 36%，死亡率为 20%，平均寿命为 35 岁。各项指数均排在世界的末端。

新中国成立初期，由于国民党政府的黑暗统治所造成的遗患，不但经济秩序紊乱、物价暴涨、物质奇缺，而且失业现象严重，人民的生活只能用"衣不遮体，食不饱腹"来形容。这一时期还谈不上社会福利与福祉，解决旧社会的遗留问题，稳定社会秩序，缓解人民的生活困难，维持人民的最低生活标准，是党与新生政权执政的最大课题。

为了在饱经战乱、生灵涂炭、满目疮痍的华夏大地上，建设一个全新的、由人民当家作主的民主主义国家，为了治理混乱不堪的社会，恢复工农业生产，调整、稳定经济秩序，中国人民政治协商会议于 1949 年 9 月 29 日制定颁布了第一部带有宪法性质的《中国人民政治协商会议共同纲领》（以下简称《共同纲领》）。《共同纲领》在第 3 条中明确规定："没收官僚资本归人民的国家所有，有步骤地将封建半封建的土地所有制改变为农民的土地所有制，保护国家的公共财产和合作社的财产，保护工人、农民、小资产阶级和民族资产阶级的经济利益及其私有财产，发展新民主主义的人民经济，稳步地变农业国为工业国。"这为我国后来所实行的资本国有化与集体所有制，以及历代农民所期待的"耕者有其田"与土地逐步公有化（合作社、人民公社）而奠定了基础，解决了农民赖以生存的土地问题。同时，《共同纲领》在第 6 条中规定："中华人民共和国废除束缚妇女的封建制度。妇女在政治的、经济的、文化教育的、社会的生活各方面，均有与男子平等的权利。实行男女婚姻自由。"这条规定，荡涤了中国几千年流传下来的"男尊女卑"的陈腐观念，砸碎了束缚在妇女身上的桎梏，初步保障了妇女的权益。而在第 32 条中则规

[①] 中国经济年鉴编辑委员会编：《1981 中国经济年鉴》，经济管理杂志社 1981 年版。

定:"在国家经营的企业中,目前时期应实行工人参加生产管理的制度,即建立在厂长领导之下的工厂管理委员会。私人经营的企业,为实现劳资两利的原则,应由工会代表工人职员与资方订立集体合同。公私企业目前一般应实行八小时至十小时的工作制,特殊情况得斟酌办理。人民政府应按照各地各业情况规定最低工资。逐步实行劳动保险制度。保护青工女工的特殊利益。实行工矿检查制度,以改进工矿的安全和卫生设备。"在第48条中规定:"提倡国民体育。推广卫生医药事业,并注意保护母亲、婴儿和儿童的健康。"用今天的视角来看,这些条款规定都属于现代社会福祉范畴,是社会福祉的最基本内容。

《共同纲领》的颁布,以及1950年6月30日政府颁布与实施的《中华人民共和国土地改革法》,成为指导土地改革,保障农民权益的基本法律依据。土地改革法在总则第1条中规定:"废除地主阶级封建剥削的土地所有制,实行农民的土地所有制,藉以解放农村生产力,发展农业生产,为新中国的工业化开辟道路。"在第二章第3条中规定:"征收祠堂、庙宇、寺院、教堂、学校和团体在农村中的土地及其他公地。但对依靠上述土地收入以为维持费用的学校、孤儿院、养老院、医院等事业,应由当地人民政府另筹解决经费的妥善办法。"在第4条中规定:"保护工商业,不得侵犯。"在第5条中规定:"鳏、寡、孤、独、残疾人等依靠该项土地为生者,其每人平均所有土地数量虽超过百分之二百,亦得酌情予以照顾。"在第三章第13条第6款中规定:"经城市人民政府或工会证明其失业的工人及其家属,回乡后要求分地而又能从事农业生产者,在当地土地情况允许的条件下,应分给与农民同样的一份土地和其他生产资料。"

土地改革大法的颁布,宣告了封建土地所有制的废除,使几千年来所未能解决的农民土地所有制的问题得到了解决,改变了农村的生产关系,孤立分化了地主阶级,兼顾了中农、富农及工商业者的利益,稳定了民族资产阶级,缓解了旧中国遗留下来的大量人口失业的问题,明确了对于农村弱势群体要施与救济和扶助。《土地改革法》的颁布和实施,不仅使农民获得了赖以生存的土地,焕发出了极大的生产热情,同时也使农民获得了最基本的社会保障。

1950年，在全国秩序正在趋于稳定之时，爆发了朝鲜战争。为了与世界头号强国美国及它所纠集的西方16国抗衡，增强国力与国防能力，大力发展工业成为燃眉之急。在这一背景下，为了扩大工人阶级队伍，维护工人阶级权益，发挥工人阶级的主导作用，在《土地改革法》发布的前一天，即1950年6月29日人民政府颁布了《中华人民共和国工会法》，明确了工会的性质、法律地位、权力与责任，其主旨在于维护工人的利益和权利。翌年，我国开始着手制定社会福利政策。不过，当时由于财源匮乏，财政紧张，福利政策的重点放在了城镇居民与劳动工人阶层。如1951年8月发布的《关于城市救济福利工作报告》，其救济对象主要为：生活在城镇的鳏寡孤独的老人、孤儿、弃婴、残疾人等；民政部门通过设立事业与企业福利机构为这些弱势群体提供最基本的社会保障。事业福利机构指各种福利院、精神病院等；企业福利机构的主要工作是为因战争所造成的大批残疾人提供就业机会。不过，能够享有这一救济措施的人员，属于城镇的少数弱势群体，其比例只占总人口的不足1%。

1951年2月26日政务院（后为国务院）公布了《中华人民共和国劳动保险条例》（以下简称《保险条例》）。这部《保险条例》两年之后经过修改后内容更为详细。不仅对享受保险人员做了界定，明确了保险范围与保险费用的支付额度，而且对工伤致残、疾病、丧葬、养老、养老所、妇幼、托儿所、医疗机构等都做出了明确规定。例如：在第5章第16条中规定："工人职员疾病或非因工负伤停止工作连续医疗期间在6个月以内者，根据劳动保险条例第13条乙款的规定，应由该企业行政方面或资方按下列标准支付病伤假期工资；本企业工龄不满2年者，为本人工资的60%；已满2年不满4年者，为本人工资的70%；已满4年不满6年者，为本人工资的80%；已满6年不满8年者，为本人工资的90%；已满8年及8年以上者，为本人工资的100%"。在第7章第26条中规定："工人职员退职养老时，应由劳动保险基金项下按月付给退职养老补助费：本企业工龄已满5年未满10年者，付给本人工资的50%；已满10年未满15年者，付给本人工资的60%；已满15年及15年以上者，付给本人工资的70%。付至死亡时止"。在第27条中规定："合于劳动保险条例第 15 条养老规定的工人职员，因企业需要留其继续工作者，除工资照发外，另由劳动保险基金项下按月付给在职养老补助费：本企业工龄已满 5 年不满 10 年者，付给本人工资的 10%；已满 10 年不满 15 年者，付给本人工资的 15%；已满 15 年及 15 年以上者，付给本人工资的 20%"。在第 28 条中规定："领取在职养老补助费的工人职员，退职养老时，其在职养老补助费，不应计算在本人工资之内"。在第 8 章第 32 条中规定："女工人女职员或男工人男职员之妻生育，如系双生或多生时，其生育补助费应按其所生子女人数，每人发给八万元（旧币）"。在第 34 条中规定："女工人女职员怀孕不满 7 个月小产的产假，为 30 日以内，但最少应为 20 日"；在第 35 条中规定："女工人女职员生育，如该企业医疗所、医院、特约医院、特约医师无法接生时，其接生费用，亦由企业行政方面或资方负担。"可以说，《劳动保险条例》的颁布，拉开了我国社会保障事业的序幕，为我国的社会福利发展奠定了法律基础。

1952 年为了解决城镇公职人员的看病就医问题，政府颁布了《国家工作人员公费医疗预防实施办法》《各级人民政府工作人员在患病期间待遇暂行办法的规定》。为了落实这项规定，由各级政府组织公费医疗预防实施管理委员会，负责公费医疗的管理与运用。并在第 8 条中规定：医疗费用来源于各级人民政府的财政预算，由各级卫生行政机关掌握使用，款项应专款专用，不得平均分发。其享受公费医疗的对象，基本属于国家机关与事业单位的公职人员及残疾军人。尽管享受公费医疗的人员范围有限，并未普及整个社会，不过，它说明了党和政府早在新中国成立初期就开始重视到了社会医疗福利，为后来所实施的全国公费医疗创下了良好的开端。

从上述政府文件的颁布及各项规定条款中可以看出，在我国经济尚未得到全面恢复，财政极其困难的情况下，能做出如此条件优厚的保险与公费医疗待遇，不能不说明党和国家对企业工人阶级及事业单位公职人员的重视与关怀。不过，遗憾的是，当时因受国家经济能力所限，加之传统观念的影响，上述《保险条例》及公费医疗实施办法，并未将占人口绝大部分的农民囊括在内，国家除了制定《土地改革法》之外，农民的社会福利与社会保障等问题尚未涉及。

尽管如此,当农村发生重大自然灾害之时,党和政府皆倾全力进行救助,凸显新中国成立以来所实行的社会主义体制的优越性。例如:1954年发生在江淮流域的特大水灾,仅就湖北而言,全省死亡人数31762人,损失耕畜16056头,倒塌民房2205135间,浸湿和冲走粮食6935743斤,校舍倒塌50%以上,加之,江苏、江西、安徽、福建、两广北部等地的严重灾情,使得灾民人数高达几百万。这种灾情若发生在小国或中等国家,无疑是灭顶之灾。而新中国在面对波及范围如此之广的特大水灾时,党中央与政府迅速成立防汛总指挥部,调拨全国人力、财力、物力,组织抗灾救险,使得大批粮食蔬菜及生活用品运往灾区,保障了灾民的基本生活。同时,由卫生部组织大量医务人员开赴灾区,开展医疗与防疫工作,保障了灾区人民的生命安全。其后,诸如1958年黄河流域发生的特大洪水,以及60年代初发生的三年自然灾害,1966年与1976年发生的邢台大地震、唐山大地震等,在这些重大灾害面前,党和政府所表现出的非凡的组织能力与救灾能力是史无前例的,在世界上也是无与伦比的。

随着国家经济的快速发展,社会秩序日益稳定,党和政府在《共同纲领》的基础上,于1954年9月20日颁布了我国第一部宪法,即《中华人民共和国宪法》。在宪法的第二章中规定:"中华人民共和国公民在年老、疾病或者丧失劳动能力的时候,有获得物质帮助的权利。国家举办社会保险、社会救济和群众卫生事业。"这一条款以法律形式,明确了公民具有享受社会基本保障的权利,规定了我国社会保障,亦可称为"社会福利"的最基本内容。宪法颁布的翌年,即1955年为了解决国家机关工作人员的退休、退职、病休期间的待遇及工龄计算等问题,国务院颁发了《关于国家机关工作人员退休处理暂行办法》《关于处理国家机关工作人员退职、退休时计算工作年限的暂时规定》等文件,规定了我国机关干部与工作人员的退休年龄为:男60岁,女50岁。这一规定后来扩大到整个事业、企业单位,虽然在"文革"期间一度受到干扰,不过1978年经第五届人大常务委员会第二次会议重新确认恢复后,一直延续至今。

上述党和国家在新中国成立初级阶段所实施的社会保障与社会福利

的政策与措施，主要是针对城镇的公职人员与企业的工人阶层，而对农村的社会保障与农民的社会福利则涉及甚少。不过，土地改革的成功与合作社的建立，使农村的个体经济与个体农业生产变为集体经济与集体生产。这一体制与生产形式上的变革，不仅打破了延续几千年的农业生产模式，同时也促使政府更加关注走向集体化的农民的社会保障与社会福利问题。1956年6月30日全国人大第一届第三次会议通过了《高级农业合作社示范章程》，该章程中规定：将"私有的主要生产资料转为合作社集体所有"，由"合作社组织集体劳动，实行各尽所能，按劳取酬，不分男女老少，同工同酬"的原则，并规定"合作社必须关心和照顾社员的个人利益"；社员所享有的权利为：（1）参加社内的劳动，取得应得的报酬；（2）提出有关社务的建议和批评，参加社务的讨论和表决，对社务进行监督；（3）选举合作社的领导人员，被选举为合作社的领导人员；（4）在不妨碍合作社生产的条件下，经营家庭副业；（5）享受合作社举办的文化、福利事业的利益。除此之外，对待农村的弱势群体则采取了照顾措施，即："对于不能担负主要劳动的社员，合作社应该适当地安排适合于他们的劳动，如果他们在生活上有困难，合作社应该给以适当的照顾；对于完全丧失劳动力，历来靠土地收入维持生活的社员，应该用公益金维持他们的生活，在必要的时候，也可以暂时给以适当的土地报酬；对于军人家属、烈士家属和残疾军人社员，合作社还应该按照国家规定的优待办法给以优待。"同时，为了确保农村的文化福利事业的发展，规定"农业生产合作社应该从每年的收入当中留出一定数量的公积金和公益金。公积金用作扩大生产所需要的生产费用、储备种籽、饲料和增添合作社固定财产的费用，不能挪作他用。公益金用来发展合作社的文化、福利事业，不能挪作他用"，提出"农业生产合作社必须注意社员在劳动中的安全，不使孕妇、老年和少年担负过重和过多的体力劳动，并且特别注意使女社员在产前产后得到适当的休息"，尤其在第52条中规定了较为具体的发展各种文化、福利事业的内容，即：（1）组织社员在业余时间学习文化和科学知识，在若干年内分批扫除文盲；（2）利用业余时间和农闲季节，开展文化、娱乐和体育活动；（3）开发公共卫生工作和社员家庭卫生保健工作；（4）提倡家庭分工、邻里互助、成立托儿组织，来解决女社员参加劳动的困难，保护儿童的安全；（5）女社员生孩子的时候，酌量给以物质的帮助；（6）在可能的条件下，帮助社员改善居住条件。并在第53条中规定"农业生产合作社对于缺乏劳动力或者完全丧失劳动力、生活没有依靠的老、弱、孤、寡、残疾的社员，在生产上和生活上给以适当的安排和照顾，保证他们的吃、穿和柴火的供应，保证年幼的受到教育和年老的死后安葬，使他们生养死葬都有依靠。对于遭到不幸事故、生活发生严重困难的社员，合作社要酌量给以补助。合作社对于因公负伤或者因公致病的社员要负责医治，并且酌量给以劳动日作为补助；对于因公死亡的社员的家属要给以抚恤"。《高级农业合作社示范章程》的条款，几乎覆盖了现代社会福利的大部分内容，描绘出了我国农村走合作化生产后的社会福利的基本蓝图。不过，由于我国农村幅员辽阔，自然地理条件与生产条件相差悬殊，许多地区的农民生活当时还处于贫困状态，而且章程所规定的部分内容并未得到全面的贯彻与实施。

尽管如此，从1949年新中国成立到1956年，我国在满目疮痍、一穷二白的状态下，初步建立了一套符合于国力与经济财政能力的社会保障政策与法规，形成了由政府为责任主体、城乡各级单位共同负责的社会保障与社会福利的基本框架，保证了人民的基本生活，对巩固政权，稳定社会，发展经济起到了至关重要的作用。

二 风云岁月：坎坷曲折阶段

新中国自1949年成立到1966年，尽管经过了三个五年计划的实施，初步建立了以重工业为主的工业体系，工业生产能力取得了飞跃发展，经济上取得了长足的进步，国力有了大幅度的增强，但是，由于1958年缺乏科学依据的"大跃进"的虚夸冒进，加之三年的严重自然灾害，人民的生活还相当困窘，国家物力与财力有限，许多生活必需品须凭票购买。这一时期党和政府所实施的一些社会保障与福利政策主要针对城镇工薪阶层，而广大农村及占人口绝大多数的农民，除了国家实施的大灾之年的赈灾济贫（由国家与社会提供急需的维持最低生活的资金或物质）、农村合作医疗制度、五保制度之外，并没有建立起完整的社会保障体系，农民的生活保障主要依靠以家庭为单位的农业生产收入，以及农民自发或由人民公社及生产队所组织的各种互济互助活动。

自1966年起，我国进入到"文革"时期。长达十年的政治运动，以及"四人帮"的严重干扰与破坏，经济发展形成阶段性停滞与受阻，尤其是1967年与1968年，工农业生产总值同1966年相比，分别下降为9.6%与4.2%，[1] 使得国家财政蒙受了巨大的损失。人均生产总值从1952年的119元到1976年的316元，仅增加了197元。这不但影响了我国社会保障事业的发展进程，甚至出现了国民福利待遇严重倒退的现象。例如："文革"期间国家劳动部，主管救灾救济、社会福利等事务的内务部受到冲击乃至于撤销，负责劳动保险事务的工会组织被迫停止活动，退休费用社会统筹被取消，企业社会保险工作处于无人管理的状态。此外，50年代建立的城镇企业职工养老保险，自1969年2月始，由社会保险变成了企业单位保险，[2] 使企业职工失去了保障，加重了企业的社会负担。据统计，1978年全国社会福利事业单位只有728所，收养人员5.74万人，与1964年相比，社会福利事业单位下降了52%，收养人员数量下降了60%。[3]

不过，值得一提的是："文革"后期，大批城市知识青年响应国家号召，奔赴广阔天地的农村，大幅度减轻了城市的就业压力，同时给农村带来了新的文化气息与生产活力，为改变农村的落后面貌发挥了重要的作用。尤其是由经过短期医疗培训的部分知识青年，以及出身于中医世家的乡村郎中等所组成的"半医半农"的赤脚医生队伍，走村串户，对各种疾患进行简单治疗，深受广大农民的欢迎，部分地缓解了农村缺医少药的困难状态，创出了一种带有中国特色的农村医疗福祉模式。

---

[1] 李成瑞：《十年内乱期间我国经济情况分析——兼论这一期间统计数字的可靠性》，《经济研究》1984年第1期。

[2] 参见财政部1969年2月下发的《关于国营企业财务工作中几项制度的改革意见》。意见中规定：国营企业一律停止提取劳动保险金，企业职工的退休金在营业外列支，劳动保险改为"企业保险"或"单位保险"，使企业职工失去了保障，加重了企业的社会负担。

[3] 参见王佳燕《转移支出》，载《财政学》第6章，高等教育出版社2013年版。

三　峰回路转：改革发展阶段

20世纪70年代中后期，周恩来、毛泽东等老一辈革命家相继去世，使全国人民陷入极大的悲痛之中，同时，"四人帮"的垮台又激发了全国人民的极大热情。正如古诗所云："沉舟侧畔千帆过，病树前头万木春。"经过几年的政治变化与调整，尤其在实践是检验真理的大辩论之后，自80年代起，改革开放的大浪席卷全国。首先，在农村随着人民公社的解体，家庭联产承包责任制的实施，极大地激发了农民的生产热情，加之，农民的个人劳动付出与经济收入挂钩，将剩余的粮食直接出售市场，增加了农民的现金收入，使得农民的生活大为改观，农村个体经济活跃。而在首都北京及各大沿海城市，随着改革开放的推进，大批学子涌向海外，形成留学大潮；企业招商引资蓬勃开展，经济特区的建设如火如荼，加之，西方世界的经济发展模式与各种自由思潮的涌入，以苏联为首的社会主义阵营的崩溃，引起了社会上各种思想与观念的激烈交锋，同时，在计划经济向市场经济的转变过程中所凸显出的多层次的矛盾，以及贫富差距的不断拉大，国营企业转型所带来的大批工人失业与半失业等问题所引发的一部分人的不满，加之青年学生受到海外反华势力的利用与蛊惑终于酿成了80年代末的政治风波。虽然党中央采取果断措施，迅速平息了这场政治风波，不过，如何构建具有中国特色社会主义市场经济，如何创立公正、平等、均衡发展的社会体制，如何在导入市场竞争机制的同时，兼顾社会弱势群体的利益，如何顺利改造国营企业，妥善安排下岗职工，如何缩小贫富之差，解决收入平衡等问题，摆在了政府与全国人民的面前。由此，中国进入到了摸索与创新的阶段，社会呈现出前所未有的多元化与复杂化趋势。

在这一背景下，人们开始重新审视与自身生活密切相关的社会保障问题，开始重新认识到改革开放、发展具有中国特色的社会主义的最基本目的：不是制造新的社会群体对立，不应酿成悬殊的贫富之差，制造新的贫困，而是要切切实实地提高全体人民的生活水平，营造马克思所说的"合乎人性的环境"[①]，让所有社会成员都过上安定、富裕的生活。

---

① 《马克思恩格斯全集》第2卷，人民出版社1957年版，第167页。

此外，由于经济模式与企业管理体制的转变，旧的社会保障体系已经不能适应社会的发展，创立与社会主义市场经济相吻合的新的社会保障体系，不仅是时代的要求，亦是社会关注的焦点之一。加之，西方的社会保障与社会福祉信息的传入，对于我国改善社会保障与社会福利现状起到了一定的推动作用。

从80年代起，国营企业实行转型，引入竞争机制，打破了吃大锅饭的计划经济经营体制，由此造成了大批工人下岗；同时企业大量增加了合同制工人的比例。为了维护下岗工人与合同制工人的权益，保障其享受劳保待遇，1986年政府颁布了《国营企业实行劳动合同制暂行规定》。该规定的总则第1条强调：要"保障劳动者的合法权益"。为了实现这一点，在第三章第12条中规定了解除合同的前提是：（1）劳动合同制工人在试用期内，经发现不符合录用条件的；（2）劳动合同制工人患病或非因工负伤，医疗期满后不能从事原工作的；（3）按照《国务院关于国营企业辞退违纪职工暂行规定》，属于应予辞退的；（4）企业宣告破产，或者濒临破产处于法定整顿期间的。同时，在第14条中规定：企业按照五条标准，不得随意解雇工人：（1）劳动合同期限未满，又不符合第12条规定的；（2）患有职业病或因工负伤并经劳动鉴定委员会确认的；（3）患病或非因工负伤，在规定的医疗期内的；（4）女工在孕期、产假和哺乳期间的；（5）符合国家规定条件的。这五条标准的设立，确保了企业员工的工作权益，消除了员工在合同期内遭到无端解雇的担心。同时，为了一视同仁，保障合同制工人能够与固定工人享受同等的基本待遇，在第四章第18条中规定："劳动合同制工人的工资和保险福利待遇，应当与本企业同工种、同岗位原固定工人保持同等水平，其保险福利待遇低于原固定工人的部分，用工资性补贴予以补偿。工资性补贴的幅度，为劳动合同制工人标准工资的15%左右。劳动合同制工人的奖金、津贴、保健食品、劳动保护用品、口粮补差和物价补贴等待遇，应当与所在企业同工种原固定工人同等对待。"并在第20条中规定："劳动合同制工人患职业病或因工负伤，以及女工孕期、产假和哺乳期间，应当与所在企业同工种的原固定工人同等对待。"不仅如此，规定要求合同工人的"公休假、婚丧假、探亲假、上下班交通费补贴、取暖和防暑降温补贴等，应当与所在企业原固定工人同等对待",并在合同制工人的退休养老问题上规定:"劳动合同制工人的退休养老待遇包括:退休费(含国家规定加发的其他补贴、补助)、医疗费和丧葬补助费、供养直系亲属抚恤费、救济费、劳动合同制工人退休后,按月发给退休费,直至死亡。退休费标准,根据缴纳退休养老基金年限长短、金额多少和本人一定工作期间平均工资收入的不同比例确定,医疗费和丧葬补助费、供养直系亲属抚恤费、救济费,参照国家有关规定执行。对缴纳退休养老基金年限比较短的工人,其退休养老费用可以一次发给。"同时,为了解决大批国营企业职工下岗待业期间的生活保障问题,1986 年 7 月 12 日国务院又颁布了《国营企业职工待业保险暂行规定》。其规定的主要内容为:由"企业按照其全部职工标准工资总额的 1% 缴纳的待业保险基金(缴纳所得税前列支),由地方政府提供财政补贴",由当地行政主管部门所属的劳动服务公司负责发放"待业救济金、医疗费、死亡丧葬补助费、抚恤费、救济费、离休和退休金、转业训练费及生产自救费等"。这两项规定为解决合同制工人与大批下岗职工的基本生活提供了保障,对于稳定社会发挥了积极的作用。

四 巨龙腾飞:调整跃升阶段

(一)残疾人福祉

进入 90 年代,一系列改革开放政策的落实,中国经济虽然尚存在着许多问题,不过已经犹如潜龙出海,呈现出腾飞的趋势。市场繁荣,物质丰富,人民的生活水平大幅度提高,以及经济的快速发展,生活质量的提升,使得人们更加重视社会保障与社会福利问题,尤其是重视对于弱势群体的保障与扶助。1990 年 12 月政府颁布了《中华人民共和国残疾人保障法》,这部法律不仅对残疾人进行了范围界定,而且在总则第 1 条中明确提出制定法律的宗旨在于"维护残疾人的合法权益,发展残疾人事业,保障残疾人平等地充分参与社会生活,共享社会物质文化成果";在第 3 条中规定:"残疾人在政治、经济、文化、社会和家庭生活等方面享有同其他公民平等的权利;残疾人的公民权利和人格尊严受法律保护,禁止歧视、侮辱、侵害残疾人";在第 4 条中规定:"国家采取辅助方法和扶持措施,对残疾人给予特别扶助",并在第 6 条中规定:将其经费列入各级政府的财政预算。除此之外,在残疾人的康复治疗、劳动就业、文化生活、教育培训等方面,均做了详细的规定。这部法律不仅明确了残疾人的社会权益,而且为残疾人的社会保障与社会福祉事业的全面展开奠定了基础。

(二) 妇女儿童福祉

近代社会福祉所主要关注及救济扶助的弱势群体,除了残疾人之外,便是妇女和儿童。早在 1924 年 9 月联合国发表的《日内瓦儿童权利宣言》中就明确指出:人类有责任给儿童以必须给予的最好待遇,"有必要采取一切手段,确保儿童身体上与精神上的正当发育"。1959 年 11 月在联合国大会通过的《儿童权利宣言》中又指出:"儿童因身体及精神尚未成熟,在其出生前后,要予以特殊保护与照顾,包括适当的法律上的保护。"为了确保儿童于享有自由、尊严以及抚育方法适当的状态下,在身体、智力、道德、精神等方面得到健康成长,并享有接受教育的权利,宣言共设立了 10 条准则来确保儿童的权益。1989 年 11 月第 44 届联合国大会第 25 号决议又通过了《儿童权利公约》,通过国际立法的形式,进一步明确了儿童的定义,包括禁止歧视在内,规定了数十项儿童应享有的各种权利,为保护世界各国的儿童福祉提供了法律上的保障。

众所周知,我国自实行独生子女政策以来,虽然城镇儿童人口大幅度下降,不过仍然是世界上儿童人口最多的国家之一,据 1990 年全国第四次人口普查结果显示:我国有未成年人约 3.83 亿,约占当时全国总人口 11.31 亿的 33.9%;妇女人口为 5.54 亿以上,约占人口总数的 49.0%。因此,如何保护儿童与妇女的正当权益,是改革开放以来政府所面临的重大社会问题之一。为了提高社会的文明程度,促进社会的公平与正义,构建和谐社会,同时紧跟世界的前进步伐,与联合国《儿童权利公约》精神保持一致,我国于 1990 年 8 月 29 日签署了这一公约,成为第 105 个签约国。中国之所以签约,除了作为常任理事国,响应联合国号召之外,还源于 90 年代国内的一些现实情况。

改革开放以来,随着大批农村人口涌入城市,农民工的社会保障与子女就学成为一大社会问题。农民工不但收入低,生活条件差,工资常常遭到拖欠；而且子女就学困难，被排斥校门之外的事情屡屡发生。同时，由于我国幅员辽阔，地区发展不平衡，富裕地区与贫穷地区生活水平相差悬殊，造成了城镇部分民营企业为了弥补劳动力之短缺，甚至出现了不惜非法雇用贫穷地区的未成年人从事繁重的体力劳动的现象。这对少年儿童的身心造成了极大的伤害。加之，90年代以来，应试教育愈演愈烈，中小学生负担过重，患有心理障碍的学生逐年增多，甚至出现了被称作"红领巾死结"的自杀现象。另外，由于学校片面追求学生的考试分数与过级率，疏忽切实有效的思想教育与校内秩序管理，使得一些地区的校园暴力事件频发。据《中国儿童发展状况国家报告》[①]统计显示："自九十年代起，伤害取代疾病，成为中小学生的首位死因，全国每年至少有1000万儿童受到各种形式的伤害，10万儿童因伤害而死亡，40万儿童因伤害致残。"

另外，随着社会伦理、家庭道德及价值观念的转变，加之生活、工作压力的增强，中国的离婚率急剧上升，家庭暴力现象也日趋增多。1994年国务院发布的《中国妇女状况》白皮书调查显示：90年代以来，"我国每年约有40万个家庭解体，其中25%是由于家庭暴力引起的"。另据全国妇联调查报告统计："在我国2.7亿个家庭中，30%存在家庭暴力，每年约有10万个家庭因家庭暴力而解体。"

为了解决改革开放以来所出现的新的社会问题，遏制并预防上述现象的出现，其实早在联合国《儿童权利公约》颁布的第二年，即1991年9月，政府就颁布了《中华人民共和国未成年人保护法》（最新修改于2006年）。该法律在总则第1条中明确指出：立法的目的在于"保护未成年人的身心健康，保障未成年人的合法权益，促进未成年人在品德、智力、体质等方面全面发展，培养有理想、有道德、有文化、有纪律的社会主义建设者和接班人"；在第3条中规定："未成年人享有生存权、发展权、受保护权、参与权等权利，国家根据未成年人身心发展特点给予特殊、优先保护，保障未成年人的合法权益不受侵犯。未成年人享有受

---

① 参见国务院妇女儿童工作委员会《中国儿童发展状况国家报告2003—2004年》，2019年2月26日。

教育权，国家、社会、学校和家庭尊重和保障未成年人的受教育权。未成年人不分性别、民族、种族、家庭财产状况、宗教信仰等，依法平等地享有权利。"为了保障未成年人的权利，该法提出了"家庭保护、学校保护、社会保护、司法保护"四个层面，共 4 章 49 条。同时，为了防止未成年人的权益遭到侵犯，该法还明确了应负的法律责任。可谓内容详尽，规定细致。

同时，为了解决由于离婚率的增高及贫富之差的悬殊等状况所带来的子女抚养与孤儿收养问题，1991 年 12 月 29 日第七届全国人民代表大会常务委员会第二十三次会议通过了《中华人民共和国收养法》（修改于 1998 年），规定了"收养的对象为 14 岁以下的未成年人"，"收养应当有利于被收养的未成年人的抚养、成长，遵循平等自愿的原则，并不得违背社会公德"，明确了收养人应负的职责与被收养人的权益。

1992 年为了保护妇女的权益，防止家庭暴力，提升妇女的社会地位，政府又颁布了《中华人民共和国妇女权益保障法》，并在第一章第 2 条中明确地规定了"国家保护妇女依法享有的特殊权益。禁止歧视、虐待、遗弃、残害妇女"；在第 3 条中规定：由"国务院制定中国妇女发展纲要，并将其纳入国民经济和社会发展规划"；在第 4 条中声明："保障妇女的合法权益是全社会的共同责任。国家机关、社会团体、企业事业单位、城乡基层群众性自治组织，应当依照本法和有关法律的规定，保障妇女的权益。"

1999 年为了遏制并预防青少年犯罪，政府颁布了《预防未成年人犯罪法》（最新修改于 2012 年）。该法律共 8 章 57 条，强调立法的目的在于："保障未成年人的身心健康，培养良好品行，有效地预防未成年人犯罪。"并提出要加强对未成年人的预防犯罪教育，"增强未成年人的法制观念，使未成年人懂得违法和犯罪行为对个人、家庭、社会造成的危害，违法和犯罪行为应当承担的法律责任，树立遵纪守法和防范违法犯罪的意识"。同时，为了遏制未成年人犯罪增多的趋势，规定了"在各级人民政府组织领导下，实行综合治理"。

同时，鉴于离婚率的增高及家庭暴力现象的增多，政府于 2001 年 4 月对 1980 年制定的《婚姻法》进行了修改，新《婚姻法》严格规定：

"实施家庭暴力或虐待家庭成员,受害人提出请求的,公安机关应当依照治安管理处罚的法律规定予以行政处罚";"禁止包办、买卖婚姻和其他干涉婚姻自由的行为;禁止借婚姻索取财物;禁止重婚;禁止有配偶者与他人同居;禁止家庭暴力;禁止家庭成员间的虐待和遗弃",并规定:"在一夫一妻制度下,任何人,无论地位高低,财产多少,都不得同时有两个或两个以上的配偶;已婚者在配偶死亡(包括宣告死亡)或离婚之前,不得再行结婚;一切公开或隐蔽的一夫多妻制或一妻多夫的两性关系都是违法的";"夫妻应当互相忠实,互相尊重,互相帮助,维护平等、和睦、文明的婚姻家庭关系";"保护妇女、儿童和老人的合法权益"。

上述法律的颁布与实施,为保护未成年人(婴儿、儿童、少年)与妇女应享有的社会权益,以及遏制与防止未成年人犯罪起到了一定的作用。不过,从法律颁布之后所发生的种种社会现象来看,90年代的中国社会正处于新旧交替的大变动、大变革时期,许多地方政府由于忙于经济改革,对于上述法律条款的执行力度不够,或者说贯彻落实得不到位,妇女与未成年人的社会生活环境并未得到根本的改观。

1993年11月卫生部、劳动部、人事部、全国总工会、全国妇联发布关于颁发《女职工保健工作规定》的通知,提出对女职工实行"月经期、婚前、孕前、孕期、产后、哺乳期、更年期等多方面的保健措施",并在组织与监督管理上做了明文规定。规定颁发翌年,即1994年10月,中国政府为了提高出生人口素质,保障妇女享有良好的生育环境与婴儿健康,在第八届全国人民代表大会常务委员会第十次会议上又通过了《母婴保健法》(最新修改于2017年11月)。该法提出:国家要为"发展母婴保健事业,提供必要条件和物质帮助,使母亲和婴儿获得医疗保健服务";"国家对边远贫困地区的母婴保健事业给予扶持",并提出了"母婴保健事业应当纳入国民经济和社会发展计划";并详细规定了婚前保健、孕产期保健所应采取的各项措施,明确了行政管理职责与法律责任。与此相关,2012年4月政府在1988年制定的《女职工劳动保护规定》的基础上,又重新制定了《女职工劳动保护特别规定》。这些规定的颁布与实施,对加强女职工劳动保护、维护女职工合法权益、保护女职工及其后代的健康、提高我国出生人口素质发挥了重要作用。

（三）老年人福祉

20世纪90年代以后，随着老年人口的不断增加，中国的老龄化社会问题日趋严重。从1990年到2000年，十年之内中国65岁及以上的老年人口增加到8811万，占人口总数的6.96%。据国家统计局调查显示，2005年至2017年老年人口逐年攀升，目前我国60岁以上的老年人数量已经达2.3亿以上，超过日本全国的人口总数，是世界上唯一老年人口数量超过2亿的国家。老龄人的养老护理、康复娱乐、保健养生，以及文化生活等问题日益凸显，已经成为社会保障的一大课题。

为了对应老龄化社会的发展，保障老年人的合法权益，中国政府于1996年8月颁布了《中华人民共和国老年人权益保障法》（最新修改于2015年），在总则第1条中强调立法的目的在于："保障老年人合法权益，发展老龄事业，弘扬中华民族敬老、养老、助老的美德"；在第3条中规定："老年人有从国家和社会获得物质帮助的权利，有享受社会服务和社会优待的权利，有参与社会发展和共享发展成果的权利。禁止歧视、侮辱、虐待或者遗弃老年人"；在第4条与第5条中说明："积极应对人口老龄化是国家的一项长期战略任务。国家和社会应当采取措施，健全保障老年人权益的各项制度，逐步改善保障老年人生活、健康、安全以及参与社会发展的条件，实现老有所养、老有所医、老有所为、老有所学、老有所乐"，为此"国家建立多层次的社会保障体系，逐步提高对老年人的保障水平"；并根据中国的实际情况，在第三章明确规定了"老年人养老以居家为基础，家庭成员应当尊重、关心和照料老年人。赡养人应当履行对老年人经济上供养、生活上照料和精神上慰藉的义务，照顾老年人的特殊需要"；"赡养人应当使患病的老年人及时得到治疗和护理；对经济困难的老年人，应当提供医疗费用。对生活不能自理的老年人，赡养人应当承担照料责任；不能亲自照料的，可以按照老年人的意愿委托他人或者养老机构等照料"。1995年为了进一步改革养老保险制度，国务院发布了《关于深化企业职工养老保险制度改革的通知》，1997年又发布了《关于建立统一的企业职工基本养老保险制度的决定》。通知与决定的发布，促进了社会统筹与个人账户相结合的新型养老保险制度的建立，基本统一了城镇企业职工的养老保险规则，为解决当时所存在的基本养老保险制度不统一、企业负担重、统筹层次低、管理制度不健全等问题指明了方向。同时，在养老保险费用的筹资方面，确定了由国家、企业、职工三方共筹资金，国家下拨经费，企业承担主要部分，每个职工每月从工资中扣缴3%。由此，构建起国家基本养老保险、企业补充养老保险与个人养老保险相结合的多层次的养老保险制度。

为了切实落实上述老年人的社会保障制度，国务院于1999年10月特意批准成立了全国老龄工作委员会，由该委员会专门负责"研究、制定老龄事业发展战略及重大政策，协调和推动有关部门实施老龄事业发展规划解决老年人社会保障问题"。在党中央与国务院的战略部署下，由全国老龄工作委员会具体指导，我国养老事业开始蓬勃发展，各大城市在大势兴建养老设施的同时，加快了社会保障制度改革的步伐，颁布了一系列的法律法规，为构建老年社会保障与社会福利框架奠定了基础。到目前为止，中国城市已经初步建立起以居家为基础、社区为依托、机构为支撑的社会养老服务体系，实现了资金筹集的多元化与管理服务的社会化。据中商产业研究院调查统计数据显示："2013—2017年全国城镇职工基本养老保险参保人数持续增长，2017年末，参保人数首次突破4亿人，同比增长6.2%，相比2013年的3.2亿参保人数五年间增加了7987万人。到2018年上半年全国城镇基本养老保险参保人数已经达到4.095亿人；城乡居民养老保险参保人数为5.16亿人，合计参保人数9.25亿人。2018年上半年全国基本养老保险基金总收入为2.55万亿元，其中城镇职工基本养老保险基金收入达到2.34万亿元，2017年全国城镇养老保险基金达到4.28万亿元，目前已经超过2017年全年一半收入。数据显示，2013—2017年城镇职工基本养老保险基金收入增长迅速，年均复合增长率达到17.5%。另外，2018年上半年我国城乡居民养老保险基金收入为2102.4亿元，2013—2017年城乡居民基金收入也保持着稳步增长态势。总体来看虽然全国养老基金收入规模可观，具备较强的支撑能力，但是由于地区间经济发展不平衡，存在着基金分布不均衡的结构性矛盾。"[1] 同时，

---

[1] 《2018年上半年全国基本养老保险参保人数达9.25亿 基金总收入2.55万亿元（附图表）》，2018年8月6日，中商情报网（http://www.askci.com/news/chanye/20180806/1448051127878.shtml）。

农村以土地保障为基础，实行家庭养老与社会扶持相结合的养老保障制度。乡镇虽建有养老设施，不过受传统观念之影响，加之部分地区收入有限，大部分农民仍以家庭养老、子女照顾为主。将来能否解决农村居家养老问题，在农村配置完整的社会福祉服务体系，是我国养老福祉的一块试金石。

尽管我国养老福祉事业还存在着许多有待于解决的问题，不过，目前，在我国城镇基本形成了由政府主导、社会关注、企业参与、官民合作的养老格局；一条巨大的养老产业链条正在形成。

（四）社会保障体系之构建

进入2000年之后，随着经济的飞速发展，我国财力得到了大幅度的增强，在这一背景下，党在2006年召开的十六届六中全会上，明确提出了构建覆盖全民的社会保障体系。这一体系也可以称为"社会福祉体系"，以养老保险、医疗保险、失业保险、工伤保险、生育保险五大社会保险为主，还包括了社会保险、社会救助、社会福利、社会优抚、军人保险、住房保障、社会慈善、商业人身保险等，其覆盖面之广，是新中国成立以来前所未有的。

为了使上述社会福祉体系得到法律的保障，2010年10月全国人大常委会通过了我国第一部社会保险综合大法，即《社会保险法》。这部法律共12章98条，几乎囊括了社会保险的各个方面。关于立法的目的，正如总则第1条与第2条所规定的：是"为了规范社会保险关系，维护公民参加社会保险和享受社会保险待遇的合法权益，使公民共享发展成果，促进社会和谐稳定"；立法的宗旨在于"国家建立基本养老保险、基本医疗保险、工伤保险、失业保险、生育保险等社会保险制度，保障公民在年老、疾病、工伤、失业、生育等情况下依法从国家和社会获得物质帮助的权利"。这部大法的颁布与实施，说明我国社会福祉法制建设已经取得了举世瞩目的发展，它标志着我国社会福祉事业已经进入一个崭新的发展阶段。

短短40余年，为了创建有中国特色的社会福祉体系，我国在经济转型、体制改革、观念更新、所有制变更等错综复杂的情况下，以社会需求与民众呼声为导向，以民生为根本，以确保人民利益为执政之基础，风雨兼程，砥砺前行，在构建社会保障体系与福祉社会的伟大进程中取得了辉煌的业绩。目前，我国已形成了以《残疾人保障法》《未成年人保护法》《收养法》《妇女权益保障法》《母婴保健法》《老年人权益保障法》《劳动法》《劳动合同法》《社会保险法》《军人保险法》为社会福祉法律之核心，配之以《城市居民最低生活保障条例》《社会救助暂行办法》《社会保险费征缴暂行条例》《失业保险条例》《职业病防治法》《工伤保险条例》《廉租住房保障条例》《农村五保供养工作条例》《关于建立新型农村合作医疗制度的意见》等相关的条例与意见办法，形成了既切合中国实际情况，又具有中国特色的社会福祉及社会保障法律体系。从而使我国社会福祉与社会保障制度建设，跨入了新的历史发展时期。

五　华夏圆梦：全面构建福祉社会阶段

全面构建具有中国特色的福祉社会，须有强大的经济基础作为后盾，唯有高水平的经济发展，才能为实现福祉社会提供坚实的物质保障基础。

改革开放40余年来，我国经济发展已经取得了巨大成就，令世界瞩目。正如习近平主席所指出的："40年的实践充分证明，改革开放是党和人民大踏步赶上时代的重要法宝，是坚持和发展中国特色社会主义的必由之路，是决定当代中国命运的关键一招，也是决定实现'两个一百年'奋斗目标、实现中华民族伟大复兴的关键一招。"[1] 通过改革开放，我国自1978年起，到2016年为止，国民经济的平均年增长率为9.7%，令发达国家无法望其项背，而经济高速发展的时期之长，已超过日本与其他发达国家。2017年，我国GDP总量已高达12万亿美元，占世界经济比重的15%，对世界经济增长贡献率为30%左右，经济的总实力已连续几年稳居世界第二位。目前，我国的GDP总量是日本的3.04倍，德国的3.3倍，英国的4.6倍，法国的4.7倍。

不过，从我国国民人均收入上来看，据国家统计局调查显示：2018年全国居民人均可支配收入达28228元。其中，城镇居民人均可支配收入

---

[1] 参见《习近平：在庆祝改革开放40周年大会上的讲话》，2018年12月18日，中国政府网（http：//www.gov.cn/xinwen/2018－12/18/content_ 5350078.htm）。

为 39251 元，农村居民人均可支配的收入为 14617 元。按收入来源划分，全国居民全年的人均工资性收入为 15829 元，比 2017 年增长 8.3%，占可支配收入的比重为 56.1%；人均经营净收入为 4852 元，增长 7.8%，占可支配收入的比重为 17.2%；人均财产净收入为 2379 元，增长 12.9%，占可支配收入的比重为 8.4%；人均转移净收入为 5168 元，增长 8.9%，占可支配收入的比重为 18.3%。若按全国城镇居民收入层次划分，高收入群体人均可支配的收入为 70640 元；中流群体人均可支配的收入为 23189 元；中流偏上人均可支配的收入为 36471 元；中流偏下人均可支配的收入为 14361 元；低收入群体人均可支配的收入为 6440 元；全国农民工人均月收入为 3721 元，比上年增长 6.8%。①

从上述一系列数字来看，我国虽然经济快速增长时间长达 40 余年，人均收入有了显著的增加，不过，在世界银行公布的 216 个国家（地区）人均 GNI 排名中，2016 年我国为第 93 位；若按照国际货币基金组织的数据统计，2018 年中国的人均 GDP 为 8582.94 美元，排在第 74 位。与美国相比相差大约 7 倍，与英、法、德、意、日等人均收入高的国家相比大约相差 5 倍。这说明在一个拥有 13 亿人口的超大型国家里，要想实现人均收入的成倍增长是多么的困难。同时，我国目前尚未解决好贫富之差悬殊的问题，富裕阶层的收入要远远超过城镇普通居民的收入。仅就教育界的工资水平而言，大学讲师的平均工资月收入在 5000—6000 元，教授的月工薪平均为 7000—8000 元，兼任行政职务的教授工薪大约在 1 万元。与发达国家相比相距甚大。以邻国日本为例，大学教授的年收入基本保持在 1000 万日元（内含半年的奖金，即半年的月工薪）左右，折合成人民币约 60 万元。日本大学生走出校门，第一年的月收入在 18 万至 20 万日元，折合成人民币为 1 万元以上，若加上年终奖金则月收入会大大地超过这一数字，而且每年都有递增。因此，可以说日本等发达国家的高工薪为实现高福利的福祉社会创造了有利的条件。

从经济高速发展期的时间长度上看，我国与日本大体相仿，虽然发

---

① 《统计局：2018 年全国居民人均可支配收入 28228 元》，2019 年 2 月 28 日，新浪财经讯网（http://finance.sina.com.cn/stock/hkstock/ggscyd/2019-01-21/doc-ihqfskcn9002849.shtml）。

展的时期有所不同，但大都有30余年。日本早在20世纪60年代初就制订了国民所得倍增计划。这一计划的主要内容是：以增加财贸出口为获取外汇的主要手段，促使国民生产总值与国民所得成倍增长，并以此来扩大就业范围，解决失业问题，力图实现社会成员的完全就业，提高国民生活水平。在这一过程中，政府要着力纠正农业与非农业、大企业与中小企业、发达地区与欠发达地区，以及各行业与各阶层之间所存在的生活与收入上的落差问题，以保持国民所得与国民生活上的均衡。其具体措施如下：

（1）为了确保国民经济得到均衡发展，推进农业现代化，对农业生产、农民所得收入、农村组织结构等进行彻底调整，制定《农业基本法》。加大农业基础设施投资，积极确保实现农业现代化所需的投资融资款额，并采取同样政策与措施振兴沿海渔业。

（2）实现中小企业的现代化，提高中小企业的生产效率，纠正企业间的落差，在推进各项政策落实的同时，确保中小企业为实现现代化所需的适当的资金供给。

（3）为了促进落后地区的经济开发与纠正所得收入上的落差，由政府制订国土综合开发计划，致力于资源开发。并在税制金融、公共投资补助率等方面进行调整，采取特别措施，并根据需要进行立法。

（4）将工业分散转移到后进区域并使其适合于该地区的发展。以此来提高该地区居民的福祉水平，克服该地区的落后性。

此外，为了落实上述措施与发展目标，日本政府对产业配置、地区公共投资的分配等进行了大幅度的调整，强化了企业的国际竞争力，提高了社会资本效率，使经济发展更趋于合理化。不过，这些改革的前提是绝不能扩大地区之间的落差。同时，为了防止扩大地区间的差别，在按地区所分配的公共投资方面，则根据地区特点将投资、融资的比重进行灵活调整，以提高公共投资的效果，使投资更适合于经济发展；并以此来资助解决地区落差问题。

除上述措施之外，日本政府还制定了计划实施细则，在细则中强调政府公共部门所发挥的职能作用，由政府公共部门制定年度发展规划与确定发展目标。同时，为了实现国民所得倍增计划，提出要提高国民的素质与能力，振兴科学技术；充实社会保障内容，提高社会福利水平。

因日本政府将国民所得倍增计划，作为经济发展政策而予以实施，所以在制订计划的当年便确立了 10 年发展目标，即：将 1960 年度的国民生产总值 136000 亿日元，在 10 年之内增加 1 倍，达到 26 兆日元。为此，自 1960 年起，要保持每年的经济增长率达到 11%，其后三年要使国民生产总值达到 176000 亿日元。由于日本经济的快速发展，这一计划仅用了 6 年便得以实现，到 1967 年便实现了国民人均所得翻倍增长。由于计划目标的提前实现，日本政府开始修订原有的计划，力图解决由经济高速增长所带来的人均收入失衡等问题。为此，1965 年日本制订了《中期经济计划》及《经济社会发展计划》，力图使经济发展与提高国民收入及提高社会福利待遇挂钩，在全面提高国民收入的同时，避免造成贫富之差悬殊的现象。

经过 30 余年的经济高速发展，以及各项政策卓有成效的实施，日本不仅成为世界上的一大经济实体，而且实现了国民收入倍增计划，在一定程度上克服了贫富之差的现象，达到了日本国民所自誉的"一亿国民皆中流"的水平。

我国经济高速发展的时期之长已经超过日本，经济实力已经跃升为世界第二位，这为构建福祉社会奠定了雄厚的经济物质基础。只不过我国目前在人均收入方面与高福祉国家尚存在着相当大的差距。据国家统计局披露的数据显示：1978 年全国居民人均可支配收入仅 171 元，2009 年突破万元大关，达到 10977 元，2014 年突破 2 万元大关，达到 20167 元，2017 年全国居民人均可支配收入达到 25974 元，扣除价格因素，比 1978 年实际增长 22.8 倍，年均增长 8.5%[①]。2018 年人均可支配收入是 28228 元。国民人均收入与改革开放之前虽然有了显著的增长。不过与日本等发达国家相比还存在着很大的差距。这主要源于我国人口基数大，幅员辽阔，受地理自然条件影响，地区发展不平衡。据国家统计局公布的 2018 年 31 个省份的居民人均可支配收入一览表显示：发达地区上海为

---

① 《"改革开放 40 年"波澜壮阔四十载 民族复兴展新篇》，2018 年 8 月 28 日，央广网（http://news.cnr.cn/native/gd/20180828/t20180828_524344284.shtml）。

64183 元，北京为 62361 元，浙江为 45840 元，而甘肃与西藏仅为 17488 元与 17268 元。① 除了地区收入悬殊之外，还存在着城乡差别、发达城市与落后城市、富裕农村与贫困农村以及行业与家庭收入之间的差别。在国土面积相当于日本 26 倍，人口相当于日本 14 倍的超大型国家中，要想缩小这些差别，使全国得到均衡发展，各地区共同实现国民所得倍增计划，用李白的诗句而言则是："蜀道难，难以上青天。"不过，改革开放以来，党和政府已经采取了一系列的政策与措施，力图缩小上述差别。

首先，在解决地区差别问题上，政府在实施优先发展沿海地区经济之后，采取了以沿海带动内地，相继制定了"开发西部""振兴东北""崛起中部"等发展战略。在加强落后地区基础设施建设的同时，大力发展科教文化卫生事业，提高落后地区的教育水平与国民素质，促进思想观念的更新。因为落后的原因除了地理自然条件之外，关键在于人的素质高低与思想观念上的先进与否，而人的素质的提高与思想观念的转变又取决于教育，而教育的关键又在于培养德智双优的人才。此外，政府不断加大中西部的开放力度，将中西部的资源优势转化为经济优势；调整老工业基地的产业结构，发展新的产业，扩大就业范围，以提高中西部地区的经济实力，促进东北地区的产业转型，增加落后地区的人均收入。

在缩小城乡差别上，以习近平同志为核心的党中央与政府积极推进"有特色的小镇"建设，大力发展乡镇企业，使乡村小镇能够得到因地制宜的发展，实现农村生产与生活的现代化。同时为了减轻农民负担，政府采取了废除农牧业税，发放粮食生产补贴，实施粮食收购最低保护价等措施。为了迅速提高农民所得收入水平，鼓励农民工奔赴城市打工就业，接受技能培训，增加城市工作能力。这不仅弥补了城市劳动力与服务业人员不足的问题，而且直接增加了农民的收入。同时，在社会保障方面，实行新型农村医疗合作保险制度和农村最低生活保障制度，使农民患病可医，养病可保；并使贫困农村家庭能够维持最低生活水准。在

---

① 《国家统计局公布 31 个省份 2018 年一季度居民人均可支配收入》，2018 年 5 月 4 日，搜狐网（http://www.sohu.com/a/230377736_99956949）。

教育普及方面，政府积极推进农村义务教育，免除义务教育阶段的学杂费，实行两免一补，大力拓展农村教育事业，为科技兴农奠定人才基础。

我国经过数十年的改革与调整，尽管在缩小地区差别、城乡差别上做出了非凡的努力，但是各种差别现象依然存在，国民的所得收入增长速度与经济增长速度并非齐头并进，因此提高整体国民收入水平，建立完整的社会保障体系，推进实现福祉社会的进程，仍然是摆在我们面前的重要课题。

第二节　完善体制与实现福祉社会

笔者在本书的序言里写道："福祉学就是研究福祉事业的发展，就是要解决人类社会发展过程中所存在的问题，它的终极目标就是创造幸福美满的理想社会。"而在世界上罕见的超体量积，且具有"三大一多"特色的大国里，要实现福祉社会，要想让全国老百姓都生活得"舒服得劲儿，无忧无虑"，那么既要根据我国的具体情况，又要借鉴国外的先进经验，而贵在创新；唯有创新，创建与完善具有中国特色的社会主义福祉体系，方能实现具有中国特色的福祉大业。而要实现福祉社会，首先应找出我国目前福祉事业所存在的问题点，了解问题之所在，方能找到解决问题的钥匙。

一　确保就业与完善保障体系

在考察英国、美国、瑞典、日本等发达国家的社会福祉发展历程时，我们可以发现这些国家在解决经济发展所带来的收入落差、贫富不均、社会失衡等问题上，根据社会实际情况适时设立法制法规，明确社会福祉理念与原则，建立健全社会保障体系，是调整减少各种差别的关键之所在。同时，社会保障体系的核心是树立正确的福祉理念与福祉思想，想方设法保障公民的就业率，提高国民的整体收入水平。瑞典在构建福祉社会的进程中所推崇的理念与宗旨是：贯彻人人平等、保障就业、公正分配、共同富裕的原则，使社会福祉与社会雇佣政策紧密衔接，由推动经济与社会福祉的发展，来支撑并保障社会成员的就业；美国在构建社会保障体系时同样重视就业，在《全面就业法案》中明确规定：所有能工作和寻找工作的美国公民，都有权利获得稳定的全日制就业的机会并享有报酬。为保证实现这一目标，每年初总统要向国会提交全国生产和就业预算。预算要说明在这一财政年度中所预计的劳动力规模，以及与此相应的、在充分就业情况下的国民生产总值；规定了联邦政府对社会就业水平要承担责任，政府要力争实现国民最大限度的就业。瑞典所实行的高税收高福利的前提依然是就业，即社会福利与雇佣政策紧密结合，营造了几乎所有人都可就业的社会环境，国民的可持续工作与收入保障构成了高额税收的基础。由于瑞典政府所实施的雇佣政策，为社会营造了良好的就业环境，使得几乎所有的社会成员都能够参加工作；而社会福利的服务对象则包括就业自立的人员在内，为所有的社会成员提供生活支援。德国自20世纪80年代起，为了解决贫困阶层扩大，贫富差别悬殊问题，同样是通过颁布《求职者基本保障法》，扩大就业范围，鼓励并培训失业者重新就业，以此来发展社会福利。而日本则通过《国民所得倍增计划》，大量增加国民就业机会与大幅度提高收入水平，来筑就社会福利的根基。因此，我国要实现福利社会，确保就业与构建完善的社会保障体系，可谓是重中之重。唯有实现绝大多数有工作能力的人皆能就业，实现所得收入大幅度增长，才能逐步缩小贫富之差；唯有建立健全社会保障制度与体系，才能使我国人民在生、长、壮、老、已的生命全周期得到呵护，过上"幼有所育、学有所教、劳有所得、病有所医、老有所养、住有所居、弱有所扶"[①]的理想生活。

既然就业是确保国民人均收入水平，构建福祉社会的基础，必然引起我国政府的高度重视。习近平总书记在党的十九大报告中明确指出："就业是最大的民生。"党的十九大以来，党中央为实现全社会更高质量与更充分的就业，进行了全面部署，确立了总目标与工作重点，制定了积极就业政策，号召各地区政府要大规模开展职业技能培训工作，着重解决结构性的就业矛盾，广泛拓展就业渠道，鼓励以创业带动就业，为促进就业而提供优质的公共就业服务。

---

① 习近平：《在庆祝改革开放40周年大会上的讲话》，人民出版社2018年版，第14页。

2017年1月，为了具体落实就业规划，做好就业促进工作，国务院审议通过了《"十三五"促进就业规划》，规定了促进就业的指导思想与基本原则，并确立了五项重点任务与保障措施：

（1）增强经济发展创造就业岗位能力。
（2）提升创业带动就业能力。
（3）加强重点群体就业保障能力。
（4）提高人力资源市场供求匹配能力。
（5）强化劳动者素质提升能力。

2017年4月国务院又发布了《关于做好当前和今后一段时期就业创业工作的意见》（以下简称《意见》），认为："就业是13亿多人口最大的民生，也是经济发展最基本的支撑"；并为做好就业工作，提出了6项23条意见。其6项为：

（1）坚持实施就业优先战略。
（2）支持新就业形态发展。
（3）促进以创业带动就业。
（4）抓好重点群体就业创业。
（5）强化教育培训和就业创业服务。
（6）加强组织实施。

这6项不仅涵盖了就业问题的各个方面，而且在每项中都规定了具体内容与实施办法。如在第1条中指出：要"促进经济增长与扩大就业联动。稳增长的主要目的是保就业，要创新宏观调控方式，把稳定和扩大就业作为区间调控的下限，保持宏观政策连续性稳定性，促进经济中高速增长，增强对就业拉动能力"；"加强经济政策与就业政策衔接，在制定财税、金融、产业、贸易、投资等重大政策时，要综合评价对就业岗位、就业环境、失业风险等带来的影响，促进经济增长与扩大就业联动、结构优化与就业转型协同"。为了扩大就业范围，在第2条中提出要"优化发展环境，推进实施政府和社会资本合作，大力发展研究设计、电子商务、文化创意、全域旅游、养老服务、健康服务、人力资源服务、服务外包等现代服务业。完善多元化产业体系，既注重发展资本、技术和知识密集的先进制造业、战略性新兴产业，又要支持劳动密集型产业发展,降低实体经济成本,推进传统产业绿色改造,创造更多就业机会";在第3条中号召"发挥小微企业就业主渠道作用,落实小微企业降税减负等一系列扶持政策和清理规范涉企收费有关政策";"加大科研基础设施、大型科研仪器向小微企业开放力度,为小微企业产品研发、试制提供支持。鼓励高校、科研院所及企业向小微企业转移科技成果,有条件的地区可推动开放共享一批基础性专利或购买一批技术资源,支持小微企业协同创新"。为了落实这些规划与目标,国务院将重点放在了人才的引进与确保人才的工作环境与生活条件之上,在第4条中指出:要"强化人才支撑,加大招才引智力度,引导科研院所、博士后工作站、高校在具备条件的资源型城市布局,对急需紧缺人才可提供研究场地、科研经费、安家补助等政策支持"。为了支持新就业形态的发展,在第5条中提出"以新一代信息和网络技术为支撑,加强技术集成和商业模式创新,推动平台经济、众包经济、分享经济等创新发展。改进新兴业态准入管理,加强事中事后监管。将鼓励创业创新发展的优惠政策面向新兴业态企业开放,符合条件的新兴业态企业均可享受相关财政、信贷等优惠政策。推动政府部门带头购买新兴业态企业产品和服务"。为了确保创新产业就业人员的生活待遇,实现多元化就业,国务院在《意见》第6条中提出:要"完善适应新就业形态特点的用工和社保等制度","从业者与新兴业态企业签订劳动合同的,企业要依法为其参加职工社会保险,符合条件的企业可按规定享受企业吸纳就业扶持政策。其他从业者可按灵活就业人员身份参加养老、医疗保险和缴纳住房公积金,探索适应灵活就业人员的失业、工伤保险保障方式,符合条件的可享受灵活就业、自主创业扶持政策。加快建设'网上社保',为新就业形态从业者参保及转移接续提供便利。建立全国住房公积金异地转移接续平台,为跨地区就业的缴存职工提供异地转移接续服务"。这些规定的设立,为新就业形态的从业者提供了强有力的社会保障。除此之外,在优化创业环境、落实创业扶持政策、优化服务、深化商事制度改革、发展创业载体、加快创业孵化基地建设、拓宽融资渠道、鼓励高校毕业生到城乡基层及中小微企业就业、落实学费补偿、助学贷款代偿、资金补贴,以及发展现代职业教育、强化职业培训、完善职业培训补贴等方面,《意见》都做了详细的规定。尤其值得注目的是，为了消除城乡就业差别，《意见》提出要"健全城乡劳动者平等就业制度。农村转移劳动者在城镇常住并处于无业状态的，可在城镇常住地进行失业登记。公共就业服务机构要为其提供均等化公共就业服务和普惠性就业政策，并逐步使外来劳动者与当地户籍人口享有同等的就业扶持政策。对在农村常住并处于无地无业状态的劳动者，有条件的地区可探索为其在农村常住地进行失业登记，并提供相应的就业服务和政策扶持"，并在经济补贴上规定"对吸纳贫困家庭劳动力就业并稳定就业1年以上的（企业），地方可酌情给予一定奖补"；"对人力资源服务机构、劳务经纪人等市场主体开展有组织劳务输出的，给予就业创业服务补贴"。[①] 这种补贴有助于企业机构吸收就业人员，鼓励中介机构积极组织劳务输出以提升就业率。

　　上述意见与措施，说明了党中央与国务院对于就业问题极其重视，将就业问题视为社会经济发展与改善民生最重要的环节。同时也认证了解决就业问题是构建福祉社会的根本。据国家统计局与劳动和社会保障部所发布的数据显示：2016年全国城市失业率为4.99%，8月城镇调查失业率稳定在5.1%左右。2018年我国城镇新增就业1361万人，城镇失业人员再就业558万人，就业困难人员实现再就业177万人，全国城镇调查失业率为4.9%。[②] 据欧洲央行调查数据显示：2018年欧元区失业率大约为8.6%，2019年约为8.2%。相比之下，我国失业率低于欧洲国家。不过，与邻国日本相比，2018年日本失业率仅为2.2%。为了进一步降低失业率，我国自2017年起陆续发出通知，鼓励高校毕业生面向基层，从事"三支一扶"服务工作，以扩大就业范围，并提出将产业需求与高校毕业生就业需求进行精准对接，对高校毕业生进行职业培训，增强实际工作能力，推进实名制精准服务和专项就业服务，促进高校毕业生在基层工作实践中锻炼成才。与此同时，国务院对大批农民工的就业与创业

[①]《国务院关于做好当前和今后一段时期就业创业工作的意见》（国发〔2017〕28号），2017年6月8日，中国防城港网（http://www.fcgs.gov.cn/zxbs/msfw/jiuyfw/zzcy/201711/t20171123_49167.html）。

[②]《国家统计局：十八大以来我国城镇调查失业率稳定在5%左右》，2017年10月10日，新浪网（http://finance.sina.com.cn/roll/2017-10-10/doc-ifymrqmq2926213.shtml）。

亦采取相应的政策,通过技能培训来扩大就业渠道,鼓励并扶助在城市里积累了一定工作经验的农民工返乡创业,加速农村现代化建设。

除此之外,笔者认为:参照与借鉴国外在发展实现福祉社会过程中所积累的成功经验,结合中国的实际情况,构建具有中国特色的福祉社会,确立先进的福祉思想与理念,全盘制定福祉发展规划,打造福祉产业链条,大力研发与福祉相关的系列产品,在全国范围内构建福祉教育体系,在大学里设立与福祉事业相关的专业,创办福祉服务技能培训学校,为福祉事业培养大批所需人才,积极鼓励青年人参与福祉服务工作,是扩大就业渠道,增加就业机会,解决社会需求,促进经济可持续发展的必由之路。现在民生福祉与养老福祉已经引起党中央与政府的高度重视,业已成为国家发展的重要战略之一。

二 脱贫扶贫与调整税收

全面开拓福祉事业,不断完善社会保障体系,实现人人皆能享有有尊严的生活,其关键还在于:要不断地减少贫困人口,扶助社会弱势群体。而贫困人口与弱势群体的产生,既有社会历史与文化的因素,更主要在于人所赖以生存的自然环境与地理条件。我国幅员辽阔,尽管南有鱼米之乡,北有千里沃野,然而,大西北的茫茫戈壁、寒冷的四大高原、广袤无际而又缺水干旱的中西部地区,加之过度开采所造成的生态破坏,草原的沙漠化,它不仅阻碍了现代化农业的发展,又酿成了落后地区脱贫工作的艰难。我国贫困人口大都集中于自然条件恶劣与地处偏远的山村地带。改革开放40余年,党和政府在脱贫工作上做出了非凡的努力。据党的十九大报告所提供的数据显示:已有"6000多万贫困人口稳定脱贫,贫困发生率从10.2%下降到4%以下"[①]。这说明我国的脱贫扶助事业成就辉煌,在世界上起到了垂范的作用。不过,由于贫困人口基数大,中国目前尚有3000多万人口仍然处于现行标准之下,有待于脱贫。而且一部分高度贫困地区不仅脱贫难度大,落实政策不到位,而且还存在着

---

① 《中国脱贫攻坚战取得决定性进展 贫困发生率降至4%以下》,2017年10月20日,新浪网(http://finance.sina.com.cn/roll/2017 - 10 - 20/doc - ifymzksi0557167.shtml)。

贫困再生率高的问题。因此党中央提出："要打牢精准扶贫基础，通过建档立卡，摸清贫困人口底数，做实做细，实现动态调整。"[①] 2017 年 9 月国务院又发出《关于支持深度贫困地区脱贫攻坚的实施意见》，人社部也印发了《关于开展"就业扶贫日"活动的通知》。同时，由政府牵头东部地区 9 省 23 个中心城市与中西部地区 17 省 41 个贫困县签订了跨省对接扶贫协议。足见我国政府对于脱贫扶贫工作的高度重视，以及在落实中央战略部署上，经济发达地区所显示出的积极协助的姿态，充分体现出有中国特色的社会主义制度的优越性。

为了实现社会的公平与平等，使所有公民皆能分享改革开放所带来的经济成果与社会福利效益，今后尚须调整行业、工种之间的收入差别，建立健全税收制度，改革《个人所得税法》，扩大征收消费税的范围，调整税率结构，以此来减少社会分配不公的现象。同时加大执法力度，使税收工作缜密严谨，真正发挥其调节功能。日本在这方面积累了丰富的经验，它所实行的工资制度，不分行业与工种，基本与年龄与从业年限挂钩，同等年龄的从业人员在工资收入上基本无太大的差别；而个别高收入群体（如演艺界、体育界）则以高税收加以限制，收入越高则税收越高，避免了诸如我国部分明星动辄一部剧收入过亿元的现象。同时，鼓励富裕阶层积极参与社会公益事业与慈善事业，救助弱势群体，承担更多的社会责任。政府对于低收入及贫困群体应进一步加大扶助力度，提高其所得收入水平，以实现社会的基本平衡。

三　养老保险与福祉服务

如前所述，实现福祉社会需有雄厚的经济基础，提高人民的社会福祉水平需有强大的财政支出作为支撑。2009 年我国社会保障支出在中央财政支出的比重仅为 7.5%，与福祉先进国家相比差距较大。不过，随着我国经济的稳步发展，近十年来用于社会保障的支出逐年增加，据国家财政部统计资料显示：2018 年上半年，用于社会保障与就业的财政累计

---

① 《习近平：更好推进精准扶贫精准脱贫　确保如期实现脱贫攻坚目标》，2017 年 2 月 22 日，新华网（http://www.xinhuanet.com/politics/2017-02/22/c_1120512040.htm）。

支出为 16482.18 亿元，比 2017 年同期增长 11.3%。其中，对基本养老保险基金补助支出为 6416.86 亿元，比 2017 年同期增长 12.7%；企业职工基本养老保险补助资金为 4330.51 亿元、城乡居民基本养老保险补助资金为 1137.69 亿元；行政事业单位离退休支出为 4736.88 亿元，比 2017 年同期增长 15.2%；就业补助支出为 407.47 亿元，比 2017 年同期下降 7.8%；最低生活保障支出 865.1 亿元，比 2017 年同期下降 6.4%。[①] 据《中国财政蓝皮书》透露：2018 年中国社会保障支出增速将达到 15.5%。

从上述数据可以看出，由于老龄化社会的进展，仅 2018 年 1 年之内，全国新增老年人口就超过了 800 万，用于养老的补助资金增长幅度较大的原因也正在于此。据统计：2018 年 60 周岁以上的人口为 24949 万人，占总人口的比重为 17.9%；其中 65 周岁以上的人口为 16658 万人，占总人口的比重为 11.9%，预计 2025 年我国老龄人口将达到 3 个亿。由于老龄人口基数过大，给财政支出造成了巨大的负担，使得用于就业与最低生活保障的财政支出不得不有所下降。为了缓和财政压力，同时确保老龄人的社会福祉，我国应吸收福祉先进国家的养老经验，调整与完善社会养老保险、医疗保险等保险制度，根据老龄人的收入、健康与家庭生活状况，适当增加个人养老保险费的征收，以弥补财政上的不足。同时，为了确保人人皆能公平地享受社会福利与社会福祉服务，要加大就业扶助补贴与最低生活保障的财政补贴，调整改革失业保险、工伤保险、生育保险、医疗保险等社会保险制度，继续加大财政对于社会福祉事业的投入，建立完整的社会保障体系，以扩大福祉服务，大力研发福祉服务产品，来拉动经济增长，实现福祉经营的多元化与福祉服务的多样化。

四 养老福祉与强化管理

唐代诗人刘禹锡曾在《代悲白头翁》一诗中感慨地吟诵道："宛转蛾眉能几时？须臾鹤发乱如丝。"人生苦短，岁月无情。人的一生，无论是

[①]《2018 年上半年财政社会保障和就业支出情况》，2018 年 9 月 4 日，贵州省财政厅网（http：//www.gzcz.gov.cn/zwgk/xxgkml/hygq/rdhy/201809/t20180929_2658978.html）。

荆棘坎坷、艰难困苦，还是径情直遂、业绩辉煌，而在退休离职后，都将面对桑榆唱晚的那一天。个人如何颐养天年，政府如何为老年人提供优质的福祉服务，这是各国社会福祉所要研究的重要课题。

首先"老"，意味着两个概念，一是"年龄的增长"（aging），二是"老化"（senescence）。"年龄的增长"是指"由生到死身心发生的变化；"老化"是指"生长发育期结束，迎来成人期之后的身心逐渐衰老"。不过，发展心理学认为：老化并不意味着发展的停止，老龄期同未老期一样可以继续获得适应能力，心理发展贯穿着人的一生。因此，进入到老龄期之后，如何开辟第二人生？如何使生活过得快乐、充实、美满？这不仅是老年人的个人问题，它与老年人所处的社会文化环境及个人所处的社会地位，以及政府与社会为老年人所提供的福祉服务程度密切相关。老年人的福祉服务，除了政府与社会提供的收入保障、医疗保障、介护（护理）保障之外，还包括政府为了应对老龄化社会所实施的政策与措施。

20世纪70年代，美国开始兴起社会老年学的研究。这一研究除了"productive aging"（生产性老龄化或前瞻性老龄化）之外，还包括"successful aging"（健康老龄化或成功衰老）、"active aging"（积极老龄化或人老心不老）、"aging well"（康乐晚年）、ageless self（无年龄的自我或永恒的自我）等概念。这些概念皆意味着人们在追求探讨"理想的老后生活方式"。社会老年学的研究，早在90年代便引起了我国的重视。1999年邬沧萍教授根据我国老龄化社会的进展，主编出版了《社会老年学》[①] 一书。该书介绍了人类个体老化、老龄化社会及老年人应享有的基本权利，分析了人口的老龄化对于社会政治、经济、文化所产生的影响，阐释了老年学的基本理论，并提出了我国人口老龄化的基本对策。时至今日，我国养老福祉事业取得了突飞猛进的发展，社会老年学的研究也取得很大的进步，但这并不意味着我国养老福祉领域已经趋于完善，恰恰说明尚有许多问题亟待研究与解决。

首先，在1996年颁布的《老年人权益保障法》第4条与第5条中明

[①] 邬沧萍编：《社会老年学》，中国人民大学出版社2003年版。

确指出:"积极应对人口老龄化是国家的一项长期战略任务。国家和社会应当采取措施,健全保障老年人权益的各项制度,逐步改善保障老年人生活、健康、安全以及参与社会发展的条件,实现老有所养、老有所医、老有所为、老有所学、老有所乐。"这两条规定既说明了构建养老保障体系是一项长期的工作,同时又提出了要建立健全各项制度,以保障老年人的权益,并且描绘了老年人颐养的基本条件。为了切实落实这部法律的各项条文,政府根据几年来的实施情况曾两度修正该法,在 2015 年重新修订的该法总则第一章第 3 条中又进一步明确规定:"老年人有从国家和社会获得物质帮助的权利,有享受社会服务和社会优待的权利,有参与社会发展和共享发展成果的权利";并在第 5 条中强调指出:"国家建立和完善以居家为基础、社区为依托、机构为支撑的社会养老服务体系。"这两条规定,一是说明了老年人皆应平等地享有国家与社会所提供的物质、服务、优待与继续参与社会的权利;二是指明了我国应该采取的养老模式,即以居家养老、社区养老为主,以机构为支撑。这种模式既符合中国的实际情况,同时又与世界先进国家近些年来所倡导的养老模式对接。因此,各地区与各级政府的工作重点,理应放在居家养老与社区养老的服务系统的构建之上。

然而,从我国目前养老事业发展的状况来看,企业参与养老市场的势头迅猛,尤其是北、上、广、深四大城市凭借雄厚的经济实力,大肆兴建高端养老设施,其硬件水平不亚于发达国家,甚至在规模与设备等方面,在某种程度上已经超过了日本。不过,在运营、管理、服务等方面的软件上,与发达国家相比尚存在着很大的差距,尤其是有些高端养老设施的收费标准高得惊人。据《南方日报》2018 年 10 月 24 日消息报道:"广州养老机构已经将近 200 家,近七成是民办养老机构,其中定位万元以上的高端养老机构也不乏身影";"目前新开张的民营养老机构大多定位高端路线,养老床位动辄过万,令大众感觉'高不可攀'"。另据《中国经营报》记者调查结果显示:入住北京某养老机构"需要交入门费、财富卡和月费,其中入门费为 20 万元/户,财富卡根据户型的不同价格也有所不同。四种户型对应的价格分别为 100 万元/户、150 万元/户、200 万元/户和 300 万元/户。月费也是根据户型的不同为

0.62万—2.01万元/户不等，工作人员介绍称，月费相当于租赁费。另外，社区还有独立的护理专区，入住护理区要交20万元的押金，入住前要进行评估，按评估分为5个级别，价格在1.6万—2.4万元/月不等"，此外，"还有买保险入住的方式，要买200万元的保险才能入住。同时需要交20万元的入门费"。① 这种高额的收费除了部分富豪、大款之外，中产阶级亦是难以承受，至于广大市民阶层更是望而却步。

由于高额收费，造成了许多高端养老机构入住率不高、赢利困难的局面。除此之外，许多高端养老机构急于收回投资成本，或达到尽快赢利的目的，采取了不惜涨价的方式。据《中国经营网》2018年7月4日消息透露，② 北京一家高端养老机构的费用，"三年内涨价幅度将近40%"。加之，对入住后的老人服务不到位、态度不佳，存在着将老人护理工作外包等问题，使得入住老人的家属愤慨地表示："过去打着医养结合的口号从政府那里圈得各种补贴和优惠政策，好处拿到手后完全换了副嘴脸。"另据介绍：护理费用也"由以往每人每日15元送药服务费，陆续升级为每人每日支付一级护理费80元，两位老人每月护理相关费用支出合计增加3900元。而被'升级'的实际服务内容，基本上只有一项，由在一楼餐厅吃自助餐改为在本楼层分餐吃饭，而这也是老人极不情愿的"。除了在护理方面变相收费之外，"这家养老机构还强制要求对住户自带的保姆以'加强统一管理'为名，每月须支付600元的培训费，同时必须为自带保姆每月支付1200元餐费，强制要求保姆食用院方提供的盒饭，不再允许保姆餐费自理等"。这种变相收费的行为，本应受到政府部门的监管，可是由于政府部门的部分官员不熟悉法律法规，所以采取了不预介入的态度。据采访的记者介绍：针对民办养老机构价格调整机制问题询问北京市民政局，其宣教处一位负责人告诉这位记者说："因为它们是市场化运作，价格高就没有人去呗，我们也没有权力去规定。"另外，据这位记者透露：在北京某区民政局分管社会福利及养老事业的

---

① 《大国养老破局》，《中国经营报》2018年10月22日，http://dianzibao.cb.com.cn/html/2018-10/22/content_68741.htm?div=0。

② 《养老机构三年涨价近40% 养老难题如何破》，2018年7月4日，中国经营网（http://www.cb.com.cn/zjssb/2018_0704/1244590.html）。

一位负责人口中也得到同样的回答，"这个项目属于民办养老机构自己运营的，自负盈亏，我们只对公办民营性质的养老机构做一些规范和监督"。这位官员的答复亦可以解释为：政府部门对非公办民营性质的养老机构的不端行为，无法进行干涉与监督。据这位记者所调查的入住老人家属反映："还有一个更为突出的问题，那就是这家养老机构对外宣称'专业化养护、个性化护理'，然而在老人的护理上，院方并未提供相应的服务。""据多位家属反映，这些护工（属于公司外包性质），没有经过专业培训，有些护工根本就对照顾老人不上心，经常玩手机，对于老人的需求不能及时满足，当家属质问他们时，他们也挺委屈地说：'我们一月工资才4000元！'据记者了解，院内的'一对一护理'费用是9000元起步。"记者询问民政局部门负责人，据说该负责人声称：因为这个项目的性质是民办机构运营的，所以关于他们是否将护理工作外包出去，属于企业内部管理和运营问题。"这些过于细节的问题我们不干涉。"由此，家属们质疑："这些从政府拿了相关优惠政策和补贴的高端养老机构，到底能被监管'几分'？政府在探索解决养老问题时，对于那些给予了优惠政策乃至被推为试点的机构，在项目后续运营的监管和观察上是否到位？这些机构提供的模式是否真的对解决养老问题有所裨益？"家属们的质疑反映出高端养老模式在运行与监管上所存在的严重问题。福祉的多元化与民间企业参与养老事业势在必行，但这并不意味着养老机构可以各行其是，政府民政部门是福祉事业的主体，负有审查、管理、监察的责任，而担任此项工作的政府官员首先要有崇高的职业道德观念，树立正确的福祉服务观念，熟知与福祉相关的法律法规，具有一定的福祉专业知识，恪尽职守，敬职敬业，方能解决所存在的问题。

除此之外，据笔者调查：许多高端养老机构设在远离都市的郊外，如东北某市一家中外投资的大型养老机构，地处偏远，虽风景优美，然交通不便，驾车往返需要花费4个多小时；不仅不便于子女探望老人，而且离丧葬墓地较近，造成了入住老人的心理障碍与孤独寂寞。因此，目前入住率还不足20%。而与高端养老机构费用高昂、入住率低相比，低端养老设施大都存在着收费廉价、床位爆满、服务不周的现象。笔者2018年走访了长春、沈阳、大连等城市的几家高、中、低养老机构，其中设在社区的低端养老设施占绝大多数。低端养老设施建在社区之内，虽然便于子女接送与探望，不过设施简陋，护工大都是由农村招收而来的家庭妇女，不仅文化水平低，且大都没有受过正规培训。据设施负责人介绍："由于收费低（每月800元到1000元），虽然入住率高，不过除去各种管理费与伙食费之外，基本无盈利可言。至于员工的培训嘛，可以说是一无时间，二无经费。因为工薪低，工作又脏又累，城里的年轻人根本不来，只能从农村招收四五十岁的家庭妇女，她们大都没有文化，即便是这些人也不好招。由于护工短缺，根本抽不出人来外出接受培训，只能在设施内简单地讲解讲解。再说，护工们觉得：什么护理技术呀，不就是照顾老人起居，端屎端尿嘛，用不着培训也能干。"耳听负责人的解释，眼观墙上的监视屏幕所显示出的失能老人直到采访结束时为止，一直裤脱至膝，独卧床榻的情景，以及身坐轮椅拥挤在二三十平方米的门厅里观看电视的老人们，令人不禁心绪黯然。据在养老部门工作过的同事介绍：目前，二类以下城市里的低端养老设施，情形大都如此，而低端养老所占的比例最高。高端养老与低端养老之间的巨大落差，折射出我国国民收入的不平衡，贫富之差悬殊的问题。而且这种低端养老设施，在广大农村尚未普及，许多农村的养老基本沿袭过去的传统，大都由子女赡养并照顾老人。不过，由于独生子女政策的实施，加之农村青壮年纷纷到城市打工，子女虽有尽孝之心，而无暇、无力照顾老人的现象普遍存在，且会日趋严重。

五　行政立法与监督机制

前文所指出的现象在全国范围内多有存在，它至少说明了如下几个问题：

第一，我国养老事业虽发展迅猛，不过，由于人口众多，地区差别与收入差别悬殊，造成了养老待遇上的等级差别。而要想相对地缩小差别，实现全民的社会福祉，让广大民众皆能享受经济发展所带来的社会福利与实惠，让大多数老年人能够享受幸福快乐的晚年，除了政府加大投资力度之外，要在全国建立起严密的运营管理机制与监督体系，各级政府要依据法律法规，认真落实中央政府关于养老事业的方针与政策。

仅就目前养老现状而言，企业参与兴建的养老设施以高端为多，由于收费高昂使平民百姓望而却步。根据我国地区差别大，平均收入水平不高，受传统观念影响较深等现实情况，我国须大力发展居家养老与社区养老，建立起以社区养老为主体的医养护理服务体系；并由地方政府（市、县、区、镇、街道）负责构建完整的组织管理体系。在财政预算上，除了政府加大对社区养老的投资之外，要广开财源，多方筹资，构建起公共与民间、事业部门与企业部门相交融的多元化养老框架，打造全方位的护理服务产业链条。唯此才能相对地缩小养老待遇差别，逐步实现全民所期盼的老而无忧的福祉社会。

第二，由于我国正处于大变革时期，各种矛盾复杂地交织在一起，而社会福祉事业也正处于发展过程中，有关社会福祉的法律法规及政策措施尚不完善；一些政府部门没有认真切实地贯彻落实国家政策，所以造成了监管不严或无监管的现象。加之，部分政府官员对国家制定的法律条文不熟悉，或者是不积极作为，所以引发了民众的不满。其实《中华人民共和国老年人权益保障法》第四章第42条明确规定："各级人民政府应当规范养老服务收费项目和标准，加强监督和管理。"我国养老福祉领域里所存在的缺乏政府监督、监管的现象，正如全国老龄办常务副主任王建军先生所指出的："事中事后监管不充分，与事前审批之间存在不均衡。养老机构许可多重前置、互为前置现象突出，一些前置条件不合理不科学。相比较而言，对养老机构运营的日常管理以及对违法违规经营养老机构的事后监管相对不足。"① 目前，社会要求政府部门加强对于养老机构监督、监管的呼声日益强烈。

第三，无统一的行业标准，造成各地养老机构各行其是。2016年国务院办公厅发布了《关于全面放开养老服务市场 提升养老服务质量的若干意见》，在"基本原则"中明确提出：对养老机构要"强化监管，优化环境。完善监督机制，健全评估制度，推动行业标准化和行业信用建设，加强行业自律，促进规范发展，维护老年人合法权益"。所谓"推动行业标准化"，就是要建立行业标准。不过，这份意见并没有详细规定统

---

① 参见王建军《加快推进现代养老服务体系建设》，《紫光阁》2018年第9期。

一的标准，而是提出："对于民办营利性养老机构，服务收费项目和标准由经营者自主确定。对于民办非营利性养老机构，服务收费标准由经营者合理确定，有关部门对其财务收支状况、收费项目和调价频次进行必要监管，同时加强对价格水平的监测分析。对于政府运营的养老机构，以扣除政府投入、社会捐赠后的实际服务成本为依据，按照非营利原则，实行政府定价或政府指导价；对于以公建民营等方式运营的养老机构，采用招投标、委托运营等竞争性方式确定运营方，具体服务收费标准由运营方依据委托协议等合理确定。"这份意见之所以规定"民办营利性养老机构，服务收费项目和标准由经营者自主确定"，其恐怕是由于我国幅员辽阔，地区差别大，为了鼓励企业积极参与养老事业，国家尽量给予民办营利性的养老机构经营自主权而致。不过，这种"自主确定"会造成民办营利性养老机构收费高昂，且不受政府部门监督的现象。正如中国老龄科学研究中心副主任党俊武在接受《第一财经日报》采访时所指出的："现阶段老年人的需求结构十分复杂，低端需求虽低效但富于刚性，中端需求是典型的有效需求，高端需求有效但弹性较大。而从市场供给侧来看，还比较混乱，缺乏整体规划，无法满足老年人的需求。……之所以老年消费市场会出现这种情况，跟正规军没有成长起来有关系。整个市场现在主要被地下力量、非正规军给占领了。这些非正规军对老年人需求更敏感，更贴近，反应更迅速。但是它唯利是图，在市场监管不够的情况下就侵害了老年人利益。"① 笔者认为随着养老事业的快速发展，政府部门应适当地导入并调整准市场（quasi-market）的规则，关于这一点，后面将做详细介绍。

（4）目前，我国养老福祉领域的服务人员，缺乏专业训练的现象比较严重，急需培养大批精通业务，富有仁爱之心的服务人才。其实国家早在2012年12月就颁布了《养老机构基本规范》，对养老机构提出了"人员要求、管理要求、环境与设施设备要求和服务内容及要求"；在人员要求上提出了"机构管理者应具有高中及以上文化程度，具有五年以

---

① 《党俊武：老龄产业是未来体量最大的新经济》，2016年11月30日，东方财富网（http://finance.eastmoney.com/news/1372，20161130688848264.html）。

上的相关工作经验,并经行业培训合格,获得相关资质证书;专业技术人员应持有与其岗位相适应的专业资格证书;养老护理员应持有与岗位要求一致的职业资格证书;宜配备社会工作者、康复师、营养师等;并对入住的老人在生活照料、膳食、康复、护理、医疗保健等方面,提出了详细的标准与要求"。不过,由于我国福祉教育事业滞后,健康管理专业刚刚起步,各个养老机构服务人员的资格认定制定尚未完全建立起来,加之人才短缺,许多民办营利养老机构在员工录用上,并没有完全按照国家颁布的《养老机构基本规范》去做,由此造成了从业人员资格不够,服务技术不正规等问题。

(5) 缺乏咨询及维权机构。由于养老产业的发展过于迅猛,监督体制尚不完善,管理水平不高,服务人才与介护人员短缺等问题,造成了高端养老机构收费过高,低端养老机构护理事故频发等现象的出现。而当入住养老机构的老年人的合法权益受到侵犯,发生护理事故等问题之时,由于缺少专门的咨询与维权机构,造成了当事者茫然而不知所措。律师郁红科曾在《浅谈老年人法律维权问题》一文中指出:"构建老年人权益维护保障体系。一是依托专门的老年服务组织,如老干局、老龄办、老年学(协)会等,建立老年人公益诉讼制度。赋予老年服务社团组织涉老公益诉讼的原告资格,赋予该类组织代表老年人利益提起诉讼的权利;政府应该每年给这些组织划拨一定数额的资金,确保各项活动的正常运行;创造条件,让这些服务组织在行使公益诉讼时,免收诉讼费用。二是建立健全组织网络,让维权工作贴近广大老年人。将老年维权工作延伸到城乡街道和农村基层。从机构、资金和人员上予以落实,首先在县(区)设立老年法律援助工作部,在乡镇街道和社区,建立老年法律援助工作站,在农村从热心老年工作的离退休职工、干部中聘请老年维权联络员;其次划拨专项资金,专款专用,帮助因经济困难无能力或无完全能力支付法律服务费用的老人打官司,同时还要协助这些老年人向法律援助机构申请无偿的法律援助;最后要从热心老年公益事业的律师事务所、法律服务所、基层司法所和离退休法官、检察官队伍中,精心挑选一批素质高、有能力、乐奉献的人员,组织成立老年维权法律服务团队,为老年人维权设立必要的服务人员保障。要对老年人的法律援助放宽政策,建立法律援助的接待、老年人援助办理、督办、回访、考核和对病残老年人上门服务等制度,提高维权服务质量和维权效果。建立老年维权电话咨询网络,实现乡镇街道联网服务。建立老年心理危机干预中心,对丧偶老人提供心理上的援助和生活上的照料。在县(区)妇联、残联组织设立专门维权分部,直接为老年妇女和残疾老人提供法律咨询、接受投诉和法律援助,从而拓宽老年维权渠道,方便老年人的维权求助,使老年维权工作更加贴近老年人生活。"[1] 郁红科先生的提议,对于建立维护老年人权益的社会保障系统大有裨益。最近上海已开始在各区设立老年人维权机构,并在网上登出机构住址与电话,以便于查询。

(6)关于市场需求与供给侧的问题。近年来,随着经济的高速发展,为了解决我国经济结构与市场需求之间的矛盾,政府提出了要推进供给侧的改革。其实养老领域亦是如此。据民政部统计数据显示:2008年至2017年我国65岁老龄人口如图12—1所示,逐年递增。

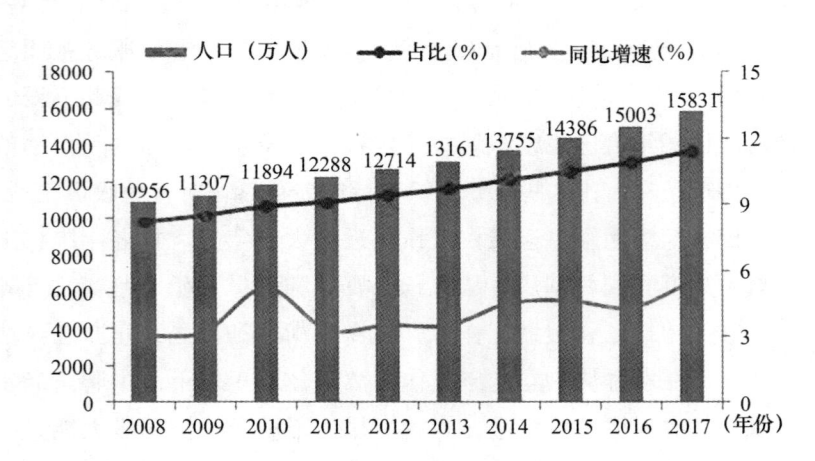

图12—1　2008—2017年中国65岁以上老年人口统计

数据来源:国家统计局、中商产业研究院整理。

---

[1] 郁红科:《浅谈老年人法律维权问题》,2013年12月5日,110法律咨询网(http://www.110.com/ziliao/article-475756.html)。

2017年65岁以上老年人口高达1.48亿，占总人口的11.4%，而全国养老机构与设施全国各类养老服务机构和设施仅为14.46万家，其中注册登记的养老服务机构2.0万家，每千名老人拥有养老床位仅为31.6张，不仅数量短缺，且分布不均；南方经济发达地区居多，中等城市与边远地区严重短缺。尽管近几年来政府投资兴建养老设施的财政金额已经超过了166亿元，不过养老设施短缺的问题仍未得到解决，而且还会日趋严重。据闻按照"上海市规划，养老床位需要占到当地老年人口的3.75%，但实际情况是，截至去年底，上海市养老床位只有10.8万张，只占老年人口的2.8%，而且，存在缺口的区县，数量越来越多"。[①] 养老产业发展较快的上海尚且如此，其他大城市的情况可想而知。这种需求与供给侧的矛盾还反映在：按老年人口比例计算，则养老设施严重短缺；按现实情况来看，则是大都市的高端养老设施因收费过高而入住率低；乡镇养老设施因传统观念影响及农民收入低等问题，常常出现门可罗雀的现象；而低端养老设施收费低而设施简陋，虽方便子女接送探望，可是服务不到位。这种市场需求与供给侧的矛盾，唯有政府下大气力进行调整并深化体制改革，同时积极推进以居家养老、社区养老为主，配之以高效、优质的社区服务，即吸收日本"社区嵌入型小微养老机构"的模式，才能得到缓解，使我国养老事业的发展既切合实际，又能沿着正确轨道不断前进。为此，建议对于低端养老设施，应由国家制定并设立统一标准，在财政上予以补贴；在社区与居家养老方面，应进一步完善服务管理配套设施与服务运营体系，真正发挥政府的支撑作用，使社区与居家养老服务更趋于正规化、科学化与人性化。

第三节　社会福祉与运营机制

一　混合经济与福祉运营

迄今为止，西方国家的经济运行主要由两个部门组成，一是公共部

[①] 《我国养老设施数量短缺分布不均　专家建议"中国式养老"》，2014年10月2日，新浪网（http://finance.sina.com.cn/review/sbzt/20141002/171020463689.shtml）。

门，二是市场部门。西方将此称为"混合经济"（mixed economy）。所谓"混合经济"，就是指"在一定的社会制度下各种不同因素混合的经济运行体制。从公私混合的角度看，生产、收入与消费上存在公私混合；从政府在经济中所起作用的角度看，政府和私人同时对经济发生作用；从市场与计划在一种经济体制范围内结合的角度看，通过市场机制配置资源、调节经济运行，同时也运用计划这一调控手段，对宏观经济活动进行预测、规划和指导，规范微观经济，引导市场经济的发展方向"。[①] 简言之，就是经济运行既有市场调节，又有政府干预。在这种经济体制下，"决策结构既有分散的方面又有集中的特征；相应地，决策者的动机和激励机制可以是经济的，也可以是被动地接受上级指令；同时，整个经济制度中的信息传递也同时通过价格和计划来进行"。[②] 早在20世纪40年代，提出"混合经济"概念的西方经济学家汉森认为："混合经济具有双重的意义，即生产领域的公私混合经济（国有企业与私人企业并存）和收入与消费方面的公私混合经济（公共卫生，社会安全和福利开支与私人收入和消费的并存）。"[③] 这种经济模式造成了市场部门根据市场运行原理来调配资源，而公共部门则按照行政计划来分配资源。在这种混合经济运营机制中，如果社会福利与社会保障事业完全按照市场运行原理来运作的话，它所碰到的现实问题将是：社会福利与社会保障是公益事业，承担这一事业的政府公共部门，须按照国家及地方政府的计划行事；而市场部门须要按市场运行原理来调配资源，这种资源根据市场经济的好坏而上下浮动，充满了变数。如果完全按照市场经济原理来推进社会福利与社会保障事业，那么它必将受到市场经济的影响，会遇到许多困难。这些困难主要体现在：一是绝大多数需要社会福利服务的平民百姓，不具备在市场上购买高等福利服务的资金和财力；二是许多需要福利服务而又因其残障与智障等问题，不能很好地选择利用适合于自己的福利服务，不能与提供服务的机构相互对等地签订契约；三是因为社会福利是

[①] 参见陆雄文《管理学大辞典》，上海辞书出版社2013年版。
[②] 同上。
[③] 《混合经济》，2019年3月21日，百度百科（https：//baike.baidu.com/item/混合经济/2627638？fr=aladdin）。

公益事业，所以基本上由公共机关与民间非营利组织所运营。不过，由于导入市场竞争机制与原理，公共机关及民间非营利组织在与营利企业之间的竞争中，往往处于劣势乃至于被挤出市场。因此，西方福祉先进国家一直主张：社会福祉应按照行政计划原理来运营。不过，从以往的经验来看，只要是社会福祉按照政府计划来运行，那么就会出现由于缺乏竞争而造成办事效率低、服务态度差、处理问题循规蹈矩、不分具体情况而一律对待的现象。为了解决这一问题，社会呼吁福祉的运营也需适当导入市场原理，只要采取相应的措施，便可以避免并解决上述困难。西方先进国家所采取的措施大致可以归结为三点：一是即便将福祉服务的供给委托于市场，为了避免发生财力匮乏及低收入群体无法或无力利用服务的现象，则须建立补贴制度，即：占相当比例的服务费由公费（政府财政支出及社会保险支付）来进行补助；二是为了避免缺乏判断能力的老人受到不道德业者的蒙骗而遭受损失，政府须采取比一般商品还要严格的管制措施，同时须建立起咨询与援助体制；三是要构建市场机制，以使公共机关、民间非营利组织与营利企业，皆能在同等游戏规则下，平等地经营社会福祉。西方先进国家将此机制导入市场的做法称为"准市场"（Quasi-market）。这种准市场与一般意义上的市场相比，有三点不同：一是在购买市场所提供的福祉服务费用中，占相当比例的金额由公共财源（政府预算支出，社会保险支付）来提供；二是为了保护消费者（利用福祉服务者）的利益，政府须采取比一般商品要严格得多的监管措施；三是在市场运营上，作为服务的供给主体，在事业目的与行为准则各不相同的营利企业与公共机关、民间非营利组织之间，应建立起相互交织的运行模式。

二 准市场规则与福祉服务

1991 年英国所实施的"社区护理改革"，以及 1997 年日本颁布的《介护保险法》与 2000 年开始实施的"介护保险制度"，可以说是导入这种准市场规则的范例。日本在《介护保险法》总则第 2 条第 3 款中规定："保险支付须根据被保险者的身心状况、所处的环境等，按照被保险者的选择，须由各类事业者或设施提供具有综合性且高效的恰当的保健医疗服务及福祉服务。"条款中所说的"各类事业者",既包括非营利性的公共事业部门,又包括营利性的企业。这些部门在介护保险的运作上,皆须按照各项法律条款来行事。该法对保险金的收入与支出、国家及地方公共团体的职责、公民应尽的努力与义务、医疗保险单位的协助,以及各项介护工作应遵循的法律法规都做了详细的规定,使得公私各类福祉业者在保险与福祉服务上,皆须按照统一的规则与标准来展开工作。日本学者将导入准市场机制的社会福祉运营体制划分为两种类型:一是"服务购买型",二是"利用者辅助型"[①]。两种类型的关键在于重视政府所发挥的效能。所谓"服务购买型",是指政府与特定的事业者签约购买服务,然后将服务提供给福祉服务需求者,并使所需者能够得到满意的利用。所谓"利用者辅助型",就是指利用福祉服务的人自行选择经营福祉服务的业者,由政府负担全部费用或资助部分费用。这两种类型的运作方式各有利弊,"服务购买型"的长处在于:因为由政府选择提供福祉服务的业者,所以在福祉专门知识与收集信息等方面优于个人,容易确保服务质量;其短处在于:不能保证利用者可以自由地选择业者,如果政府部门对特定的业者进行不正当的优惠,个别官员从招标中受贿,则不但不能确保服务质量,反而会适得其反。"利用者辅助型"的长处在于:利用者可以完全自由地选择业者;其短处在于:如果不能建立起有效的监督与支援体制,并使其发挥作用,则难以保证受服务者的权益与服务质量。日本在介护保险制度下的服务运营体制,可以说是典型的"利用者辅助型",而英国通过社区护理改革而形成的服务运营体制则基本上属于"服务购买型"。不过,在利用设施服务方面,英国采取了赋予利用者可以自由选择业者的权利,以此来尽量保证向利用者提供自由选择业者的机会。近年来又实行了利用者可以选择"Direct payment(直接付款)"的现金支付措施,以此来提高对利用者自由选择的重视。

对于日本及英国所实施的"在社会福祉里导入准市场原理"的做法,各方看法不同,评价不一。不过,这种试验即便取得了成果,仍然存在

[①] [日]平冈公一:《社会服务的多元化与市场化——围绕其理论与政策的一份考察》,载[日]大山博等编《面向福祉国家的视点——由动摇到再构筑》,密涅瓦书房2000年版。

着局限性。因为在社会福祉里，有的领域以专业性强与个性化的援助活动为主体，如果将这种援助活动作为"商品"，作为市场交易的对象，这显然违背了社会福祉的宗旨。此外，在利用者仅局限于少数人的服务程序里，准市场的做法则难以成立。

三　市场需求与资源配备

鉴于上述因素，作为社会福祉运营，按照计划原理来配备资源仍然显得十分重要。如果以按照计划原理进行资源配备为前提，那么创建采用何种办法及按照什么样的基准来配备资源的体制，在政策选择与制度设计时就显得极为重要。西方国家，尤其是日本采取的办法是"分配制"。所谓"分配制"，就是在资源供不应求，且在价格不能发挥调配作用时，所采取的资源配备办法的总称。分配制分几个层次来运行，如：国家预算的编制，在预算额度内的国库扶助金的分配方向，地方自治体预算编制，由拥有利用决定权的机构来确定服务对象，由养老设施等提供服务的机关来分配职员的服务时间等。这些不同层面的运行大致可以归结为两类：一是"财政资源分配"；二是"服务分配"。"财政资源分配"包括由国家决定每年的财政预算总额，在财政预算总额中由政府所决定的福祉预算总额及各类福祉事业的预算额，同时还包括预算的分配方向（自治体、对象团体等）与分配额度；"服务分配"则包括在个别服务项目里，预算受到其他因素（人才、物品的供给等）的影响，在不能满足所有需求的情况下，向谁来分配何等程度的资源（利用资格、服务时间、设施空间等）问题。这两类分配皆须按照市场需求的原理来实施，必须根据需求量、需求程度及紧迫性来确定。如果社会福祉的运营完全按照这种规则来推进的话，分配方法与分配标准的问题，可以归结到对于市场需求的测定之上。不过，仅就现实中的社会福祉运营而言，它往往受到需求之外的各种因素的影响，即便是按照市场需求原理来运营社会福祉，可是对于各种需求的紧迫性与需求程度，很难进行量化性的测定比较。为了解决这一问题，日本采取了两种行之有效的办法与模式：一是在财政分配上采取合理主义与渐增主义；二是服务分配的多样化。所谓"合理主义模式"，就是在编制预算时，要对每项事业的需求进行细致的分析，对实施结果要进行严格的评价，并根据为了实现政策目的所制定的策略，按照策略所设定的优先顺序来分配资源。若按此程序来编制预算，每个年度，根据事业与领域的不同分类，分配额度会发生变化。不过，这种模式在实际操作上，由于受到知识局限与政治因素的影响，所以在预算编制里对于各项事业的预算分配额往往是固定不变的。基于这一点，对于新事业的预算分配及增加优先发展项目的预算额，只能由预算总额的增加部分来填补，这就是内部调整模式。另外，西方国家在福祉服务分配上，根据具体情况及需求的迫切程度，采取多种办法进行调整。早在十余年前，许多西方先进国家为了满足日益增加的福祉需求，提出了"福祉融合"与"福祉多元主义"的概念。之所以提出这一主张，关键在于老龄化社会问题日益严峻，以政府为主体、由政府所承担的一元化的社会福祉事业已经不能满足社会的需求，唯有多方合作，实行福祉服务供给多元化，才能缓解社会矛盾。目前福祉服务供给主要由四方面组成：一是政府公共部门（主要指由中央、地方政府直接经营并提供的服务）；二是非营利部门（主要由非营利事业单位所提供的服务）；三是营利部门（由营利业者提供的服务）；四是非正式部门（由家属、亲戚朋友、近邻居民所给予的日常援助照顾）。其中，对于非营利的性质界定，以及监督管理至关重要。首先对于非营利部门要有严格的限定，非营利的福祉服务活动属于自发性的、具有相对的独立性（民间性），其通过福祉活动所得的财政收入与资金，以及组织营利，不得分配给出资方及与其相关的组织与个人。非营利福祉活动没有必要完全由志愿者承担，其雇用职员可以获得适当的工资待遇，不过因活动而获得的利益不得回馈于出资者，不得以红利的形式分配给拥有组织经营决定权的干部及其组织成员。否则便不能称其为"非营利性部门"，英国将这一部门称为"志愿部门"。为了防止打着非营利的旗号，行赢利之实的现象出现，政府部门应严格监督非营利部门的财政收入与支配。这一点在我国尤为重要。

此外，四部门中的"非正式部门"的福祉服务，主要指直系亲属、邻居、友人在日常生活交流的延长线上所组织起的援助活动。它包括亲属对于老人的护理，委托左邻右舍看管孩子，替行动不便的老年人代购物品等。这类福祉服务活动与志愿者的奉献及营利活动的界限不是十分明了,因为近邻对于老龄人的帮助,如果是社区志愿者团体所组织的有计划性的活动,那么可以将其视为非营利部门的活动;如果受邻居委托照顾一定人数的孩子,并定期获取报酬的话,则应视为营利部门的活动。从社会福祉的发展历史来看,民间非营利组织在福祉事业与福祉服务活动中发挥了重要的作用。为需要福祉服务的人提供具体的服务项目,首先由民间非营利组织来实施,其必要性与有效性在得到社会广泛认可后,再由政府继承并实施的例子不在少数。在福祉国家体制形成之前,有福祉服务需求的人们首先将希望寄托于民间非营利组织,而政府所发挥的作用极其有限。不过随着福祉国家体制的形成,满足社会福祉需求已成为政府的主要职责。它不仅体现在收入保障、医疗保障等方面,还体现在福祉服务上。因此,随着老龄化社会的进展,福祉服务的需求日益增多,在上述四部门当中,就整体福祉服务而言,非营利部门的作用相对缩小,政府公共部门的作用在不断地扩大与增强。尽管如此,单靠政府及公共部门的力量,已经无法满足日益加剧的福祉服务需求,所以在确立福祉国家体制过程中,福祉融合与福祉的多元化的形式与内容变得更加丰富多彩。

四 福祉多元与政府职责

20世纪80年代以后,在福祉国家体制重建取得进展的同时,在世界范围内兴起了被称为"NPO革命"(非营利性组织革命)的市民运动,许多西方先进国家开始重新关注非营利组织在社会福祉领域里所发挥的作用,认识到将社会福祉服务统归于政府部门一元化领导的方式并不是福祉国家的进步,非营利组织作为供给社会福祉服务的主体,对其所发挥的作用应予以重新评价。同时伴随着新自由主义政治意识形态的扩展,社会出现了应该将准市场原理适用于社会福祉运营体制的主张。由此,福祉多元主义不仅仅限于非营利部门,在营利部门里也应运用其特点,使其在服务供给体制中能够承担并发挥一定作用。在融合福祉与福祉多元化的前提下,政府所履行的职责主要有如下四个方面。

第一,在服务供给上发挥作用,即便主张福祉多元主义,可并没有否定由公共部门所提供的福祉服务。比如：英国在按照福祉多元主义的构想来重建社会福祉运营体制，并由此来推进社区护理改革时，并没有否定由地方自治体直接运营所提供的福祉服务，而只是导入了比较选择机制，即将直接运营与委托运营相比较，采取择优而选的原则。

第二，发挥财政调节作用。为了保障满足需求所必需的服务利用机会得到平等的分配，政府要提供保障，即便服务供给以民间部门（包括营利部门与非营利部门）为主，在财政方面公共部门也有必要发挥相当大的作用。因为在福祉服务的经费来源主要依附于利用者个人支付的体制下，往往不能一律平等地保障为所有需求者提供量化与质化的服务利用机会。而且除了限定对象的小规模的服务之外，依靠捐款等民间财源来实施大规模的服务计划与项目是很困难的。所以政府在财政方面应发挥主要作用。

第三，限制与监督职责。政府应按照法律法规行使限制与监督职权，对福祉服务运营进行监察，防止损害利用服务者权益现象的发生。

第四，发挥计划与调整的作用。政府负责调查把握需求情况，并发表其调查结果；负责设计服务供给体制，设定服务供给量的目标，完善基础设施建设及基础人才培养；负责联系调整各机构部门之间的关系，促进新项目的开发、评估与普及。民间部门可以承担其中部分项目，如服务现场的问题处理与调整等，可以由提供服务的机构相互之间通过协商加以解决。关于新项目的开发与评审，根据具体情况民间部门也可以积极参与。不过，唯有政府部门切实履行职责，整体计划才能得到有效的落实及调整。从这个意义上讲，政府部门的作用极其重要，担当人员需廉洁奉公，并经过职业培训，掌握一定的专业知识。

综上所述，在社会所需的福祉服务多样化的今天，福祉运营的多元化势在必行。不过，为了充分满足与对应日益增加的福祉需求，为老龄人提供更加优质的量化服务，政府在财政预算、管理与监督、计划与调整上，应承担主要职责，发挥主要作用。在服务供给方面，既重视民间部门所发挥的作用，又由政府担当规范、监督、调整职责，建立起切实有效的管理机制，方能使福祉事业沿着正确轨道发展，方能为实现理想的福祉社会奠定基础。

第四节 儿童健康与儿童福祉

在改革开放、经济快速发展的 40 余年里,我国儿童健康与儿童保障及儿童教育事业突飞猛进,取得了丰硕的成果。我国在《未成年人保护法》的总则第 5 条规定:"保护未成年人的工作,应当遵循下列原则:(一)尊重未成年人的人格尊严;(二)适应未成年人身心发展的规律和特点;(三)教育与保护相结合";在第三章第 17 条规定:"学校应当全面贯彻国家的教育方针,实施素质教育,提高教育质量,注重培养未成年学生独立思考能力、创新能力和实践能力,促进未成年学生全面发展";在第 20 条又规定:"学校应当与未成年学生的父母或者其他监护人互相配合,保证未成年学生的睡眠、娱乐和体育锻炼时间,不得加重其学习负担。"尽管法律条文的规定十分明确,可是我国大多数中小学目前所实行的应试教育,从施教的具体情况来看,不能不说与上述法律条文的规定在一定程度上形成了背离的现象。关于应试教育,众说纷纭,褒贬不一。赞成者认为提高了学生的应试能力与学习实力,尤其是在教学内容与难度上超过了国外。持否定意见者认为应试教育属于填鸭式教学,死记硬背,造成学生缺乏独立思考与解决问题的能力。同时,教师课下所留的大量作业以及在微信上经常公布测试成绩,给学生带来巨大的压力,有损于学生的身心健康。因此,总结正反两方面的经验,扬长避短,对教育实行适当调整,这不仅是教育部门的工作,亦是儿童福祉的重要内容之一。

法国启蒙思想家卢梭曾在教育名著《爱弥儿》中指出:"教育是最大或许也是最好的福祉";他主张对儿童要实行适应自然发展过程的"自然教育",教育要遵循自然的永恒法则,听任人的身心的自由发展,其手段就是生活和实践,让孩子从生活和实践的切身体验中,通过感官的感受去获得他所需要的知识。卢梭的观点至今仍值得我们参考。教育与人才培养非一朝一夕所能成就,需要花费时间,对年幼学子须精心呵护,循循善诱,不能急于求成,更不应急功近利,以超负荷逼考或片面地追求分数而扼杀儿童的天性,摧残青少年的身心健康。我国目前所推行的应试教育，虽然提高了学生的应考能力，不过其弊端之多，不能忽视。关于应试教育的利弊，许多教育工作者撰文分析，网上亦多有针砭。若从儿童福祉的角度来看，应试教育的最大问题在于影响学生的身心健康，同时给家庭父母造成心理重负。

法国心理学家 H. 瓦龙认为："过去的教育主要立足于启发儿童的智慧、传授知识，这种做法是把智力的发展孤立起来看待了。现在应当强调儿童的智力发展与整个人格或个性发展以及儿童的社会性的密切关系。"同时他还认为"学校应当是一个良好的环境，学校的生活制度、课程设置、教材选择和教学方法等等，都必须适应并促进儿童心理的发展，只有这样，才能达到教育的目的，使儿童在各个方面都能顺利发展"。[①] 瓦龙的观点可以归结为以下 3 点：

（1）教育应当重视儿童的人格与个性发展。
（2）学校要为儿童提供良好的环境。
（3）学校所设的各项制度与教学安排必须适应儿童的心理发展。

首先在学校环境方面，虽然我国在全国范围内已经普及并实行义务教育，可是由于地区差别、经济条件差别，儿童所享有的学校设施与学习环境相差悬殊。经济发达地区，如北上广深的学校设施基本达到发达国家水平，而贫困地区的学校设施则甚为简陋。虽然同属于义务教育，但是由于经济发展的不平衡，造成了教育上的等级之差。而以投资赢利为目的所创办的高收费的私营学校，更加剧并扩大了这种等级之分。这一现象已蔓延到了学龄前教育所设立的托儿所、幼儿园。在笔者所生活的城市里，高级幼儿园的收费每月高达 13400 元，私立国际小学、中学的收费每年高达 20 万元人民币，被当地居民戏称为"土豪幼儿园""贵族学校"。在这种土豪幼儿园与贵族学校之下，按收费又分为高、中、低三个档次。高端者设施富丽堂皇，低档者甚至是织楚成门。这种将儿童自幼便分为贵贱的教育，既违背社会福祉的公平、平等之基本原则，亦给儿童造成心理上的负面影响。而这种趋势不但未遭到地方政府的遏止与

[①]《瓦龙的儿童心理学理论》，2010 年 12 月 19 日，百度文库（https://wenku.baidu.com/view/947fb34c2b160b4e767fcf24.html）。

调整，反倒愈演愈烈。将教育分为等级的做法，使儿童自幼因经济条件而造成分化，严格地说有悖于人人皆享受平等教育之宗旨，从社会福祉的角度而言，它违背了社会福祉的基本原则。

早在1924年，由国际联盟发布的《日内瓦儿童权利宣言》中明确指出："所有国家的男女都应承认人类负有提供儿童最好的东西之义务"；1959年，联合国发布的《儿童权利宣言》序文中又强调指出："联合国曾在《世界人权宣言》中宣布，人人均得享有宣言中所说明的一切权利和自由，不因诸如种族、肤色、性别、语言、宗教、政见或其他意见国籍或社会阶级、财产、出身或其他身份而有任何差别。"鉴于此，在第1条中规定："儿童应享有本宣言中所列举的一切权利。一切儿童毫无任何例外均得享有这些权利，不因其本人的或家族的种族、肤色、性别、语言、宗教、政见或其它意见、国籍或社会成分、财产、出身或其他身份而受到差别对待或歧视"；在第2条中规定："儿童应受到特别保护，并应通过法律和其他方法而获得各种机会与便利，使其能在健康而正常的状态和自由与尊严的条件下，得到身体、心智、道德、精神和社会等方面的发展。在为此目的而制订法律时，应以儿童的最大利益为首要考虑"；在第7条中规定："儿童有受教育之权利，其所受之教育至少在初级阶段应当是免费的、并且是义务性的。给予儿童的教育，应能提高其一般教养，遵循机会均等的原则，使其能力、判断力与道德及社会责任感得到发展，使其成为对社会有用之人。负有儿童教育及指导责任者，应以谋取儿童之最大利益为其指导原则。……儿童应有权获得游戏及休闲娱乐活动的充分机会，其游戏及休闲娱乐活动必须与教育目标相向而行。社会与政府机构应努力促进儿童享有此项权利。"[1]

为了落实上述宣言，世界各国于20世纪80年代起，开始调整并制定儿童福利制度。其中最重要的部分就是明确：所有儿童皆享有受教育的权利，政府应提供全社会儿童皆能享有的公平、平等的义务教育。我国于1986年7月开始实施《中华人民共和国义务教育法》（该法于2015年、2018年先后两次进行了修订），在该法的第2条中明确规定："国家

---

[1] 参见联合国大会《儿童权利宣言》第1386（XIV）号文件，2019年3月19日。

实行九年义务教育制度。义务教育是国家统一实施的所有适龄儿童、少年必须接受的教育,是国家必须予以保障的公益性事业。实施义务教育,不收学费、杂费。"在第4条中规定"凡具有中华人民共和国国籍的适龄儿童、少年,不分性别、民族、种族、家庭财产状况、宗教信仰等,依法享有平等接受义务教育的权利,并履行接受义务教育的义务"。在第6条中规定"国务院和县级以上地方人民政府应当合理配置教育资源,促进义务教育均衡发展"。① 义务教育法的上述条款皆在强调:保护儿童权益,免除一切学杂费,平等接受义务教育的权利与义务教育的均衡发展。2007年6月1日起开始施行的《中华人民共和国未成年人保护法》第3条中也明确规定:"未成年人享有生存权、发展权、受保护权、参与权等权利,国家根据未成年人身心发展特点给予特殊、优先保护,保障未成年人的合法权益不受侵犯。未成年人享有受教育权,国家、社会、学校和家庭尊重和保障未成年人的受教育权。未成年人不分性别、民族、种族、家庭财产状况、宗教信仰等,依法平等地享有权利。"②

目前,我国在全国范围内已基本实现了义务教育,但是一些地区所出现的有悖于上述义务教育宗旨的现象,以及巧立名目收取学杂费、教育等级之差等问题并未得到根本的解决。而应试教育的问题也日益凸显。社会对于应试教育的批评可归结为以下几点:

(1) 有碍于儿童与青少年的个性发展,缺乏独自思考能力与实践能力的培养。

(2) 学校与教师之间的各层次上的业绩竞争与利益之争,以及微信上公布成绩分数排列等做法,既侵犯了儿童的人权,又扼杀了儿童的天性,造成儿童与青少年的沉重心理压力。

(3) 因竞争而产生的大量课外作业,影响了儿童的正常发育,损害了儿童与青少年的身心健康。

(4) 片面追求分数成绩,忽略了性格涵养与道德思想教育,造成道德水准下滑,有碍于学生的品德培养。

---

① 参见《中华人民共和国义务教育法》,2019年3月19日。
② 参见《中华人民共和国未成年人保护法》,2019年3月19日。

正如网上有人撰文所言:"中国的应试教育让学生把全部精力倾注于升学考试,把取得高学历视为教育的最高目标,把学生的考试成绩作为评价学生优劣、教师优劣、学校优劣的第一标准,这种应试教育,误导了中国家长的教子观念,误导了广大学生的成才观念。应试教育绑架了学生,挟持了老师,误导了家长,学校、家庭和社会,层层加压,学生、家长、教师三位一体,齐心协力为考分拼命。"① 据网上信息披露:由于不堪心理重负,我国儿童自杀率已高居世界第一位。② 而构建儿童福祉的首要任务,就是要解决这些问题。

儿童成长大致可分为四个阶段:哺乳期、幼儿期、儿童期、青少年期。每个阶段的成长都具有不同的特征,而儿童福祉则须根据儿童不同时期的不同特征,来提供社会保障与福祉服务。儿童福利有广义和狭义之分。广义的儿童福利是指一切针对全体儿童的,促进儿童生理、心理及社会潜能最佳发展的各种措施和服务,它强调社会公平,具有普适性。狭义的儿童福利是指面向特定儿童和家庭的服务,特别是在家庭或其他社会机构中未能满足其需求的儿童,如孤儿、残疾儿童、流浪儿、被遗弃的儿童、被虐待或被忽视的儿童、家庭离异的儿童、行为偏差或情绪困扰的儿童等,这些特殊困难环境中的儿童往往需要予以特别的救助、保护、矫治。因此,狭义的儿童福利强调的同样是社会公平,但重点是对弱势儿童的照顾。狭义的儿童福利一般包括实物援助和现金津贴两个方面,如实行各种形式的儿童津贴、对生育妇女的一次性补助,以及赋予单亲父母各种待遇等。

为了实现并达到儿童福祉所追求的目标,首先要确立正确的儿童与家庭的福祉理念,其理念的核心就是要给予儿童"well-being"(幸福感),让儿童能够自立。所谓"幸福感",就是要保障儿童的人权,保障儿童的权益,保障儿童能够实现自我价值,使儿童能在身体与精神上处于良好的状态;所谓"自立",并不是指经济上的自立,而是为了儿童获

---

① 《石家庄学生呐喊引发社会反思教育弊端》,2011 年 9 月 30 日,河北新闻网(http://hebei.hebnews.cn/2011-09/30/content_2292876.htm)。
② 《中国儿童自杀报告:中国儿童自杀率世界第一》,2011 年 3 月 16 日,39 健康网(http://xl.39.net/a/2011316/1636092.html)。

得幸福感而设计的人性化的生活方式。儿童与家庭福祉的着眼点是：通过教育与福祉保障来培养儿童的自立精神，使之获得社会与精神上的自立。国外《儿童福祉法》与我国《未成年人保护法》的设立，正是基于保障与维护儿童的权益不受到侵犯。鉴于我国儿童教育之现状，笔者认为：我国需要在儿童教育与儿童福利及儿童福祉设施等方面进行适当的调整。一是对应试教育进行改革，克服片面追求分数的教学方针与方法，为儿童与父母减压；二是调整课程设置，增加美育科目与课外娱乐活动，培养学生在品德、智力、体质等方面能够得到全面发展，真正做到适合于儿童身心健康的素质教育；三是增加儿童公共娱乐设施，营建儿童馆、儿童俱乐部等设施，为儿童提供课余娱乐活动场所。

早在1991年9月公布的《中华人民共和国未成年人保护法》（后经两次修订，2007年6月1日起施行）中，就明确规定了对未成年人要实行家庭保护、学校保护、社会保护和司法保护等措施，并对有关儿童权益问题做了相关的规定。如在第3条中规定："未成年人享有生存权、发展权、受保护权、参与权等权利，国家根据未成年人身心发展特点给予特殊、优先保护，保障未成年人的合法权益不受侵犯。未成年人享有受教育权，国家、社会、学校和家庭尊重和保障未成年人的受教育权。未成年人不分性别、民族、种族、家庭财产状况、宗教信仰等，依法平等地享有权利。"在第5条第1款与第2款中规定："尊重未成年人的人格尊严；适应未成年人身心发展的规律和特点。"在第7条中规定："中央和地方各级国家机关应当在各自的职责范围内做好未成年人保护工作。国务院和地方各级人民政府领导有关部门做好未成年人保护工作；将未成年人保护工作纳入国民经济和社会发展规划以及年度计划，相关经费纳入本级政府预算。"对照法律条款，目前所实行的应试教育的问题在于：缺乏对未成年人的人格、尊严的尊重；大量的课后作业，片面地追求分数，忽视文体科目等做法，有违于未成年人身心发展的规律和特点。其实，在《未成年人保护法》第三章第20条中就明确规定："学校应当与未成年学生的父母或者其他监护人互相配合，保证未成年学生的睡眠、娱乐和体育锻炼时间，不得加重其学习负担。"只是我国部分中小学没有严格地按照法律条款行事而已。另外，为了实现社会公平，使所有儿童与少年皆能平等地享有受教育权,以及在生活上能享有保障,除了实行义务教育之外,还需对收入低、生活困难的家庭进行教育与生活上的补贴,缩小因家庭经济状况所造成的等级差别。此外,落实鼓励生育第二胎的政策关键在于:要为生育二胎的家庭提供经济上的保障。因为生育子女就要造成家庭的经济负担,诸如哺乳费、入托费、食宿费、医疗费、补习费等,收入不高的普通年轻人家庭会因生儿育女而增加贫困风险。因此,对于抚育幼儿、儿童的家庭进行经济上的援助是实现福祉社会的重要环节。目前,世界上福祉先进国家大都设有儿童补贴制度,这一制度与年金制度并驾齐驱,以经费补贴给付为主。邻国日本于2000年将儿童补贴对象定为3岁至6岁,2004年延长至小学3年级,2006年延长至小学毕业。给付金额为:第一胎与第二胎每月5000日元,第三胎为1万日元;2008年为了重点补贴婴幼儿,将第一胎与第二胎皆调整为1万日元。自2010年起,作为儿童补贴,对于所有中学毕业前的儿童,一律支付13000日元。从儿童福祉与社会保障的角度来看,这种补贴的目的主要有两点:一是有助于儿童得到平等的健康抚育;二是减轻有子女家庭的经济负担,防止因生育子女而落入贫困阶层。同时,这种补贴还具有调节无子女家庭与有子女家庭的平均再分配的机能。

近年来,有关青年人的自立问题,亦上升为儿童与家庭福祉的重要课题。以日本为例,经济高速发展期以来,青年人大学毕业后即可就业,成为社会之一员,即由家庭到学校,再由学校走向就业岗位。可谓是:"一帆风顺,直线就业。"不过,自泡沫经济破灭以来,这种模式开始出现问题,由于部分企业亏损或倒闭,就业率下降,雇佣体制发生了变化;许多青年人走出大学校门并不能马上就业,从事正规且安稳的工作,过去所实行的按年功序列支付工薪的体制及终身雇佣的制度已经成为令人留恋向往的过去,社会上出现了一些被称作"ニート(啃老族)""フリーター(待业临时工)"及"ネットカフェ難民(网吧咖啡难民)"的年轻人。而且非正规雇佣的从业人员与派遣员工及临时工的数量不断增加。1990年以来,由于长期的经济低迷与通货紧缩,许多企业对新毕业的青年学生在雇佣上进行了调整与压缩,其结果造成了就业率的大幅度下滑。以往日本父母对于子女的抚养责任上限为大学毕业,可是由于子女大学毕业后不能正式就业，所以出现了年近三四十岁的子女仍需靠业已退休的父母来养活或周济的现象。经济条件较好的家庭尚能承担这些大龄子女的生活费用，而经济状况不济，或难以共同生活的家庭则陷入困境。被称为"网吧咖啡难民"的青年流浪者的出现，说明了家庭已经不能再为其提供居住场所，其背景或原因有可能是父母的离异、家庭的解体、儿时遭到虐待，抑或是对父母施暴等。由于经济发展的迟滞，造成上述情况的出现，而关注家庭变化，解决上述社会问题，亦是儿童福祉的重要课题。日本政府为了确保青年人就业，在政策上进行了一系列的调整，在财政、金融、社会保障等方面采取了相关的配套措施，并投入了2万亿日元的资金，以确保企业雇佣需求与拓展新的就业渠道。同时，对录用被取消了"录用内定"资格的大学生以及临时工等非正规就业者的中小企业，实行每招聘1人便补助100万日元（大企业为50万日元）的"青年正规就业奖励金"政策；而对无端取消"内定资格"的企业，通过媒体予以曝光；对通过内部调整来确保招工名额的企业，提供"雇佣调整助成金"；对于因企业裁员而离职的非正规就业人员提供租房补贴等，以保障其基本生活。此外，日本政府还实施了支援"青年人经济自立"工程，加强对青年人进行勤劳观、职业观的教育培养，并鼓励青年人在学期间赴海外实习研修，开阔视野，为日本企业拓展国际运营空间集聚并输送大量人才。同时，以此来缓解国内就业压力。

尽管泡沫经济的崩溃引发了上述问题的出现，不过，日本经过近十几年的调整与改革，其儿童福祉仍具有较高的水准，青年人的就业率达98.5%以上。

目前，我国经济发展已进入稳定期，持续快速发展时期的两位数增长已经变得十分困难，而且房地产的开发将逐步进入饱和状态，有可能带来经济上的隐患。因此，防患于未然，未雨绸缪，增进儿童与青少年的社会福祉，改革应试教育体制，营造适合于儿童与青少年学习与生活的良好环境，提高儿童与青少年的身心健康水平，使其在德、智、体、美等方面得到均衡发展，在完成学业之后能够顺利就业，是构建与实现我国福祉社会的最基本条件之一。

第十三章

福祉教育与人才培养

第一节 发展机遇与势在必行

党的十九大的胜利召开与政府所做的工作报告，为我国全面实现小康社会，以及使小康社会迈上新的台阶，进一步提高全国人民的生活水平，全面构建现代化的文明社会，绘制了宏伟的蓝图。而为了实现小康社会的跃升，提升全社会的文明尺度，使改革开放的成果化为全体国民的生活实惠，增加民众的幸福感，构建与完善社会福祉运营与福祉服务体系势在必行，同时这项系统工程也为福祉教育事业发展带来了前所未有的机遇。可以预见，我国福祉人才培养在今后的几年里必将取得飞速的发展。

毋庸置疑，福祉的人才培养是时代发展之要求，亦是实现福祉社会之基础。福祉先进国家在推进福祉事业的过程中，对于福祉教育与福祉服务的培养极其重视。

以邻国日本为例，最近30余年，日本已经建立了完整的福祉教育体系，仅福祉大学就有262所之多，占全国大学总数的1/3；而设有福祉学部的大学及短期大学共计有394所，约占大学总数的一半以上。此外，各类福祉专门学校（专科）为271所，福祉系统高中119所；国家指定的保育士培养设施（学校）641所，社会福祉干部培养设施43所，社会福祉士培养设施65所，介护福祉士培养设施（各类学校）高达487所。[①]

[①] 社会福祉动向编辑委员会编：《社会福祉的动向·2017年》，东京中央法规出版株式会社2017年版。

我国幅员辽阔，国土面积相当于日本的 26 倍，人口相当于日本的 11 倍，而 60 岁以上的老龄人口已超过日本人口总数，高达 2.5 亿，每年增加的老龄人口为 8000 多万；而在 2017 年我国儿童数量就已经达到 2.42 亿，随着鼓励生二胎政策的实施，估计儿童人口还将逐年递增。在这样一个老少人口总量超大的国家里，对于福祉人才的培养与福祉教育的需求，其数量与规模都应居世界第一位。不过，目前我国高校总数达 2800 多所，其中，开设与社会福祉相近的社会工作专业的高校仅为 200 多所，仅占高校总数的 1/14，而正式开设福祉专业的高校，仅有民办大学东北师范大学人文学院 1 所。

最近教育部为了应对老龄化社会的到来，为了应对人才市场需求，开始鼓励高校兴办健康管理专业。不过，仅就专业名称而言，健康管理只是福祉教育的内容之一，它并不能代替福祉专业，因为它不具备福祉与福祉学所囊括的众多的学科领域与丰富的内涵。因此，为了适应时代的发展，为了满足社会福祉事业的需求，吸收国外福祉教育的先进经验，创办福祉大学及在现有的高校中设立福祉专业，已成为燃眉之急，势在必行。

第二节　招生与就业

创建福祉大学与福祉专业的前提条件有两点，一是解决招生问题；二是解决就业问题。以与社会福祉专业相近的社会工作专业为例，早在 2010 年 6 月我国便制定了《国家中长期人才发展规划纲要（2010—2020）》，该纲要将社会工作专业人才队伍建设列为我国未来十年人才队伍建设的主要任务之一。其发展目标为："适应构建社会主义和谐社会的需要，以人才培养和岗位开发为基础，以中高级社会工作人才为重点，培养造就一支职业化、专业化的社会工作人才队伍。到 2015 年，社会工作人才总量达到 200 万人。到 2020 年，社会工作人才总量达到 300 万人。"十年前，我国养老事业已经启动，不过其规模及人才需求与现在相比，不可同日而语。当时所采取的主要举措为："建立不同学历层次教育协调配套、专业培训和知识普及有机结合的社会工作人才培养体系。加强社会工作学科专业体系建设。建设一批社会工作培训基地。加强社会工作从业人员专业知识培训,制定社会工作培训质量评估指标体系。建立健全社会工作人才评价制度。加强社会工作者队伍职业化管理。加快制定社会工作岗位开发设置政策措施。推进公益服务类事业单位、城乡社区和公益类社会组织建设,完善培育扶持和依法管理社会组织的政策。组织实施社会工作服务组织标准化建设示范工程。研究制定政府购买社会工作服务政策。建立社会工作人才和志愿者队伍联动机制。制定加强社会工作人才队伍建设意见。"尽管措施提纲挈领,方针明确,但落实得并不到位,所设目标并未全部实现。据资料介绍:高校开设社会工作专业,每年培养的社工人才约为10000人,尽管按照社会需求,这些人远远不够用,但实际上却仅有10%—30%的学生选择了相应的社会工作,其他相当部分的学生则进了机关、企业等单位,从事"不对口"的工作。不少社工专业的学生觉得自己的"就业前景不乐观",专家认为造成这种"不乐观"的主要原因在于:我们的专业化走在了职业化的前面。学生的就业去向是民政、妇联、慈善机构、社会团体机构、社区服务机构、街道办事处等;社会工作人员虽相当于政府的雇员,可是这一新兴专业作为一门职业,目前却受到了社会的"冷淡",每年能被民政部录取成为专业社工的本专业学生不过百分之一二,甚至有的学校该专业的毕业生专业对口率为零。[①] 近几年来,随着社会工作的发展与市场需求,这种现象已经有所改观。若在今后数年间,我国全面推进福祉事业的发展,构建并实现福祉社会,那么福祉服务领域的人才短缺问题必将凸显,目前在发达地区的北上广深,养老机构的人才需求已经达到求贤若渴的程度;据介绍:2018年与2019年东北师范大学人文学院福祉学部的就业率已经高达100%。

建立福祉专业,解决招生问题,首先要借用舆论力量,宣传普及社会福祉理念,使实现福祉社会成为人民所追求的理想目标,并通过立法等形式来制定福祉教育的方针与理念及实施细则,使福祉教育有章可循;加速构建社会福祉服务体系,确立福祉工作为一大行业,由国家制定福祉基本行业规则,设置福祉工作标准,并规定基本工资待遇(应接近并等同于公

[①] 参见《社会工作专业发展就业前景》,2015年9月20日,百度文库(https://wenku.baidu.com/view/c1d8291f84868762cbaed53c.html)。

务员工薪水平）；为了解决就业问题，除了鼓励青年人树立正确的工作观、就业观之外，关键在于确立福祉事业工作为崇高的、令人尊敬的职业；从业人员要有高尚的情操与道德品行，要有丰富的福祉专业知识与服务技能，其从业资格须经国家认定。只要行业标准高，待遇丰厚，就不难解决招生与就业问题。况且，我国养老福祉与儿童福祉的发展正需要大批人才作为支撑。

第三节　福祉教育立法与实施规则

福祉教育在起步阶段，其教师队伍应由与福祉专业相近的学科调配教员组成，其中包括：社会学、教育学、老年学、女性学、儿童教育学、医疗护理学、健康管理学、养生学、康复理疗、经营管理学等。在福祉教育形成规模，连续几年培养出具有硕士、博士学位的专业人才后，才能组建起福祉专业教师队伍。从日本福祉教育的构成来看，教师队伍的建设所花费时间至少要有20余年。日本为了不断充实福祉专业研究人员与教师队伍，在许多福祉大学里设有修士（硕士）课程与博士课程，其毕业人员大都从事福祉教育工作，或成为福祉机构高级管理人才。同时，为了规范福祉教育，日本通过立法来制定具体的教学方针、教学宗旨、课程设置、教学内容等。迄今为止，日本政府所制定的与福祉教育相关的法律法规有：《社会福祉士及介护福祉士法》《社会福祉士及介护福祉士法施行规则》《关于制定有关社会福祉科目的省令》《社会福祉士短期培养设施、社会福祉士一般培养设施等的教育内容》《精神保健福祉士法》《精神保健福祉士法施行规则》《幼儿园设置基准》《幼儿园教育要领》等。这些法律法规内容详尽，规定具体，不仅可以指导福祉教育沿着国家福祉政策运行，而且要求各福祉大学与福祉专业必须按照法律法规来办学。比如在考试科目上规定"社会福祉士"的考试科目为：

（1）人体构造与机能及疾病；

（2）心理学理论与心理上的支援；

（3）社会理论与社会系统；

（4）现代社会与福祉；

（5）社会调查的基础；

(6）咨询洽谈援助的基础与专职；

(7）咨询洽谈援助的理论与方法；

(8）地域福祉的理论与方法；

(9）福祉行政财政与福祉计划；

(10）福祉服务的组织与经营；

(11）社会保障；

(12）对老年人的支援与介护保险制度；

(13）对残疾人的支援与残疾人自立支援制度；

(14）对儿童及家庭的支援与儿童·家庭福祉制度；

(15）对低收入者的支援与生活保护制度；

(16）保健医疗服务；

(17）就业支援服务；

(18）权利拥护与成年监护制度；

(19）更生保护制度。

上述考试科目的设定，说明了各个福祉大学与福祉专业在课程设置与教学内容上所必须囊括的内容。考试由国家统一安排进行，唯合格者方能从事社会福祉士的工作。而介护福祉士与精神保健福祉士，以及从事幼儿与儿童教育、身障与智障人支援工作的人员皆须通过与其专业相关的考试来获取资格认定。因此可以说，日本在福祉教育方面形成了完整的法律体系，其教学规定详细而具体。

在我国要想构建福祉社会，必须教育先行，必须走吸收、借鉴、消化、融合、创新之路，而迫在眉睫的是要尽快创办与组建福祉专业。根据我国实际情况来确立福祉教育方针，参照国外福祉办学经验来设置福祉课程，充实福祉教学内容，争取在若干年内形成福祉教学体系。笔者自 2017 年调往国内担任福祉研究工作，位卑未敢忘职责，在不足两年的时间里，通过学习与研究福祉理论，调查我国养老福祉的现状，并参照结合国外福祉教育之经验，于 2018 年初春为东北师范大学人文学院制定了《福祉技师学院教学纲要》，并于 2018 年冬季应邀无偿为海南国际高级福祉综合教育学院创办筹备委员会撰写了办学方案，现将草案与方案的主要内容公布如下，以资创办福祉专业之参考。

附　　录

附录1　福祉技师学院教学纲要

目前，我国已经进入到老龄化社会，兴办福祉教育，培养大批福祉服务人才，是我国应对老龄化社会之必需，是发展与完善我国社会保障事业与构建福祉社会，全面提升小康社会层次与提高社会文明尺度的重大举措，是我国进一步创新发展的必然选择。

据国家统计局资料显示：2016年60周岁以上的老年人口为2.3086亿，达16.7%，65周岁以上的人口为1.5003万人，占总人口的10.8%；预计到2020年，老年人口将达到2.48亿，其中80岁以上老年人口将达到3067万人；2025年，60岁以上人口将达到3亿。我国在世界上将成为超老年型国家，老年人口的增长不但迅猛，且基数大。为此，国家在"十三五"规划中提出要改革完善社会保障制度，积极应对人口老龄化；2016年国务院办公厅又发布了《关于全面放开养老服务市场提升养老服务质量的若干意见》（国办发〔2016〕91号），提出要提升养老服务质量，只有高质量的服务，才能满足当下养老服务的需求。

就笔者所任教的吉林省而言，预计2020年老年人口将达到665万，占全省人口23%以上。如何应对老龄化社会的到来，已经成为社会发展的重大课题，可谓形势严峻，任务紧迫。为此，吉林省政府提出：要建成以居家为基础，以社区为依托，以机构为支撑，功能完善、规模适度、覆盖城乡的社会养老服务体系，并计划形成具有吉林省特色的"9073"① 格局，建 10 个养老服务产业园，创 200 个知名养老企业，孵化 1000 个养老服务社会组织，提供 30 万个就业岗位。

老龄化社会问题的严峻，国家与地方政府出台的一系列政策措施，为福祉人才培养与福祉教育事业的发展提供了前所未有的机遇；而在大学里创建福祉专业，可谓是：适时而立，应运而生，势在必行，前景无限。

福祉服务人才培养的宗旨，在于增进民生福祉，促进和推动中国福祉事业的发展，满足社会需求，弥补养老服务专业人才的短缺，使我国养老福祉服务事业走向科学化、专业化、系统化。确立专业标准，起到垂范于世的作用。

一　专业性质与办学宗旨

首先，就学术性质而言，福祉属于应用科学，是一门横跨众多学科的综合研究实践领域；就专业性质而言，它主要包括两个方面：（1）理论研究；（2）实践技术培训。理论研究主要侧重于福祉社会的构建，有关社会福利与社会保障的法律法规，以及对福祉事业在运行过程中所出现各类问题的探讨；实践技术培训侧重于现场应用技术的指导，使培训人员通过临场、临床实习，系统地掌握福祉工作所需的各项技能。

福祉专业的性质隶属于福祉理论研究与福祉实践及技术培训范畴。其办学宗旨在于培养具有仁爱之心、高尚的道德品质；具备完整的福祉专业的基础知识，熟练掌握现场应用技术的中高级人才，为国家输送大批从事福祉事务咨询洽谈、老年介护、康复理疗、幼儿护理及儿童保健等现场的服务工作人员。福祉专业的办学方针大致可归结为以下三点：

（1）培养德才兼备、具有爱心，全面掌握的福祉技能的应用型人才。

（2）面向社会，服务于社会，以满足福祉事业发展需求为立教之本。

（3）采取中外交流、资源互补、产学联合、学用结合；实行国内教学与国外进修，课堂教学与基地实践相结合的办学方针。

按照习近平主席关于"努力培养数以亿计的高素质劳动者和技术技

---

① 即 90% 的老年人在家庭享受助餐、助浴、助洁、助急、助医等定制服务，7% 的老年人在社区享受日间照料，3% 的老年人在养老机构享受老服务。

能人才"（2014 年 6 月 23 日全国职业教育工作会议上的讲话）的指示精神，根据《"十三五"国家老龄事业发展和养老体系建设规划》、《国务院关于加快发展养老服务业的若干意见》（国发〔2013〕35 号），以全面改善养老福祉环境与条件为准绳，以精心培养福祉事业服务人才、技师为教育目标，以老年介护、医疗护理、心理咨询、康复理疗、体育健身、休闲旅游、文化娱乐、养老设施运营、养老福祉事业企划等项目为课程主体，创建大学福祉专业，实行产学联合，中外结合。在教学上采取请进来（邀请国外专家、教师来华授课），走出去（派遣学员赴海外进修、留学）等办法，广泛借鉴国外经验，利用国内外养老福祉设施进行研修实习，培养学员的临场实践能力。同时，吸收社会财力、人力资源，逐步完善组织行政管理机构、完善教学体制，调整、充实教师队伍，加强国际交流，编写福祉专业各个门类课程所需的教材，将福祉专业打造成融社会学、人文学、心理学、健康养生学、文化学、经营学等众多学科为一体并相互交叉的、以社会实践为主体的综合性专业，为全国输送大批既有高尚情操又有爱心，既有理论又有实践经验，全面掌握福祉知识的服务型人才。

二 教育方针与培养目标

以培养掌握福祉工作所需知识与服务技能的应用型人才为施教之根本，以市场需求与就业为导向，面向社会、面向广大农村招收学员。根据构建福祉社会的实际需要，灵活地调整课程设置与内容，以社会实践为主，理论讲解为辅；采取白天课程与晚间课程、网络教学与课堂教学相结合，边工作边学习等方式，并安排赴国内外临场实习，培养学员的实际工作能力与技能，为社会输送大批从事福祉工作的高素质的人才。

按照国家职业分类和职业技能标准，以培养具有高尚的道德情操与爱心，具有强烈的敬业精神与工匠精神，具有丰富的临场经验与扎实的理论基础，熟练掌握福祉专业技能的初级·中级·高级社会福祉士、老年福祉介护士、中医康复理疗士、幼儿·儿童保育员等应用型人才为目标，经过严格培训，考核成绩合格者，发放职业资格证书。

根据专业及培训内容聘请校内外专家教授、讲师担任课程。在传授现代福祉思想·介护技术的基础上，融合我国传统的尊长爱幼的孝道文化思想及中医中药、养生之道，根据不同对象，提供不同方式的教学服务。采取学用结合、临场实践、海外短期研修、派遣留学等方式，开阔学员的眼界，丰富技能实践经验。福祉服务人才培养专业应根据学员的需求，设立短期、中期、长期培训课程，实行灵活变通、切实有效的教学程序，在短期内培养出在养老机构、社区服务、康复设施、理疗诊所等单位从事现场工作的应用型人才。

三　实施细则与教学安排

（一）学制及培训期限

福祉专业属于学历教育，学制为四年；而福祉技师培训目前仍属于非学历教育，学制与培训期限暂定为三年。学员及培训人员在三年内修满学分，经考核成绩优秀者，可获得由福祉技师学院颁发的结业及专业资格证书。除此之外，学院还开设短期培训课程，期限为三个月、半年、一年、两年，培训人员可根据实际需要选择进修时间，并按照学院规定选修课程。进修结束时，经考核成绩合格者，可获得研修合格证书。根据学员及培训人员的需要，学院将开设海外研修实习项目，经过语言培训，达标者可选送到日本高等教育机构福祉专业、福祉专门学校、养老机构、康复理疗机构、幼儿·儿童抚育机构，从事进修实习工作，或编入日本大学福祉专业攻读学位。

（二）职业类别及培养项目

为了实现总则所规定的培养目标，学制设置暂定为三年。在三年期间内，将开设四大职业培训项目（见附图1—1）

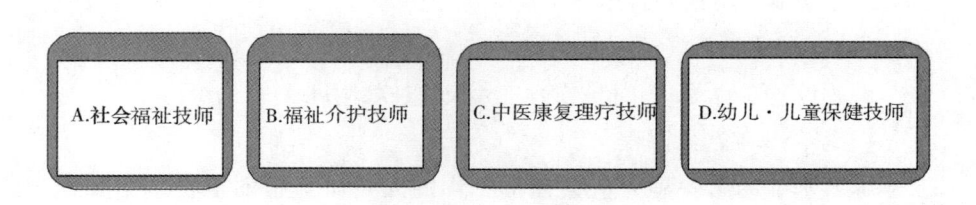

| A.社会福祉技师 | B.福祉介护技师 | C.中医康复理疗技师 | D.幼儿·儿童保健技师 |

附图1—1　职业培训项目

A. 社会福祉技师

社会福祉技师主要是培养在政府部门、养老机构、社区从事福祉工作的员工。国外对于这一行业的要求标准较高，一般须经过国家考核，合格者被授予福祉士称号，具备此资格方能从事福祉事业工作。我国目前尚未建立完整的福祉事业体系，不过，随着小康社会的实现，福祉事业将取得迅速的发展，我国将大量需要掌握福祉知识及技能的工作人员。设立社会福祉技能专业，目的在于未雨绸缪，为今后各级福祉机构、养老部门培养输送具有咨询答疑、协调安置、心情抚慰等能力，及具备参与养老机构、福利机构的运营、管理、活动企划等工作能力的人才。

B. 福祉介护技师

我国老龄人口已经达到2.5亿，老人的福祉介护工作已成为一大产业。不过，目前居家养老与养老机构（养老院、敬老院等）皆需大量经过介护技能培训的工作人员。本学院设立福祉介护培训专业，其目的在于为社会培养具备福祉基本知识，能娴熟地掌握运用介护技术的工作人员，使得我国养老介护行业逐步走向正规化、科学化、体系化。

C. 中医康复理疗技师

发扬中医传统及养生之道，将现代理疗技术与传统医术相结合，培养学员能够熟练地运用康复理疗器械，并能基本通晓中医理论、经络、脉络之说，系统地掌握按摩、刮痧、拔罐、理疗等技术，为社会培训正规的康复理疗技师。

D. 幼儿·儿童保健技师

通过培训，使学员了解幼儿·儿童的发育特征、心理特征，掌握幼儿保健与儿童教育的基本知识。能够承担幼儿·儿童的营养保健、体能训练、手工制作、绘画音乐等工作。

（三）课程设置

课程设置总计为95门，分为三大板块，如附图1—2所示。

1. 综合基础选修课程

综合基础选修课程为从事福祉工作的人员所必备的福祉基本知识，学员及培训人员可根据所学专业进行选修。各年级的课程设置与教学安排，另有细则规定，在此不便列举。

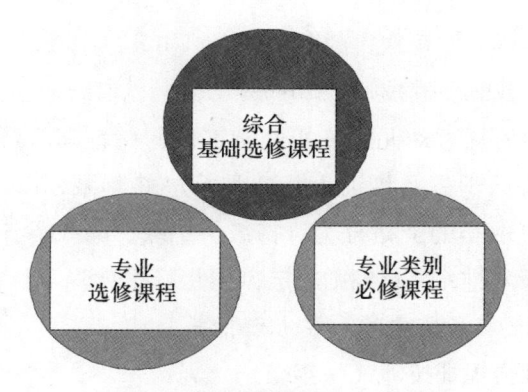

附图1—2　课程设置的三大板块

2. 专业选修课程

专业选修课为从事福祉工作的人员所必备的专业知识与技能，学员及培训人员可根据所学专业而进行选修。各年级的课程设置与教学安排，另有细则规定，在此不便列举。

3. 专业类别必修课程

专业类别必修课是根据不同专业设置的必修课程，分为 ABCD 四类。学员与培训人员根据所选择的专业、希望获得的资格来申请报课。各年级的课程设置与教学安排，另有细则规定，在此不便列举。

A 类社会福祉技师

A 类是培养从事社会福祉事业的工作人员，即社会福祉技师。按照学员及培训人员的学习进修年限及所选的课程、学时、学分，可取得的资格分为：初级、中级、高级。

B 类福祉介护技师

B 类是培养从事老年介护工作的专职人员，即老年福祉介护技师。按照学员及培训人员的学习进修年限，以及所选的课程、学时、学分，可取得的资格分为：初级、中级、高级。

C 类中医康复理疗技师

C 类是培养从事中医康复理疗工作的技师，其中包括对中医理疗器械的了解运用与掌握，中医按摩技术，中医理疗疗法，中医拔罐、刮痧及中医养生等多种科目，按照学员及培训人员的学习进修年限，以及所选的课程、学时、学分，可取得的资格分为：初级、中级、高级。

D类幼儿・儿童保健技师

D类主要培养从事幼儿园、托儿所工作的保育人员及从事儿童保健工作的技师。按照学员及培训人员的学习进修年限，以及所选的课程、学时、学分，可取得的资格分为：初级、中级、高级。各类及各年级的课程设置与教学安排，另有细则规定，在此不便列举。

（四）获取资格所需学时・学分及条件

A类初级社会福祉技师（一年级）

除了必须修满必修课程108学时6学分之外，尚需在综合基础选修课程中选修4门课程，使其学分达到10学分，方能授予初级社会福祉技师资格。

A类中级社会福祉技师（二年级）

在修满初级社会福祉技师（一年级）所需的10学分的基础上，除了须修满必修课程72学时4学分之外，尚需在综合基础选修课程或专业选修课程中选修4门课程，使其学分总计达到18学分以上，方能授予中级社会福祉技师资格。

A类高级社会福祉技师（三年级）

在修满28学分的基础上，除了须修满必修课程56学时4学分之外，尚需在综合基础选修课程或专业选修课程中选修1门课程，使其学分总计达到34学分以上，方能授予高级社会福祉技师资格。

B类初级福祉介护技师（一年级）

除了必须修满必修课程72学时4学分之外，尚需在综合基础选修课程中选修2至3门课程，使其学分达到6学分以上，方能授予初级福祉介护技师资格。

B类中级福祉介护技师（二年级）

在修满初级福祉介护技师（一年级）所需的6学分的基础上，除了须修满必修课程72学时4学分之外，尚需在综合基础选修课程或专业选修课程中选修1—2门课程，使其学分总计达到11学分以上，方能授予中级社会福祉技师资格。

B类高级福祉介护技师（三年级）

在修满11学分的基础上，须参加海外研修实习或国内研修实习及讲座，须修满必修课程 38 学时 3 学分，使其学分总计达到 14 学分以上，方能授予高级福祉介护技师资格。

C 类初级中医康复理疗技师（一年级）

除了必须修满必修课程 108 学时 6 学分之外，尚需在综合基础选修课程或专业选修课程中选修 2 至 3 门课程，使其学分达到 8 学分以上，方能授予初级中医康复理疗技师资格。

C 类中级中医康复理疗技师（二年级）

在修满初级中医康复理疗技师（一年级）所需的 8 学分的基础上，除了须修满必修课程 72 学时 4 学分之外，尚需在综合基础选修课程或专业选修课程中选修 1 至 2 门课程，使其学分总计达到 13 学分以上，方能授予中级中医康复理疗技师资格。

C 类高级中医康复理疗技师（三年级）

在修满 13 学分的基础上，须参加海外研修实习或国内研修实习及参加讲座课，须修满必修课程 38 学时 3 学分，使其学分总计达到 16 学分以上，方能授予高级中医康复理疗技师资格。

D 类初级幼儿·儿童保健技师（一年级）

除了必须修满必修课程 144 学时 8 学分之外，尚需在综合基础选修课程或专业选修课程中选修 2 至 3 门课程，使其学分达到 10 学分以上，方能授予初级幼儿·儿童保健技师资格。

D 类中级幼儿·儿童保健技师（二年级）

在修满初级幼儿·儿童保健技师（一年级）所需的 10 学分的基础上，除了须修满必修课程 108 学时 6 学分之外，尚需在综合基础选修课程或专业选修课程中选修 1 至 2 门课程，使其学分总计达到 17 学分以上，方能授予中级幼儿·儿童保健技师资格。

D 类高级幼儿·儿童保健技师（三年级）

在修满 17 学分的基础上，须参加海外研修实习与国内保育实践与指导，须修满必修课程 36 学时 2 学分，使其学分总计达到 19 学分以上，方能授予高级幼儿·儿童保健技师资格。

（五）学分获得条件与培训资格

每学期出席率应达到 2/3，考试考核成绩不得低于 60 分。除此之外，为了满足社会需求,本学院将开设各类短期综合与单项培训,根据实际需要,培训课程时间定为:1个月、2个月、3个月、6个月,根据培训时间调整课程项目与内容,经过考核授予培训证书。

以上各类专业获取资格所需的学时、学分等均为暂定,经讨论协商后,可再行确定。另外,各类短训班、进修班可根据培训学员之所需而开设课程,培训进修不足一年者,经考核可发放培训进修证书。

(六)课程讲义(内容·目的·学时等)范例(1)(见附表1—1)

附表1—1　　课程讲义(内容·目的·学时等)范例(1)

课程题目:咨询谈话礼仪与洽谈技术
【讲义的梗概与授课目的/ Outline and objectives】
尊重谈话对象者的尊严与人权,咨询谈话时须讲究礼仪、礼貌。谈话及沟通意识是处理维系对人关系的重要环节,亦是人与社会沟通的纽带。谈话、商谈方式与技巧的好坏,直接影响对话者的情绪与心情;既可为谈话对象减压、解除忧虑,又会使对方感到压力,失去生活信心。本讲义在介绍前人研究成果的基础上,将对咨询谈话礼仪与技巧进行讲解、演练,以期学员掌握咨询商谈时的礼仪与谈话技巧。
【讲义要达到的目标/ Goal】
通过讲义使学员了解关于交流与意识沟通时的礼仪与咨询谈话技巧,提高学员的礼仪与交流谈话的技能。
【授课进度与方法 / Method(s)】
(1)介绍该领域的研究成果,提出问题,师生互相探讨。
(2)一边使用视频资料,一边讲解要点,使学员了解咨询谈话时的礼仪与谈话技巧。
(3)为了提高学员的对人交流的技能水平,对于应该如何理解掌握咨询礼仪与谈话技巧等问题,与学员共同讨论。
【课程计划 / Schedule】

次数/ No.	题目 / Theme	内容 / Contents
第1次	咨询谈话及与人交流的礼仪、技巧概述	讲义导入
第2次	衣着与表情	交流与咨询谈话的基础知识
第3次	身体动作	交流与咨询谈话的基础知识
第4次	空间行动	交流与咨询谈话的基础知识
第5次	应用＝感情控制论、交流、交涉要领	交流与咨询谈话的应用
第6次	言语行为论·协调原则	语言交流的基础知识
第7次	礼仪、礼貌、客气、文雅	语言交流的基础知识

续表

次数/ No.	题目／Theme	内容／Contents
第8次	（1）文明礼貌的传统与规则；（2）应用＝对话分析	语言交流的基础与应用
第9次	面谈·交涉	短期的印象形成基础
第10次	发表见解	短期的印象形成基础
第11次	民族·阶级	人的交流与社会的关系
第12次	性别差异·辈分	人的交流与社会的关系
第13次	语言论的转换	语言交流的展开
第14次	语言交流的行为	语言交流的展开
第15次	礼仪与敬语、自谦语的表达方式	礼仪与语言表达的应用
第16次	语言实习演练	语言表达的应用
第17次	礼仪形体演练	礼仪的应用
第18次	考核	现场演练评比

【课堂外学习（预习·复习·作业等）/Work to be done outside of class（preparation, etc.）】
每堂课前布置参考书及参考资料，学员须预习上课内容。课后教师出思考题，学员可在网页上查询后，进行解答。

【教材及参考资料/Textbooks】
尚无教材，参考资料在课堂上发给学员。

【成绩评定方法与标准/Grading criteria】
（1）递交两次研究报告书（占评价分数的30%）。
（2）定期考试（占评价分数的50%）。
（3）学习姿态、出席率、回答问题等（占评价分数的20%）。

（七）课程讲义（内容·目的·学时等）范例（2）

附表1—2　　课程讲义（内容·目的·学时等）范例（2）

课程题目：社会福祉
【讲义概要与教学目的／Outline and objectives】
通过讲义使学员了解什么是社会福祉。通过有关福利政策、养老政策的比较与福祉事业的沿袭变革的介绍，使学员加深了解社会福祉的重要性与意义。
【课程要达到的目标／Goal】
使学员掌握社会福祉的基本概念、福祉知识及社会福祉工作技能。
【讲义的进度与授课方法／Method（s）】
讲义以教材内容为主，并参照其他资料。进度按照教材内容及参照课题研究来。重要部分通过屏幕显示进行讲解，学员须将要点记录下来。关于学术专业用语，学员不必死记硬背，需要切实理解其含义，重在运用。

续表

【讲义具体安排 / Schedule】

次数 / No.	题目 / Theme	内容 / Contents
1	A 什么是社会福祉？ B 小康社会与社会福祉的关系	以理解社会福祉基本知识为主进行讲解
2	什么是社会福祉政策？	了解社会福祉的基本知识
3	具有中国特色的社会主义社会福利政策与法规	了解中国社会福利事业的法律法规
4	社会福祉所具有的社会补助功能与社会保障效益	了解党与政府的社会政策及社会福祉的作用
5	开展社会福祉事业的必要性与紧迫性	加深对福祉事业的理解
6	社会福祉事业的历史回顾（1）	了解西方的慈善事业与救贫的历史
7	社会福祉事业的历史回顾（2）	了解日本的福祉历史
8	中国福祉事业的回顾	了解儒家的民本思想与管子的九惠之教
9	新中国诞生后与改革开放40多年来的福利事业与社会保障事业发展	加深了解党的福利政策与社会保障政策
10	如何建立国家福祉体系	了解国家福祉事业所面临的课题及探讨如何借鉴国外福祉事业的经验
11	社会福祉的服务对象	加深对社会福祉专业性质的认识
12	社会福祉工作须具备的知识与技能	了解从事社会福祉工作的所必备的知识与工作技能
13	社会福祉工作演练与指导Ⅰ	政策法规咨询答疑
14	社会福祉工作演练与指导Ⅱ	与福利、社会保障部门的沟通与洽谈
15	社会福祉工作演练与指导Ⅲ	养老机构的运营与规划
16	老年人养生与文化娱乐活动	培养组织与养生、文化娱乐活动的能力
17	研修与实习	通过研修与实习，培养学员的实际工作技能
18	考核与评定	

【课外时间学习安排（预习・复习・作业等）/ Work to be done outside of class (preparation, etc.)】
课前须研读教材，课后要复习、思考课题、完成作业。

【教材 / Textbooks】
由担任课程教员指定。

【成绩评定方法与标准 / Grading criteria】
①考核方法　笔试与现场表演；
②判分标准　根据对讲义内容的理解与实际应用的能力程度，进行打分。

注：每门课程皆有授课范例与标准，在此恕不列举。

附录2 海南国际福祉教育学院设立方案*

一 海南的四个战略定位与学院发展定位

习近平主席在海南考察时强调指出：海南作为全国最大的经济特区，后发优势多，发展潜力大，要以海南国际旅游岛建设为总抓手，闯出一条跨越式发展路子来，争创中国特色社会主义实践范例，谱写美丽中国海南篇章。

根据习近平主席的指示精神，国务院制定了《关于支持海南全面深化改革开放的指导意见》）（以下简称《指导意见》）。在这份指导意见中明确指出："在中国特色社会主义进入新时代的大背景下，赋予海南经济特区改革开放新的使命，是习近平总书记亲自谋划、亲自部署、亲自推动的重大国家战略，必将对构建我国改革开放新格局产生重大而深远影响。"指导意见充分说明了党中央与政府对于海南发展的高度重视。同时，《指导意见》为海南的发展绘制了蓝图，确立了海南的四个战略定位。

(1) 全面深化改革开放试验区；
(2) 国家生态文明试验区；
(3) 国际旅游消费中心；
(4) 国家重大战略服务保障区。

上述四个战略定位，为海南的发展建设指明了方向，而国际高级福祉综合教育学院的设立，既符合于海南的发展战略，同时又基于海南发展的三大特点与发展目标：

(1) 将海南打造成世界最大贸易港；
(2) 将海南建成国际旅游消费中心；
(3) 根据海南优美的自然环境，将海南打造成科学养生基地。

明确定位，实现上述三大战略发展目标的关键，在于迅速培养大批人才。《指导意见》中明确指出：

---

* 此方案应海南国际福祉教育学院筹建委员会之邀而作。

创新人才培养支持机制。鼓励海南充分利用国内外优质教育培训资源，加强教育培训合作，培养高水平的国际化人才。支持海南大学创建世界一流学科，支持相关高校培育建设重点实验室。鼓励国内知名高校和研究机构在海南设立分支机构。完善职业教育和培训体系，深化产教融合、校企合作，鼓励社会力量通过独资、合资、合作等多种形式举办职业教育。鼓励海南引进境外优质教育资源，举办高水平中外合作办学机构和项目，探索建立本科以上层次中外合作办学项目部省联合审批机制。支持海南通过市场化方式设立专业人才培养专项基金。完善促进终身教育培训的体制机制。

国际福祉教育学院的创立，完全符合这一指示精神，可谓是：按照国务院部署，根据海南发展需要，乘势而上，应运而生。

二 创办意义

首先，国际福祉教育是由众多学科所组成的跨国界的社会应用科学，它囊括了科学养生福祉、文化娱乐养老福祉、康复理疗福祉、儿童健康福祉、旅游文化福祉等几大领域；是对人生全方位的呵护；它关乎于人生的全过程，即：生、长、壮、老、已；衣、食、住、用、行十大方面。

通过培养具有高度专业知识的应用型人才，来支撑上述领域的发展，将海南打造成福祉事业高度发展的样板，确立国际高级福祉综合教育的标准，争取在全国起到率先垂范的作用。

受党中央与国务院政策之泽惠，在自然环境优美的海南省筹建国际高等福祉综合教育学院，可谓是：占天时地利之优势，应社会与时代之所求，机遇难得，前景广阔。

三 市场需求

据国家民政部统计，截至2017年底全国60周岁以上的老年人口数量为2.4亿，占总人口的17.3%；儿童人口数量约为2.71亿，占全国人口总数的20%，世界儿童人口总数的13%。

目前我国科学养生与养老事业发展迅猛，各地纷纷组建养生机构与养老设施。然而，从事科学养生、文化养生与科学养老福祉工作，具有高度专业知识与文化涵养的人才却极为短缺，而且在管理运营上，专业化与人性化程度不高，经验不足。据统计，我国需要从事福祉服务的专业人才高达3000多万人。

此外，随着独生子女政策的解除，基数较大的我国儿童人口将会逐年递增，在胎教与母婴护理，儿童教育与智力开发等方面，仍然需要大量的专业人才。

上述一老一小，加之各行各业的竞争激烈，中年人负荷过重，造成各种心理压力与身体不适，而通过心理疏导，为其排忧解难，减压释负，亦属于社会福祉服务之范畴。

同时，为了将海南建成国际旅游消费中心，亦需要培养大批具备外语技能、旅游专业知识与旅游文化素养的人才。

鉴于以上诸点，兴建国际福祉教育学院，参照在世界上享有盛誉的日本福祉教育模式，设置相关课程，培训专业人才，打造世界级的福祉服务品牌，构筑庞大的福祉产业链，不仅是社会与时代发展之需求，而且市场巨大，前途无量。

四　创办理念与参照蓝本

（1）弘扬敬业之精神，明确学校的定位与发展方向，打造特色专业，引入国外先进经验，创出世界一流职业教育品牌，确立职业培训标准，以实现跨越式的发展。

（2）走国际化办学之路，以日本福祉教育为蓝本，利用日本教学资源，实行中日联合办学，合作办学。采取请进来（聘请日本福祉领域的专家，教授，讲师与部分管理人员），走出去（派遣学生赴日本研修，实习，攻读学位，扩展海外就业机会）的方针，提高办学质量，扩大影响，为顺利开展招生与就业工作奠定基础。

（3）吸收日本福祉教育的成功经验，借船出海。众所周知，日本为我国近邻，两国只有一海之隔，文化交流历史久远。日本早在30年前就进入高龄社会，在养老福祉事业上取得了举世瞩目的成就。据世界卫生组织最新调查结果表明，日本的医疗服务与社会福祉服务水平高居世界榜首。日本的社会福祉事业已经实现了社会化、组织化、专业化、科学化与预防化。而在福祉教育方面，日本经过 30 余年的飞速发展，已经建立了完整的福祉教育体系。据日本文科省统计数据显示：日本全国大学总数为 782 所，其中福祉系统的大学为 262 所，设有福祉学部的大学及短期大学共计 394 所，占大学总数的一半以上。福祉专门学校（专科）为 271 所，福祉系统高中为 119 所。另外，国家指定的保育士培养设施为 641 所，社会福祉干部培养设施为 43 所，社会福祉士培养设施为 65 所，介护福祉士培养设施（各类专门学校）高达 487 所。由此可见，日本对于福祉教育的重视程度。2008 年为了规范福祉教育，日本文科省与厚生省联合颁布了《确定关于社会福祉科目的省令》，并于 2011 年又颁布了对省令的修改案，详细地规定了社会福祉教育的理念与方针，以及各大学与福祉教育机构在培养社会福祉与介护福祉人员时，须设的基本课程与主要课程。除此之外，日本各福祉大学与福祉学部及福祉专科学校在其创办过程中，根据社会需求，不断调整办学方向，形成了各具特色的办学方针，办学理念与办学特色。日本高度发达的福祉教育，为我们创建国际高等福祉综合教育学院提供了可参照的蓝本，可借鉴之处甚多。因此与日本福祉教育机构合作，共同办学，当为正在筹建的海南国际福祉教育学院之首选。目前，经过联系磋商，已有几所日本大学与福祉机构表明了合作办学意向。

（4）国际高等福祉综合教育学院的创立，不能沿袭旧的套路，要根据社会需求，切合实际地兴学办学。目前，海南乃至于全国所急需的人才，是大批具有爱心，具备实际操作技能的工作人员。根据福祉服务的专业特点（重视实践，重视技能，重视临场经验），这些工作人员的学习年限可设置本科教育（四年制）、专科教育（三年制）、职业培训教育（两年制）及各种短期培训。经过基础教育与培训后，可派往日本实习、留学，在日本攻读硕士、博士学位。

五　专业设置

（1）科学养生与文化养生福祉专业；

（2）科学养老与文化养老福祉专业；

（3）婴儿护理与育婴保健专业；

（4）儿童福祉与学前教育专业；

（5）老龄人与亚健康人的康复理疗专业；

（6）旅游度假文化福祉服务专业；

（7）福祉经营与管理专业；

（8）情报处理与IT专业；

（9）外语（双语）教育专业；

（10）美术、音乐、影像专业。

注：各专业的内涵与课程设置另行制定。

六　设置福祉用品研发中心

实现产学研一体化，校企一体化；以产养学、以学促研、以研带产，打造福祉产业链条，采取多种经营方式，扩大赢利点，创立学校与企业共创利润，双收共赢的模式。为此，拟立以下研发项目。

（1）养老院，社区养老，居家养老，智能养老的用品研发。

（2）胎教，育婴，儿童智力用品的研发。

（3）营养保健食品与营养保健药品的研发。

（4）康复理疗机械器具的研发。

上述研发项目将引进日本的技术资源，采取与日本福祉用品研发机构、制造企业合作的方式，联合开发、联合生产。

七　建设实习基地

（1）兴建具有国际标准的高端养生、养老、度假旅游设施，为社会提供福祉服务，同时为学生提供实习场所，并提供内部就业机会。

（2）改造或兴建具有海南特色的候鸟式养老公寓，居家养老设施，打造新型养老模式，实现房地产业的调整与转型，创造新的房地产开发模式，增加新的赢利点。

（3）兴建具有国际标准的育婴设施，幼儿与儿童智力开发与培育设施，购置外语，音乐，美术，影像教学所需器材。

（4）兴建康复理疗中心。为社会提供康复理疗服务，同时为学生提供实习场所，实现实习与创收并举。

八　合作办学的具体实施步骤

（1）立项与制定发展规划。

（2）确定合作对象，使学校具有国际化特点。目前已联系并有合作意向的日本福祉机构有：

　　A. 设福祉学部的日本地方大学；

　　B. 日本康复理疗大学；

　　C. 日本福祉专门学校；

　　D. 日本养老机构与育婴及儿童教育机构等。

（3）按照学校的办学理念与专业特点，由企业负责投资，组织设计并营建教学设施，研发设施，实习基地，母婴护理与幼儿教育，智力开发设施，学生宿舍与生活设施。

（4）由海南省绿岛养生科学与旅游医学研究院负责设计、组建国际高等福祉综合教育学院，由筹备委员会负责聘请国内外富有教育经验的学者与专家，组建强有力的学校领导团队，搞好顶层设计，制定中长远发展规划，明确分工与职权范围，制定学校管理运营规则。由组建后的学院领导团队负责组建专业教师队伍，制定教学大纲与课程设置。

附录3　海南国际福祉教育学院教学大纲（部分草案）

总　则

一　学院的性质与办学宗旨

按照党中央与国务院制定的海南发展战略，由海南省国际福祉教育学院筹备委员会负责组建国际福祉教育学院。学院的性质属于国际合作办学。办学资金由企业投资与海南省政府提供帮助；由海南省国际福祉教育学院负责组织教学与行政管理；由海南省教育厅、民政厅等负责指导与监督。为了组建工作的顺利开展,特拟定此教学大纲,确立办学与教育方针及培养目标。

首先,就学术性质而言,福祉教育属于应用科学,是一门横跨众多学科的综合研究实践领域;就专业性质而言,它主要包括两个方面:一是理论研究;二是实践技术培训。理论研究主要侧重于福祉社会的构建,有关社会福祉与社会保障的法律法规,以及对福祉事业在运行过程中所出现各类问题的探讨;实践技术培训侧重于现场应用技术的指导,使培训人员通过临场、临床实习,系统地掌握福祉工作所需的各项技能。

组建国际福祉教育学院的专业性质隶属于福祉理论研究与高等福祉职业技术培训范畴。其办学宗旨在于培养具备福祉专业的基础知识,文化素养深厚,熟练掌握现场应用技术的中高级人才,为海南省及国家输送大批从事福祉事务咨询洽谈、科学与文化养生、老年养生与介护、康复理疗、幼儿护理及儿童保健、儿童教育与智力开发、旅游文化服务、福祉经营管理等现场工作人员。

二 办学方针

根据上述办学宗旨,组建国际福祉教育学院的办学方针大致可归结为以下三点:

(1) 培养德才兼备、具有爱心,全面掌握高等福祉服务技能的应用型人才。

(2) 立足于海南,面向于世界,服务于社会,以满足我国福祉事业发展需求为立教之本。

(3) 实行中外合作办学、资源互补、产学联合、学用结合;国内教学与国外留学进修,课堂教学与基地实践相结合的办学方针。

按照习近平主席关于"努力培养数以亿计的高素质劳动者和技术技能人才"(2014年6月23日全国职业教育工作会议上的讲话)的指示精神,以党中央与国务院海南发展战略为准绳,以构建海南科学养生、文化养老、健康管理、育婴及儿童教育、旅游文化等福祉教育体系为方向,以精心培养福祉事业高等服务人才、技师为教育目标,以科学养生、养老介护、医疗护理、心理咨询、康复理疗、体育健身、休闲旅游、文化娱乐、福祉设施运营、福祉事业企划等项目为课程主体，走中外合作办学、资源互补、产学联合之路。在教学上采取请进来（邀请国外专家、教师来院授课），走出去（派遣学员赴海外进修、留学）的办法，广泛借鉴国外经验，利用国内外福祉设施进行研修实习，培养学员的临场实践能力。同时，吸收社会财力、人力资源，逐步完善组织行政管理机构、教学体制，组建优秀的教师队伍，创办世界一流福祉专业，制定标准，编写各个专业所需的教材，将国际福祉教育学院，打造成一座在海南省乃至于全国起到率先垂范作用的福祉教育培训基地，打造成为全国输送大批既有理想又有爱心，既有理论又有实践经验，全面掌握福祉服务技能人才的平台。

三　教育方针

以培养掌握高等福祉服务专业知识与高等技能的应用型人才为宗旨，以市场需求与就业为导向，面向全国招收学员。根据培训人员的实际需要，灵活地调整课程设置与内容，以课堂理论学习与临场实践为主，采取网络教学与课堂教学相结合等多种方式，并安排赴国内外临场实习，培养学员的实际工作能力与技能，为社会输送大批从事福祉工作的高素质的人才。

四　培养目标

按照国家职业分类和职业技能标准，国际高等福祉综合教育学院以培养具有高尚的道德情操与爱心，具有强烈的敬业精神与工匠精神，具有丰富的临场经验与扎实的理论基础，熟练掌握福祉专业技能的高级服务人才、应用型人才为目标。

五　办学特色

根据专业及培训内容聘请国内外专家教授、讲师担任课程。在传授现代福祉知识、福祉服务技术的基础上，融合我国文化之精髓，根据不同对象，提供不同方式的教学服务。采取学用结合、临场实践、海外短期研修、派遣留学等方式，开阔学员的眼界，丰富技能实践经验。根据社会需求，设立本科、专科教育，设置短期、中期、长期培训课程，实行灵活变通、切实有效的教学程序，为海南省及全国培养出大批福祉事业所急需的理论与实践相结合的应用型人才。

细　　则

一　学制及培训期限

按照国际高等福祉综合教育学院的创办宗旨，学制暂定为本科四年、专科三年；各种培训期限可根据需要灵活设置。学员及培训人员修满学分，经考核成绩优秀者，可获得由国际高等福祉综合教育学院颁发的毕业及专业资格证书。除此之外，学院还开设各种短期培训课程，期限为三个月、半年、一年、两年，培训人员可根据实际需要选择进修时间，并按照学院规定选修课程。进修结束时，经考核成绩合格者，可获得研修合格证书。根据学员及培训人员的需要，学院将开设海外研修实习项目，经过语言培训，达标者可选送到日本高等教育机构福祉专业、福祉专门学校、养老机构、康复理疗机构、幼儿·儿童抚育机构、旅游文化教育机构，从事进修实习工作，或编入日本大学福祉专业攻读学位。

二　职业类别及培养项目

为了实现总则所规定的培养目标，本学院学制设置基本为四年或三年，将开设七大职业教育科目与两大基础教育科目。

职业教育科目

（1）科学养生与文化养生福祉技师；

（2）婴儿护理与育婴保健师；

（3）儿童学前与智力开发技师；

（4）老龄人与亚健康人的康复理疗技师；

（5）旅游文化服务技师；

（6）福祉经营与管理师；

（7）情报处理与IT设计师。

基础教育科目

（1）外语（双语）教育；

（2）中外文化（包括美术、音乐、影像等）涵养教育。

注：职业类别及培养项目的具体解释，另行制定。

三　课程设置

课程设置总计为 95 门，分为三大板块，如附图 3—1 所示。

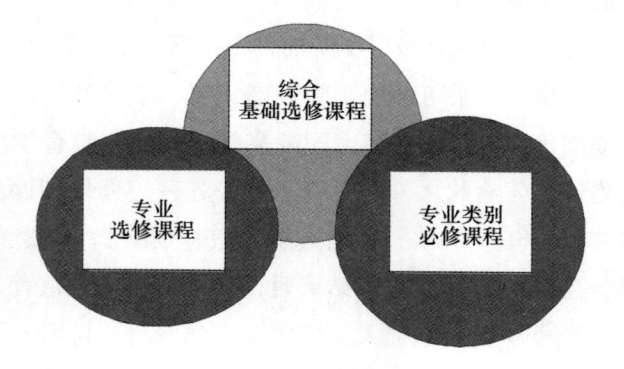

附图 3—1　课程设置的三大板块

（一）综合基础选修课程展示

（1）现代福祉基础理论；

（2）福祉运营与政策法规；

（3）科学养生基础理论；

（4）科学养老与介护基础知识；

（5）健康诊断与评估；

（6）咨询谈话礼仪与洽谈技术；

（7）健康体育与文化活动；

（8）育婴与婴儿保健；

（9）儿童学前教育与智力开发；

（10）旅游文化基础知识；

（11）电脑基本操作与情报处理；

（12）福祉实用外语。

（二）部分专业必修课程展示

（1）社会福祉援助技术总论；

（2）人体生理学；

（3）临床心理学；

（4）认知症与护理技术；

（5）介护基础理论；

（6）介护技术；

（7）康复理疗器械；

（8）中医康复与中医理疗；

（9）养生与文化娱乐；

（10）儿童食品保健与营养；

（11）幼儿、儿童心理学；

（12）儿童教育方法论；

（13）福祉机构经营与企划；

（14）旅游与旅游文化；

（15）精神保健与音乐疗法；

（16）中外美术与音乐教育；

（17）海外实习与指导；

（18）国外研修文化语言讲座；

（19）保育实践与指导。

四 未来设想

利用海南特有的自然环境与国家的优惠政策，迅速创建海南国际福祉教育学院，争取在几年之内获得跨越式发展，为打造世界一流福祉综合教育机构奠定基础。同时，逐步充实完善组织建设与教师队伍建设，根据需要调整课程设置，编写系统教材，逐步扩大招生，在国内创出品牌，制定行业标准，将海南国际高等福祉综合教育学院打造成一处名副其实的职业教育基地。

2018 年 10 月 1 日

参考文献

杨凤娟：《英国社会保障制度的发展》，中国劳动社会保障出版社2004年版。

陈晓律：《英国福利制度的由来与发展》，南京大学出版社1996年版。

陈蒙蒙：《美国社会保障制度研究》，江苏人民出版社2008年版。

李超民：《美国社会保障制度》，上海人民出版社2009年版。

王翔：《北欧国家社会福利制度的观察与思考》，《财经论丛》2003年第6期。

阎安：《瑞典的社会福利制度及其特点》，《科学·经济·社会》2006年第1期。

谢琼：《瑞典福利制度的调整及其影响因素》，《国家行政学院学报》2015年第1期。

高鉴国、黄智雄：《社会福利研究》第1辑，中国社会出版社2009年版。

乔恩·威特：《社会学的邀请》，林聚任等译，北京大学出版社2008年版。

迈克尔·休斯、卡罗琳·克雷勒：《社会学和我们》，周扬、邱文平译，上海社会科学出版社2008年版。

乔治·瑞泽尔：《当代社会学理论及其古典根源》，杨淑娇译，北京大学出版社2005年版。

莫拉莱斯等主编：《社会工作：一体多面的专业》，顾东辉等译，上海社会科学院出版社2009年版。

［日］秋山智久监译：《ソーシャルワークの価値と倫理》，中央法规出版

社 2001 年版。

［日］川田誉音译：《ソーシャルワークとは何か》，川島書店 1986 年版。

彼得·辛格：《Practical Ethics》，剑桥大学出版社 1979 年版。

彼得·辛格：《实践伦理学》，刘莘译，人民出版社 2005 年版。

［日］松村洋子编：《欧美社会福祉的历史与展望》，日本放送（广播）大学振兴会 2011 年版。

［日］金子光一：《社会福祉之历程：社会福祉思想轨迹》，有斐阁アルマ 2017 版。

日本密涅瓦书房编辑部编：《社会福祉小六法》2017［平成 29 年版］，密涅瓦书房 2017 年版。

［日］冈村重夫：《社会福祉原论》，日本全国社会福祉协议会 1983 年版。

［日］古川孝顺：《社会福祉的运营》，有斐阁 2001 年版。

［日］古川孝顺、庄司洋子、定藤丈弘：《社会福祉论》，有斐阁 1993 年版。

［日］冈村重夫：《全订 社会福祉学》（总论），柴田书店 1968 年版

［日］平冈公一、杉野昭博、所道彦、镇目真人：《社会福祉学》，2011 年。

［日］岩田正美、武川正吾、永冈正己、平冈公一编：《社会福祉的原理与思想》，有斐阁 2003 年版。

［日］池田敬正：《日本社会福祉的历程》，法律文化社 1994 年版。

［日］野本三吉：《社会福祉事业的历史》，明石书店 1998 年版。

［日］松井二郎：《社会福祉理论的再探讨》，密涅瓦书房 1992 年版。

［日］嶋田啓一郎：《社会福祉体系论》，密涅瓦书房 1980 年版。

［日］古川孝顺：《社会福祉学序说》，有斐阁 1994 年版。

［日］右田纪久惠、高泽武司、古川孝顺编：《社会福祉的历史》，有斐阁 2002 年版。

［日］宇山胜仪：《新的社会福祉法与行政》，光生馆 2006 年版。

［日］阿部志郎：《福祉的哲学》，诚信书房 2015 年改订版。

［日］松村祥子等：《欧美社会福祉的历史与展望》，日本放送（广播）大学振兴会 2013 年版。

［日］宇山胜仪、小林良二编:《新型社会福祉的焦点》,光生馆 2004年版。

［日］坂田周一:《社会福祉政策》,有斐阁 2007 年版。

［日］松原康雄、山縣文治编:《儿童福祉》,密涅瓦书房 2001 年版。

［日］直井道子、中野いく子、和気純子编:《高龄者福祉之世界》,有斐阁 2008 年版。

［日］山縣文治、冈田忠克编:《明瞭易懂的社会福祉》,密涅瓦书房 2017 年版。

［日］社会福祉动向编辑委员会编:《社会福祉的动向·2017》,东京中央法规出版株式会 2017 年版。

Butrym, Z. , The Nature of Social Work, Macmillan, 1976.

Reamer, F. G. , *Social Work Values and Ethics*, Columbia University Press, 1995.

后　　记

　　本书属于福祉与福祉学概论，就其学术性质而言，当属于福祉理论研究与福祉应用学研究之范畴，亦属于中外社会福祉理论及实践之总结与探讨。此类研究因关乎于民生，故而国外著述颇繁，而于国内，虽称谓有所不同，然近年来从社会保障与社会福利角度出发撰写论文者，亦不在少数。然而，唯以"福祉与福祉学"而冠名，从学术上对中外福祉与福祉学进行界定，对古代福祉思想与近代中外福祉发展历程进行全盘梳理，研究探讨构建具有中国特色的福祉社会，指出问题之所在，为福祉教育制定纲要者，在我国尚未见其有。而在以养老为代表的福祉事业方兴日盛之时，构建引领福祉实践发展的福祉理论体系，乃为当务之急。拙作虽多有浅陋之处，但若能补齐空缺，抛砖引玉，当幸甚之至。

　　研究福祉与福祉学之目的在于：解决社会所存在的问题，为社会成员提供幸福人生之保障，摸索构建人类理想社会之途径。如书中所示：社会福祉源于对社会弱势群体之救助，其提供福祉服务主体是国家政府与各类公益组织，其服务的对象的全体社会成员。其福祉模式，因国家、区域的历史、政治、经济、文化、传统、社会进程之不同而有所差异，又因时代之变化而变化，然而，社会福祉之根本，在于"以民为本，为民造福，服务于民"；其宗旨在于：谋求社会公平、人人平等、为全体社会成员提供各种保障，为所有的民众谋求幸福，提供人生全过程的优质服务；其目标为为：构建理想的福祉社会。在这一点上，世界各国殊途同归，日趋一致。

　　我国历经四十余载之改革开放，不仅经济硕果累累，成就斐然，而且社会发展日新月异，人民生活水平节节攀高，小康社会已由梦想化为现实。然而小康社会的进一步提升与社会文明的更高层次的发展，笔者认为：当构建具有中国特色的理想的福祉社会，使改革开放所取得的经济发展成果，进一步化为人民生活之实惠，以实现中华民族的伟大复兴，实现伟大的中国梦。而拙作的撰写目的也正基于：导入社会福祉学研究体系，力图与世界通行的福祉学研究接轨，更好地实现党中央与政府所规划的宏伟蓝图，为正在勃然兴起的福祉与福祉教育事业而建言献策。

由京城东渡扶桑，治学执教三十余载，若白驹之过隙，忽然而已，不胜慨然。常年身居海外，每日登坛讲授比较文化，指导院生论文，培育两国莘莘学子；近年又几次碧海飞度，应邀归国讲学，弹指之间，便岁临花甲。晚来小酌，抚须望月，不禁平添思乡之情。念祖国发展之蓬勃，恐年岁之不吾与，徘徊半载，终因久慕穆树源老先生的高尚人格与开拓精神，又在东北师范大学人文学院吕英华校长诚挚相邀与力荐之下，决意辞去日本城西国际大学教授一职，回归桑梓，为该校之发展尽绵薄之力。

归国伊始，承蒙穆树源先生之厚爱，使我有幸涉猎福祉研究领域，从事福祉教育与福祉研究工作。福祉与福祉学于吾而言，虽属跨界之研究，然悚惕受命，如履薄冰，责任在肩，焉能懈怠！故日日苦心孤诣，钻研于书山文海；又朝叩同僚之门，阔论福祉惠民之道，夕踏绿荫幽径，深悟民生之真谛。惟系福祉大业乃苍生之所求，亦谋改革之泽惠于万民。此乃拙著撰写之初衷及完成之动力源泉是也。

由丁酉桂月落脚春城，及至己亥孟夏完成拙稿，倏忽间已过两载。惟叹时光之荏苒，世事之倥偬，人际之芜杂；亦叹福祉研究领域宽泛而学科交叉，内涵丰富而广博，虽夜伴孤月，稽考钩沉，笔耕不辍，然非诠才末学所能驾驭。故书中难免有以蠡测海之嫌，尚望业界同仁，不吝赐教。

衷心感谢东北师范大学人文学院为拙著之出版提供经费，亦感谢校级领导及福祉学部负责人王中男教授对我的工作所给予的支持，并将拙著列为教材。唯赖各方好友之厚谊，方使我能在新的环境里，竭尽全力以接地气；力排干扰以潜心研究福祉。

衷心感谢为拙著撰写序言的日本著名经济学者——樱美林大学教授刘敬文先生；新加坡国立大学福祉研究专家汤玲玲女士；日本城西国际大学福祉综合学部部长井上敏昭教授。三位教授所撰写的序言，言简意赅，纲提领挈，不仅使得拙著的要点更加清晰明了，亦使拙著陡增光彩。

最后，承蒙中国社会科学院日本研究所杨伯江所长之推荐，中国社会科学出版社社长赵剑英先生、总编辑助理王茵女士之慨允，编辑马明先生的细心审核与校稿，拙著方得以问世，在此，谨表衷心的谢意！

瞻望窗外，晨光熹微，掩卷沉思，情从中来，不可断绝。故聊成短咏，以作结语。

《忆秦娥·凌霜雪》
一腔血，丹心碧海昭日月。昭日月，雾云瑷磼，噪聒鹈鹕。关山重重寒风冽，傲骨不屈凌霜雪。凌霜雪，千秋福祉，耕耘不辍。

2019 年 5 月 27 日清晨
于长春净月潭畔孤蓬斋